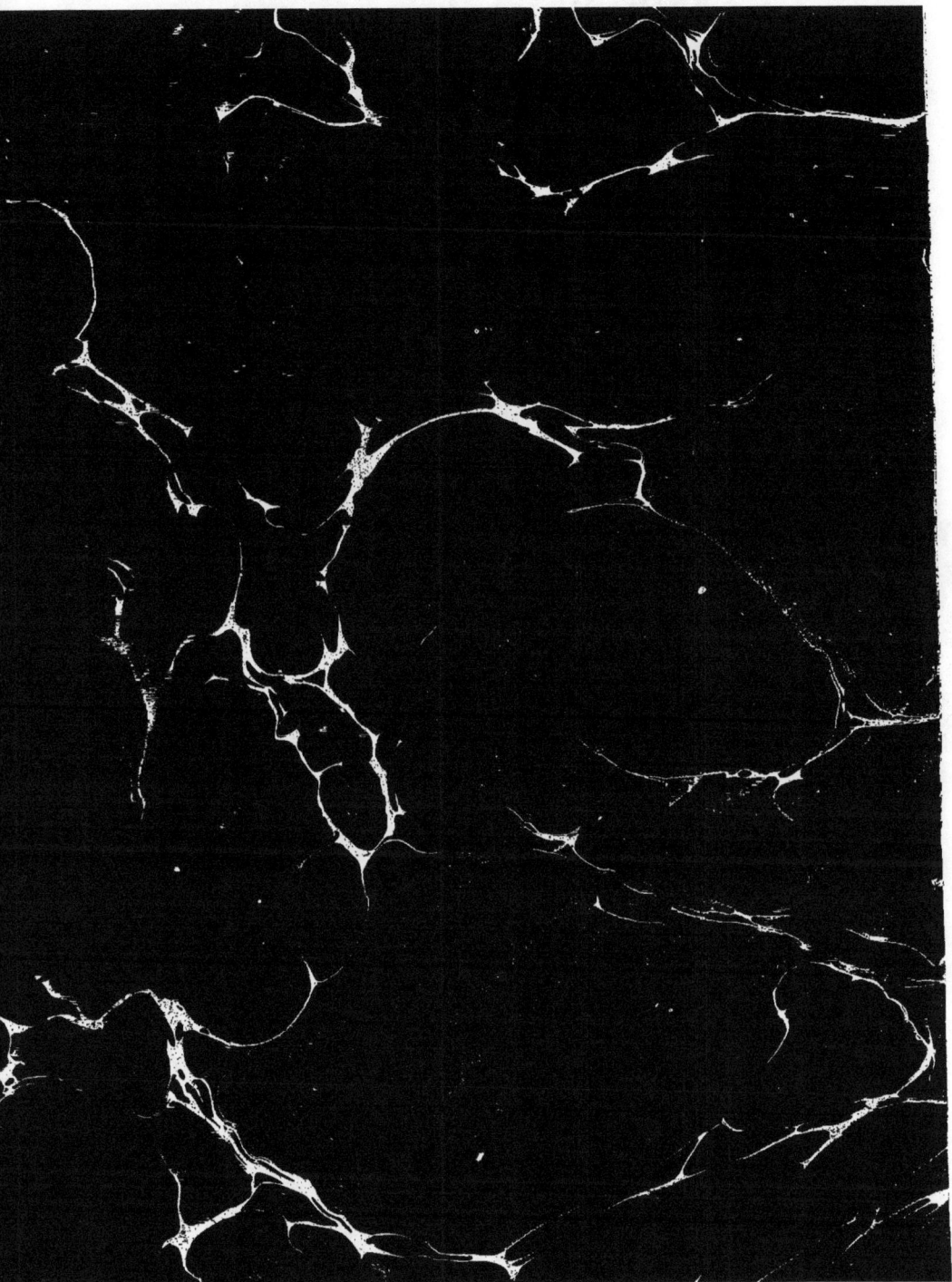

VOYAGE AUTOUR DU MONDE

PETIT IN-FOLIO.

Propriété des Éditeurs.

JACQUES ARAGO

VOYAGE
AUTOUR DU MONDE

NOUVELLE ÉDITION

PRÉCÉDÉE D'UNE INTRODUCTION

DE JULES JANIN.

LIMOGES
EUGÈNE ARDANT ET Cⁱᵉ, ÉDITEURS.

INTRODUCTION.

Je n'ai pas le temps de décrire un préambule, le vent souffle, le vent s'agite dans le port, nous avons à faire le tour du monde ; partons donc! A peine s'il nous est permis de jeter un regard d'adieu et de regret sur Toulon, la première conquête du soldat Bonaparte. Toulon tient à la mer, comme le château fort tient au fossé, comme le navire tient à sa nacelle. Déjà nous sommes en pleine mer. Ecoutez! nous voilà tout de suite au beau milieu de la tempête. Oui, certes, vous êtes servi à souhait, une tempête le premier jour : partout le tonnerre, le vent partout; mais au bout de ce vent-là Barcelone, les îles Baléares, l'Espagne, Gibraltar. On s'arrête à Gibraltar, ce monceau de canons anglais jeté au milieu de la mer. Entre ces gueules béantes s'étend une espèce de ville habitée tant bien que mal par toutes sortes de bandits, de voleurs, de contrebandiers, de mendiants, de soldats. Passons vite, et, s'il vous plaît, saluons de loin le pic de Ténériffe; à quarante lieues, la haute montagne montre encore dans le ciel son front menaçant. On passe la Ligne avec toutes les folles cérémonies des matelots en belle humeur. Ce jour-là notre voyageur, Jacques Arago, le propre frère du roi tout-puissant de l'Observatoire, qui déjà s'attristait de n'avoir fait amitié avec personne, car c'est là un gai, sincère et jovial compagnon, se fait des amis dévoués de deux vieux matelots du navire, Petit et Marchais. Figurez-vous deux loups de mer, le cuir tanné, la main dure comme du fer, le cheveu rare, l'œil creux, le ventre aussi, l'estomac brûlé, mais l'âme tendre et le cœur honnête; Marchais, véritable bandit dur à cuire, toujours le poignet au bout du bras, toujours le pied levé et la dent prête à mordre, battu, battant, terrible, furieux, ivrogne, et, quand on sait le prendre, un agneau! Petit, au contraire, malin, flâneur, railleur, bel-esprit, ami de Marchais autant que Marchais est l'ami de Petit. Entre cet Oreste et ce Pylade de l'eau salée notre voyageur eut la chance de placer son bras d'abord, puis la tête, puis le cœur, et vogue la galère! Maintenant qu'il a ses deux amis dévoués, il défie l'ennui de le prendre. D'ailleurs il est jeune, ardent et brave; son regard vif et net s'empare de l'immensité; il tient avec un égal bonheur le pinceau et la plume, le flageolet et la guitare, le sabre du soldat et le gobelet de l'escamoteur; il est musicien, il est poète, et, qui plus est, il a obtenu une haute paye de six cents livres par an.

Or, voilà ce qui me plaît dans tout ce voyage: c'est qu'il s'agit de la contemplation d'un esprit prime-sautier; c'est que c'est là tout-à-fait un tour du monde comme peut et doit le faire un poète; c'est qu'en tout ceci la science de la terre et de la mer, science devenue vulgaire comme l'A B C, cède le pas à la fantaisie, cette rare et bonne fortune des jeunes gens et des poètes.

La fantaisie est le capitaine de ce voyage autour du monde. Elle commande aux vents et aux orages ; elle dit l'heure du départ, l'heure de l'arrivée, le temps du séjour. Une fois lâchée, gare à vous, qui que vous soyez, sauvages ou civilisés, blancs ou bruns, cuivrés ou noirs, maîtres ou esclaves, marins ou piétons : vous appartenez à cette grande dame qu'on appelle la poésie. La fantaisie ! voilà un voyageur comme je les aime ; tout lui convient, la calèche à quatre chevaux et le bâton du pèlerin, le cheval de labour et le cheval de course, la chaloupe et le vaisseau de guerre, l'Océan et le petit ruisseau de la prairie ; tout lui convient, et même la coque de noix de la reine Titania, creusée par la dent de l'écureuil. A cet heureux voyageur qui va, qui vient, qui s'arrête un peu au hasard, nonchalant et furibond à la fois, toujours pressé de partir, toujours pressé d'arriver, et cependant disant à chaque pas cette parole de l'Evangile : — *Seigneur, nous sommes bien ici, dressons-y, s'il vous plaît, trois tentes ;* à de pareils voyageurs il faut mettre tout-à-fait la bride sur le cou. Ne leur demandez ni l'ordre, ni la méthode, ni le mouvement régulier, ni l'étude, ni la science ; ils ont mieux que tout cela : ils ont le hasard et l'inspiration, ils ont le coup d'œil, ils savent deviner et choisir, ils ont la parole vive et prompte, la main ferme, la tête fière, le regard assuré ; en un mot, ils ne ressemblent en rien à tout ce que nous savons des voyages et des voyageurs passés et présents.

Le voyageur dont je vous parle est ainsi fait, il n'obéit qu'à lui-même, il ne s'inquiète guère de rechercher et de suivre les traces de ses devanciers ; il agit, avec le monde qui passe sous ses yeux, tout comme s'il était le premier arrivé dans cet univers dont il se fait le juge suprême et sans appel. Il ne réfute personne, il ne sert de commentaire à personne, il ne cite personne. De là je ne sais quelle nouveauté piquante et difficile à trouver dans un voyage autour du monde, cet inépuisable sujet de vagabondages puérils ou sérieux, dans lequel reparaissent nécessairement les mêmes noms, les mêmes observations, les mêmes découvertes. Par exemple, écoutez cet Arago enthousiaste, une fois qu'il est dans le Brésil : Terre féconde, nature à part; brise qui souffle, divin soleil, rivières peuplées, air tout rempli d'oiseaux, arbres tout chargés de fruits, montagnes pleines d'argent et de fer, ruisseaux qui roulent de l'or, vigueur, santé, beauté, courage, grands arbres, grands monuments, rien n'y manque. Notre voyageur entonne à ce propos l'hymne d'actions de grâces qu'ont dû chanter les deux envoyés à la terre de Chanaan, quand ils revinrent tout courbés sous le poids des raisins et des épis. Jamais vous n'avez rencontré nulle part un plus infatigable enthousiasme. Seulement, si vous n'aimez pas les histoires de nègres et d'esclaves, si les plus abominables détails de sang, de bâton, de meurtres incroyables, de vices sans frein, vous épouvantent, tournez quelques-unes des pages de ce livre, car vous avez là un chapitre qui en est tout rempli.

Il a vu aussi des Albinos à l'œil rouge, aux cheveux blancs, des Bouticoudos aux oreilles allongées, des Tupinambas féroces, des Païkicés non moins féroces; il les voit, il les touche, il leur parle, il se tire sain et sauf du milieu de ces bêtes hurlantes et puantes; bien plus, il se met à rêver qu'il les civilise. Les rêves de J. Arago sont beaux, chaleureux, tout remplis d'humanité et de passion; laissons-le rêver, d'autant plus que déjà la voile l'emporte de nouveau. Tout-à-l'heure il était au Brésil, maintenant le voilà sur le cap de Bonne-Espérance, côte à côte avec le géant Adamastor du Camoëns. La ville du Cap est blanche, élégante, coquette. On voit que la Hollande a passé par là, tant vous y trouvez encore d'ordre, de propreté et de symétrie. Mais où va donc notre intrépide? pourquoi ne pas s'arrêter sur ces petits seuils hospitaliers, à l'ombre bienveillante de ces bouchons en plein vent? Cet homme-là ne se repose donc jamais? Il s'agit bien de repos et de bouchons! il s'agit de gravir cette haute montagne, il s'agit qu'il veut s'asseoir là-haut à la Table avant que le nuage ait mis la nappe. Donc il grimpe, il grimpe malgré le soleil; et tout là-haut que trouve-t-il? Un Parisien en bottes vernies, en habit noir, en gants jaunes! un Parisien du balcon de l'Opéra et du café Tortoni! Voilà du bonheur : rencontrer des Parisiens parmi les Albinos, les Bouticoudos et les Tupinambas; rencontrer un Parisien tout au sommet de la Table! Et, qui plus est, ce Parisien était le propre fils de la femme de Georges Cuvier!

Une fois au Cap, et quand vous vous êtes assis sur la nappe de la Table, que peut faire un chevalier de la Table-Ronde, sinon aller à la chasse au lion! On chasse le lion là-bas, comme chez nous on chasse le lièvre; seulement, la chasse au lion est permise en tout temps, ce qui doit plaire grandement aux amateurs. Le lion est un beau gibier, il aime de préférence la chair du nègre; l'homme blanc a beaucoup moins de saveur pour le lion; *moi, manger homme blanc! canaille, sotte espèce!* A Dieu ne plaise que j'ouvre la gueule pour si peu! Ce goût dépravé du lion pour la chair noire la donne belle aux chasseurs tant soit peu blancs. Vous êtes blanc, vous allez à la chasse avec un nègre, vous tirez, vous manquez le lion, la bête court sur vous, et... le nègre est dévoré. Pendant que le lion achève son repas dans les broussailles, vous le tirez au jugé. — Un Français, nommé Rouvière, était en ce temps-là le plus grand dévorateur de lions de tout le Cap. Rouvière sent le lion comme le lion sent le nègre. Rouvière n'est jamais plus content que lorsqu'on lui dit : Les buffles ont reniflé et battu du pied la terre. Alors Rouvière s'en va tout seul — sans nègre! à la poursuite de la bête féroce. Il va contre le lion à pas de loup ; il l'attend la nuit et le jour ; s'il rencontre le lion dormant, Rouvière, loyal champion, s'écrie : — Holà! réveille-toi! réveille-toi ! Puis, quand le lion a tiré sa tête de la caverne et la griffe de ses quatre pattes, et ses dents de sa gueule, et son œil sanglant de son orbite, voici que Rouvière attaque son ennemi face à face ; c'est là sa joie!

Vous demandez s'il existe encore des anthropophages? Règle générale, qui dit un homme, dit un peu plus, un peu moins, la bête féroce qui mange ses semblables, avec cette différence cependant que l'anthropophage, bien plus habile mangeur que le lion, est insatiable de chair blanche. C'est ainsi qu'un beau jour, par un horrible soleil qui les brûlait jusqu'au fond de l'âme, M. J. Arago, suivi de ses matelots, débarqua à Ombay, la capitale de l'anthropophagie. L'île était remplie d'affreux sauvages qui avaient l'air de se dire tout bas, comme l'ogre de la fable : — *Je sens la chair fraîche.* — Nos marins s'avancent d'un air résolu vers ces abominables coquins de toutes couleurs ; et, pour commencer l'entrevue sous de doux auspices, M. Jacques Arago se met à jouer de la flûte. Plus d'une fois ces doux accents plaintifs avaient dompté les natures les plus rebelles. — Ventre affamé n'a pas d'oreilles, dit le proverbe ; qu'eût dit le proverbe d'un ventre d'anthropophage? — Quand il vit que sa flûte manquait son coup, notre voyageur se mit à jouer des castagnettes. — O surprise! — les castagnettes de M. Arago n'eurent guère plus de succès que sa flûte. Seulement messieurs les sauvages voulurent avoir cette flûte. — Mais vous n'en savez pas jouer!

disait-on aux sauvages. — Nous n'avons pas encore essayé, répondaient-ils. — Cependant on s'abouche, on cause, on rit, on se fâche ; un sauvage qui sent l'eau — c'est-à-dire le sang — lui venir à la bouche, renverse d'un coup de poing le chapeau de M. Arago. — Zest! avec le pied Arago ramasse son chapeau ; le chapeau, lancé en l'air, retombe sur cette tête bouclée, animée par de grands yeux noirs. — Et messieurs les sauvages d'applaudir. Cependant le rajah, le maître anthropophage, s'avance à son tour vers les imprudents voyageurs. Il a entendu rire ses sujets, il veut que lui aussi on le fasse rire. — Rien n'est plus facile! Aussitôt Arago se met à l'œuvre. Il ne s'agit plus de jouer ni de la flûte ni des castagnettes, il faut jouer des gobelets. Soudain voici toutes les métamorphoses infinies de Comte et de Bosco qui paraissent et disparaissent aux yeux étonnés de ces sauvages. Vous jugez de leur étonnement, de leur stupeur et de leur épouvante. Pendant dix minutes nos sauvages se figurent qu'ils ont affaire à des dieux. A la bonne heure! Mais le sauvage, lui aussi, possède son petit raisonnement. Si les simples hommes blancs sont si bons à manger, les dieux blancs doivent être d'un goût exquis. A cette idée, qui n'est pas sans logique, nos sauvages se rapprochent de plus belle; ils étaient là une centaine de grands diables aux dents longues, aux ongles noirs, armés d'arcs, et de flèches, et de crics, affamés, féroces... C'est un grand miracle que nos marins leur aient échappé ; il est vrai que ces affreux hommes des bois avaient dévoré une douzaine d'hommes blancs il n'y avait pas huit jours.

Un savant illustre entre tous, et cependant le plus simple et le plus bienveillant des hommes, M. de Humboldt, que M. Jacques Arago appelle souvent en témoignage, nous racontait l'autre soir, avec ce fin sourire des gens d'esprit qui ont laissé l'indignation comme un bagage trop lourd à porter, une assez bonne histoire d'anthropophages. M. de Humboldt visitait, lui aussi, je ne sais quel désert de l'autre monde. Un jour qu'il était assis à côté d'un grand gaillard nouvellement converti à la religion chrétienne : — « Connaissez-vous Mgr l'évêque de Québec? dit M. de Humboldt à son compagnon de voyage. — Si je connais l'évêque de Québec, reprit l'autre; j'en ai mangé! » M. Arago va être bien malheureux de n'avoir pas su plus tôt cette anecdote-là.

De cette île furieuse, le vent (il appelle cela *un vent favorable*) nous pousse à Diély, atroce coin de terre tout rempli de Chinois, de Malais, de buffles, de fièvres pernicieuses et de serpents boas. A vrai dire, la description de tant de broussailles, de tant de fléaux et de misères, faite d'un ton si joyeux cependant, ne me paraît guère un juste motif pour entreprendre sans nécessité ces migrations difficiles. Quand on est venu au monde dans une famille heureuse et nombreuse, quand on est l'enfant de ce calme village des Pyrénées, le fils de cette vieille mère qui vous pleure; quand on a vécu vingt-cinq ans sous un beau ciel, au bord des fleuves qui serpentent, sur une terre verdoyante, toute chargée d'arbres et de fleurs, à quoi bon s'exposer à la mer bruyante, aux sables mouvants, au soleil chargé de pestes mortelles, aux déserts remplis d'animaux hideux? Quoi! vous avez sous vos pas, sous vos yeux, la France, l'Italie, l'Allemagne, les cités obéissantes et libres, et vous allez de gaieté de cœur affronter les tempêtes, les orages, les pestes, les sauvages! Sauvage! Qu'est-ce que ce mot-là? Sauvage! c'est-à-dire le milieu idiot et sanglant entre l'homme et la bête féroce. Sauvage depuis le commencement jusqu'à la fin du monde. Toujours la même créature informe, accroupie sur le bord de cette mer dont elle ne sait pas l'étendue, regardant, sans les voir, les étoiles du ciel, toujours cet être abandonné aux plus vils appétits de la bête, sans pitié, sans cœur, sans amitié, sans amour, et troquant contre une bouteille de rhum son enfant ou son père! Donc, à quoi bon visiter ces immondes créations, quand on est placé parmi les voyageurs oisifs, la meilleure espèce des voyageurs! A quoi bon se fatiguer l'âme et le regard à contempler ces hébêtements, — sourire sans intelligence, vagues paroles, vagues regards, ventre creux; dents noires, ongles sanglants? — J'en dis autant de ces abominables recoins de la terre sans fruits et sans fleurs, sans murmure et sans verdure, sans monuments et sans histoire. — Landes stériles où pas un pied humain ne s'est posé, pas même le pied du pauvre Vendredi dans le *Robinson Crusoé*. — Certes, ce n'est pas sur ces terres avilies que Pythagore pourrait dire après la tempête : — *Courage, amis, je vois ici des pas d'homme!* — Et si, en effet, les hommes n'ont jamais passé dans ces terres incultes, si jamais la poésie et la gloire, l'urbanité et les douces passions ne sont descendus du ciel sur ces contrées oubliées dans le divin partage, vous-même qui n'aviez qu'à être heureux là-bas dans la plus belle partie des cinq parties du monde, que venez-vous chercher dans toutes ces misères? A quoi bon ces travaux inutiles, ces tortures sans résultat, ce vagabondage malheureux! Quoi! vous avez toute l'Italie heureuse et étincelante sous le soleil ; quoi! vous avez l'Allemagne contemplative et rêveuse; vous avez l'Angleterre, cette immense fournaise ; vous avez la France entière, l'adorable et sainte patrie ; vous avez les cathédrales, les musées, les théâtres, les écoles, les académies, les fleuves domptés par la vapeur obéissante, toutes les sciences, tous les beaux-arts, tous les plaisirs, tous les bonheurs, et vous allez à travers toutes sortes de périls de la terre et de la mer pour visiter Timor, Rawack, Guham, Humalata, Agagna, Tinian, les îles Sandwich, des ronces, des épines, des famines, des meurtres, des bandits, des voleurs, des anthropophages, toutes sortes d'hommes et de choses maudites ! Certes j'admire votre courage, votre résignation ; j'aime l'énergie, la puissance et l'intérêt de vos descriptions ; mais cependant je ne puis m'empêcher de vous dire combien je vous trouve à plaindre de faire ce métier d'écumeur de mer, que dis-je ? d'écumeur de l'histoire naturelle. Je vous plains d'avoir dépensé votre jeunesse à ces contemplations lamentables ; je trouve surtout, quand le ciel vous a donné un rare esprit, que c'est mal dépenser sa vie. — *Occupa portum, fortiter occupa portum*. Cette parole du poète Horace, le poète heureux des hommes heureux, me revient en mémoire à chaque pas que fait notre voyageur dans ces déserts si horriblement peuplés. Et notez bien que, dans cette longue navigation, pas un des dangers de la mer ne lui est épargné. Le naufrage, la vague écumante, la nudité, la faim et la soif, les privations les plus cruelles, tout s'y trouve. M. Jacques Arago eût voyagé tout exprès pour écrire un voyage pittoresque, il n'aurait pas voyagé autrement. Il va partout, il est partout. Il cherche même des ruines dans ces parages où rien n'a été fondé ; il y cherche une histoire, il y cherche des rois et des reines et des grands hommes ; il y chercherait la Charte constitutionnelle au besoin. — Sa description de la Nouvelle-Hollande est des plus pittoresques. En ce lieu, vous retrouverez à la fois la ville opulente et le désert sans limites, le civilisé et le sauvage. Le sauvage de la Nouvelle-Hollande est plus hideux que les plus hideux sauvages. Peu à peu la civilisation le pousse et le chasse, et l'écrase. Dieu soit loué ! Je sais bien que certains philanthropes se plaignent avec de grosses larmes que ces pau-

INTRODUCTION. xv

vres cannibales soient si fort maltraités par ces féroces Européens ; laissons dire les philanthropes et bâtissons des villes dans le désert. — Puis, quand vous bâtissez, prenez garde, un sauvage est peut-être là qui vous attend pour vous dévorer. « Tout-à-
» coup, le Zélandais s'élança comme un tigre (contre deux
» armées qui allaient en venir aux mains), se rua sur la horde
» étonnée, abattit un des combattants... Je n'assistai point au
» dégoûtant repas qui se fit sur le champ de bataille. » Cette fois, M. Arago a eu grand tort. Au contraire, puisqu'il était venu de si loin pour tout voir, fallait-il assister à cet abominable repas et se dire à soi-même : Voilà ce que je suis venu chercher !

Ces quatre volumes (1) du *Voyage autour du monde* sont tout remplis de variété, d'intérêt, de passions infinies, d'incidents inattendus. Le dialogue, la narration, la description, le drame, la poésie, l'histoire, se donnent la main dans cette vaste arène, qui est le monde entier. L'auteur, jeune, intelligent, enthousiaste, intrépide, a voulu s'emparer, comme on ne l'avait pas fait encore, de l'univers des navigateurs, et il l'a parcouru à sa façon. Façon brutale, violente, peu logique, prime-sautière, mais à tout prendre pleine d'agrément et d'intérêt. Quand parfois la parole lui manque pour se faire comprendre, quand sa plume fatiguée s'arrête n'en pouvant plus, aussitôt il prend le crayon, et ce qu'il ne peut pas écrire il le dessine. De cette course lointaine il a rapporté tout ce qu'il a pu rapporter, des crânes, des habits, des dictionnaires, des portraits, des paysages, des chansons, des cris de guerre, des plantes, des coquillages, des ossements, des peaux de bêtes, des restes de cimetière ; et de tout cela, pétri, mêlé, broyé, confondu, il a composé un livre.
— Et si vous saviez quelle force d'âme il a fallu à ce pauvre

(1) La première édition a été publiée en 4 vol. in-8°.

homme pour se souvenir, pendant quatre longs volumes, de tous les éblouissements de sa jeunesse! si vous saviez quel est le grand mérite d'avoir retrouvé dans sa tête, dans son cœur, l'éclat azuré de la mer, l'éclat brûlant des cieux, l'éclat velouté du rivage ! si vous saviez que ce vaste regard qui embrassait tant de choses s'est éteint à tout jamais peut-être ! si vous saviez que c'est maintenant à tâtons, appuyé sur le bras d'un ami, un bâton à la main, à la suite de quelque caniche fidèle, que cet ardent amoureux de toutes les beautés de la terre et du ciel est obligé de parcourir de nouveau ce bel univers dans lequel il marchait d'un pas si ferme, d'un regard si net et si sûr ! si vous saviez ce que cela doit être, quatre volumes de paysages copiés d'après nature par un aveugle, quatre volumes de souvenirs éclatants qu'il faut se rappeler, plongé dans une nuit profonde, quatre volumes des heureuses et poétiques misères de la jeunesse quand on est devenu un homme marchant à tâtons dans le vide ! certes vous resteriez étonnés, comme je l'ai été moi-même, de la grâce limpide, de la parfaite et excellente méthode, du style animé, de la vive passion, de l'intérêt tout-puissant de ce livre. — Roman piquant et vrai pour qui n'a pas quitté son petit coin de ciel natal, histoire fabuleuse et pleine de charme pour les plus hardis et les plus savants navigateurs.

J. J.

VOYAGE
AUTOUR DU MONDE

I

TOULON.

Les Baléares. — Gibraltar.

Toulon est une ville de guerre, forte et patriotique ; on lit quelque chose de martial et d'indépendant sur cette population incandescente qui se rue avant le jour sur les quais et les marchés publics. L'idiome du peuple est nerveux, abrupt comme les montagnes qui emprisonnent la cité ; ses manières sont brutales comme le *mistral* qui ravage ses vignobles, et ses refrains favoris semblent un écho de ces rapides tourmentes qui, nées sur les côtes africaines, bouleversent son port et sa rade.

Nos préparatifs de départ étant terminés, l'ordre d'appareiller retentit, et nous voici, après un triste adieu à nos amis et à notre patrie, longeant le goulet et saluant, ainsi que le faisaient courtoisement les Anglais quand leurs flottes insolentes venaient jeter un regard avide jusqu'au fond de la rade, le tombeau de l'amiral *Latouche*, dont l'Angleterre, plus encore que nous peut-être, se rappelle les beaux faits d'armes. Il y a dans chaque pays du respect pour toutes les gloires.

Enfin, nous sommes en mer, dans ce *criquet de plat-à-barbe des navigateurs*, pour me servir des méprisantes expressions des

Ponantais façonnés aux voyages de long cours. — Quelle mare fangeuse! disent-ils encore, quand ils veulent blesser l'orgueil des Levantins. — *On ne peut ici virer de bord sans avoir le beaupré sur la terre*... Les Ponantais ont tort : si les lames de la Méditerranée se dessinent courtes et grêles en comparaison des houles creuses et larges de l'Atlantique et des autres océans, elles n'en sont que plus turbulentes et plus *rageuses :* ce sont de ces colères vives qui remuent jusqu'au fond des entrailles; c'est le bond rapide du chacal sur une proie facile. Les Alpes et les Pyrénées, se joignant par des lignes sous-marines, en partant de Nice jusqu'au cap Creüs, sont sans doute la première cause de cette humeur querelleuse qui a brisé tant de navires et englouti tant de richesses.

Une bien rude épreuve vint mettre à nu le courage rival de nos matelots; car la première nuit de notre départ fut marquée par une de ces tempêtes méditerranéennes où le tonnerre en éclats ne se tait sur aucun point de l'horizon, où le vent fait en quelques minutes le tour de la boussole, et où toute l'habileté du pilote est nécessaire au salut du navire. Chacun fut fidèle à son poste, et moi plus que tous. Le tangage et le roulis m'avaient si cruellement tiraillé, que je m'étais laissé tomber dans le fauxpont, à côté de quelques malles et coffres non encore arrimés, jeté tantôt à bâbord, tantôt à tribord, maintenant au pied d'une caronade et en un clin d'œil enlevé de l'avant à l'arrière. Inquiet de mon sort, mon domestique me cherchait partout et ne me trouvait nulle part; car le lieu qu'on lui indiquait, où je venais d'être foulé sous les pieds, était celui que j'avais déserté par un soubresaut inattendu. Il me trouva enfin à l'entrée de la *fosseaux-lions*. « Eh quoi! c'est vous? me dit-il d'un air piteux, car il souffrait aussi, le pauvre homme; que faites-vous donc là, Monsieur? vous allez être broyé sous les câbles. » Je répondis par un gémissement profond. « Debout! debout! continua-t-il, la foudre vient de tomber à bord, le navire est en feu. — Tant mieux. répliquai-je, je souff... » Un choc violent nous sépara.

Et, le matin, lorsque le vent et la mer se furent calmés, il me retrouva meurtri et déchiré, entre deux barils d'eau-de-vie, où j'étais arrivé après mille évolutions et cascades, auxquelles j'ai survécu comme par miracle. Oh! le mal de mer est, sans contredit, la plus horrible des tortures! Personne ne vous plaint, ne vous console ; nul ne cherche à vous soulager, et quand le râle des convulsions vous brise et vous tue, vous entendez autour de vous les ironiques éclats de rire des joyeux matelots, qui vous lancent en passant leurs quolibets les plus railleurs, sur la manière ridicule dont vous *comptez vos chemises*. Dans ces longs moments de poignantes angoisses, toute joie est impossible, tout sentiment de douleur, autre que celui du mal de mer, ne peut vous atteindre ; vous êtes mort à tout, et vous remercieriez du fond de l'âme le voisin généreux qui, vous traînant par les pieds, vous jetterait aux flots... J'en sais quelque chose, moi, que près de quatre années consécutives de voyage ont trouvé *comptant mes chemises*, dès que nous allions vent arrière ou que nous naviguions à la bouline.

Mais le temps est beau ce matin, la mer calme, légèrement frisée par une brise d'est qui nous pousse en avant. Le cap Creüs, qui sépare le Roussillon de la Catalogne, a été doublé. Nous voici devant Barcelone, dominée par le mont Jouy, citadelle protectrice de la ville, mais qui l'écrasera, soyez-en sûr, dans un de ses jours de chaude rébellion. Nous courûmes au large, et les côtes d'Espagne s'affaissèrent et disparurent en nous jetant les derniers rayons des forges de Palafox, qui brillaient comme un volcan dans une nuit sombre.

Ce furent alors les *Baléares* qui s'élevèrent devant nous, avec leurs sommets âpres et noirs. Majorque, Minorque, Yviça, Formentera, et Cabrera, sont des débris osseux que quelque révolution sous-marine a découpés du continent. Ces îles, jadis célèbres par les habiles frondeurs qui retardèrent si vaillamment les conquêtes des Maures, ne nourrissent plus maintenant que des enfants dégénérés.

Minorque a un port sûr et commode ; le maréchal de Richelieu s'en est emparé après un beau fait d'armes; et, de toutes les conquêtes de l'illustre roué, celle-ci, à coup sûr, n'est pas la moins noble ni la moins glorieuse.

A côté de Minorque est un rocher pelé, où, pendant les guerres de l'Empire, les Anglais jetèrent sans secours, presque sans vivres, 12,000 Français, faits prisonniers de guerre par suite de la capitulation du général Dupont. Les hideux pontons de *Portsmouth* et *Falmouth* ont fait le tour du monde, sans respecter même *Sainte-Hélène*, l'île des grands souvenirs.

Là aussi, à Cabrera, un observatoire fut établi pour mesurer un des degrés du méridien à l'époque de la première invasion française en Espagne. La science, qui avait établi ses stations à Valence, à Denia et autres lieux, se vit traquée comme si elle eût voulu servir de signaux aux troupes ennemies. Un homme à qui l'Institut de France venait de confier de si savantes opérations, fut arrêté comme espion, traîné de cachot en cachot, jugé, condamné à mort. Echappé des prisons de Palamos, il se sauva en Afrique, où il erra longtemps en fugitif, gardant toujours auprès de lui les précieux résultats des travaux qui lui avaient été confiés. Il repartit enfin pour sa patrie, après avoir, par un bonheur inouï, passé inaperçu au milieu de la vigilante escadre anglaise qui bloquait tous nos ports et foudroyait nos côtes.

Cet homme, encore enfant, avait nom François Arago.

A peine les Baléares eurent-elles glissé derrière nous, qu'un triste et douloureux spectacle nous appela tous sur le pont. La mort venait de frapper un de nos jeunes et courageux élèves de marine, M. Prat-Bernon, parti le cœur plein d'espérance et de joie. Hélas! c'était lui, studieux et brave, qui commençait cette série d'amères douleurs dont nous devions être frappés pendant notre longue campagne. Déjà! se disait-on de toutes parts ; et les cœurs se serrèrent, et les yeux se mouillèrent de larmes : nous n'étions pas encore façonnés aux catastrophes.

Un cadavre est là, dans la batterie, sur un cadre ballotté par le roulis et le tangage. Deux hommes vont le visiter, ils le toisent, et découpent, à l'aide d'énormes ciseaux, un grand lambeau de vieille toile à voiles qu'ils étendent sur les bordages. L'un saisit rudement la tête, l'autre les pieds, et le fardeau tombe avec un bruit sourd sur sa *bière;* un troisième s'approche, traînant deux boulets placés dans un petit sac qu'il lie fortement aux pieds de celui qui n'est plus; et voilà mes ouvriers fumant leur cigare, chiquant leur tabac, cousant la voile roulée autour du corps. C'est fait... Hisse maintenant! et en deux tours de main et au bruit aigu du sifflet, le cadavre est sur le pont, déposé un instant à côté de la drome.

Silence!... L'équipage muet se presse sur l'avant du navire; une planche, celle sur laquelle le coq découpe les rations des matelots, est placée sur le bastingage, presque tout en dehors, et dominant le flot qui passe. Les fronts se découvrent; l'abbé de Quélen, notre aumônier, jette un peu de terre sur le corps de notre malheureux ami, et au mot : *Envoyez!* gravement prononcé par M. Lamarche, lieutenant en pied de la corvette, la planche fait la bascule, le cadavre glisse, une trouée se fait à l'eau, un remous l'efface, le navire *file*. Tout est dit!

Dans le sein de nos cités, un homme meurt, ses amis sont là, des larmes lui disent qu'il est regretté; ses restes seront déposés dans un lieu où tout ce qui s'intéresse à lui ira jeter des fleurs... Ici un homme meurt; les flots s'ouvrent, ils se ferment; il ne reste de lui que le souvenir de ses vices ou de ses vertus.

Le ciel était toujours bleu, et la brise vive et régulière; mais une forte houle, venant de l'avant, nous annonça qu'il y avait déjà lutte violente entre la Méditerranée refoulée et l'Atlantique, qui verse chez sa faible rivale ses régulières marées. Le courant nous drossa, en dépit de toute la toile que nous jetions à l'air, et les écrasantes bordées ne nous faisaient pas gagner une lieue en un jour. En mer surtout, ce n'est pas la distance qui fait l'éloignement; vous êtes près de moi, et je suis loin de vous. Un canot parti de Gibraltar serait à notre bord en peu d'instants, et voilà dix jours que nous luttons vainement pour franchir les cinq ou six milles qui nous séparent de notre première relâche ; mais le spectacle était beau, et mes crayons ne furent pas oisifs. En face, le détroit ; à notre gauche, le *Mont-aux-Singes*, géant africain, noir comme les enfants qui s'agitent autour de sa base ; à droite, le rocher aride de Gibraltar, dont les flancs ouverts cachent des centaines de bouches à feu prêtes à vomir la mort sur tous les points de l'horizon. Ces deux colonnes de granit et de lave, qu'on dirait séparées par le courroux des flots atlantiques, figurent admirablement les sphinx ou les lions de bronze placés aux deux bords des larges portes de nos parcs royaux, comme pour en défendre l'entrée. Singulier spectacle ! Ici, sur la pointe méridionale d'Espagne, une ville de guerre capable de résister aux attaques de toutes les escadres coalisées du monde, et où l'Angleterre voit flotter son pavillon dominateur ; là, à quelques lieues, Ceuta, sur la côte d'Afrique ; Ceuta, que les Anglais convoitent depuis tant d'années, et qu'ils n'ont pu arracher aux Espagnols vaincus à Gibraltar, au camp de Saint-Roch et à Algésiras. Les hommes de tous les pays n'ont de courage et de patriotisme qu'à certaines heures et à certaines époques.

Cependant, la brise devenant plus forte, les courants furent vaincus ; nous avancions toutes voiles dehors, et, en attendant que le vent se maintînt frais et régulier, nous mouillâmes à peu de distance de la ville bâtie au pied et sur les flancs du mont célèbre où Hercule posa ses insolentes colonnes. Protégés contre les tempêtes marines par un môle solide parfaitement entretenu, nous fîmes nos préparatifs pour descendre à terre, après avoir salué le gouverneur de onze coups de canon, qui nous furent courtoisement rendus coup pour coup.

Nous avons un consul à Gibraltar. Il paraît fier de voir flotter le pavillon de son pays sur un navire de guerre, et cela lui rappelle, dit-il, le beau combat de l'amiral *Linois*, qui, avec des forces inférieures à celles des Anglais, se rendit maître, à peu de distance du point où nous sommes mouillés, de deux vaisseaux de 74, après un combat où il se couvrit de gloire.

Milord Don était gouverneur de la place ; il nous reçut avec une politesse froide, et il regretta beaucoup d'avoir envoyé son cuisinier à la campagne ; car il aurait voulu nous garder à dîner le lendemain. Mais il nous permit, en forme de compensation, une visite dans les batteries de la montagne ; et c'était là, certes, agir avec courtoisie, car peu d'étrangers obtiennent la même faveur.

Oh ! c'est une chose vraiment imposante que l'aspect de ces masses énormes de rochers, au travers desquels la mine s'est ouvert un large passage, et où l'on se promène debout aujourd'hui par mille et mille sinuosités, jusqu'au sommet du mont, sans cesse protégé par une casemate naturelle, à l'abri des boulets et des balles. Là, chaque pièce, propre et luisante, est à son embrasure, sur son affût solide ; là, chaque artilleur reste assis à son poste, sans s'inquiéter des feux croisés dirigés contre le rempart de lave et de granit. Si l'ennemi se rend maître de la ville et cherche à s'y maintenir, les hautes batteries l'en délogent et le mitraillent. Ici, il faut tout avoir ou ne compter sur rien. La reddition même des souterrains inférieurs ne déterminerait pas la prise de la place, car la mine jouerait et vous engloutirait sous mille et mille débris de roc, de bronze et de fer. Ce que vous avez le plus à craindre, ce n'est pas ce que vous voyez ; l'angle sous lequel vous vous croyez à l'abri est dentelé de petites embrasures cachées dans les anfractuosités du roc, où le fusil joue le principal rôle, et la mort vous arrive de droite, de gauche et de face, sans que vous sachiez d'où vient le plomb qui vous fait tomber. Les officiers qui nous accompagnaient dans notre visite étaient fiers de notre admiration, et semblaient nous dire que leur pays ne serait jamais déshérité de ce formidable boulevard de la Méditerranée, et serait maître, quand il le voudrait, de tout le commerce du Levant. Ces messieurs avaient oublié Malte et le court séjour qu'y fit *Bonaparte* à la glorieuse époque de nos conquêtes républicaines. Nous le leur rappelâmes sans trop de façons.

Le rocher de Gibraltar a 1,340 pieds de haut sur une longueur de plus de 6,000.

La cité qu'il protége est petite, étroite, raboteuse ; peu de maisons se font remarquer par un extérieur propre et coquet. Quelques-unes cependant sont d'une assez belle apparence, surtout vers la pointe d'Afrique, où l'air est plus libre et où les riches Anglais ont établi leur domicile.

Il y a douze mille âmes à Gibraltar, si l'on peut donner ce nom à ces Espagnols dégénérés qui, pour quelques réaux, traînent le matin d'énormes ballots, s'attellent à de lourdes charrettes, et se reposent le reste de la journée pour écraser la vermine qui les dévore. Approchez-vous, le soir, de ces malheureux, proposez-leur les moyens d'utiliser leurs moments, ils riront de vos offres, fumeront paisiblement leur cigare, se coucheront sur un tas de pierres et s'endormiront en comptant un jour de plus sans s'embarrasser de celui qui va suivre. Heureux de leur indolence, ils se lèveront le lendemain avant le soleil, mendieront de nouvelles occupations, et dès que leur pitance sera gagnée, les promesses les plus brillantes ne les forceront pas à quitter la pierre ou le banc sur lequel ils étalent leur sotte arrogance et leur avilissante paresse.

Peut-on nommer *habitants de Gibraltar* ces juifs cosmopolites qui ne se fixent dans un pays qu'autant qu'il y a des dupes à dépouiller ou d'infâmes bénéfices à faire ?

Le nombre en est fort grand ici ; on m'assure qu'ils composent les deux tiers de la population ; qu'eux seuls y sont considérés et **traités** avec faveur... Pauvre Gibraltar !

II

TÉNÉRIFFE.

Ancienne Atlantide de Platon. — Gouanches. — Mœurs. — Un Grain.

Cependant la brise se leva de l'est, forte et presque carabinée; nous virâmes au cabestan avec les chants et les jurons d'usage, et, une heure après, nous courions vent arrière dans le détroit, saluant de nos derniers regards la masse imposante de granit que nous nous estimions heureux d'avoir pu étudier.

Le navire glissait et bruissait entre l'Europe et l'Afrique, cette Afrique inconnue que nous retrouverons plus tard au cap de Bonne-Espérance, cette belle Europe que beaucoup d'entre nous sont condamnés à ne plus revoir ! De loin, nous saluâmes de la main les royaumes de Fez et de Maroc, où le sol et les mornes pelés se dessinent noirs, sur un ciel rouge et brûlant. La houle grandissait et nous étions balancés avec majesté ; les mouvements de la corvette avaient pris une allure plus grave, moins saccadée ; nous naviguions enfin dans l'Atlantique.

Ce sont surtout ces premiers passages d'une navigation sur les côtes à une navigation au large qui laissent dans l'âme de profonds souvenirs. Là se fait une vie nouvelle, là se dressent de nouvelles émotions. Le ciel et l'eau, le bruit des vents et le mugissement des vagues, c'est tout ce qui vous est accordé pour tromper la lenteur des heures ; et lorsque, après une belle journée de route, vous avez tracé sur la carte la petite ligne indiquant les quarante ou cinquante lieues que vous avez franchies, vous jetez un regard sur l'immensité qui se développe devant vous, vous sentez le courage s'éteindre, l'affaissement se mêler à l'ardeur de l'étude, et vous regrettez une terre, une patrie, des amis, que vos vœux les plus ardents ne peuvent vous rendre. Mais ces premiers regrets n'ont guère de durée, la mer aussi a ses joies et ses fêtes, les relâches, leurs plaisirs et leur ivresse ; et bientôt ce n'est plus derrière soi qu'on regarde, c'est là-bas, là-bas, à l'horizon, pour voir s'il ne pointe pas au-dessus des flots un roc, une île, un promontoire, un continent que vous avez hâte de fouler et de connaître. Ne vous l'ai-je pas dit? une terre se lève devant nous, elle grandit sous milles formes bizarres ; ce sont les *Canaries*, c'est *Ténériffe*. Amène et cargue ! mouille ! L'ancre tombe sur un fond de laves et de galets brisés. Nous sommes à Sainte-Croix.

Vous voyez que je suis généreux et que je ne vous tiens pas longtemps en mer. Autour du navire voltigent à l'instant quelques légères embarcations d'où s'échappent des voix rauques et sourdes qui nous offrent du poisson frais, des oranges et des bananes. Oh! que d'attraits dans les voyages ! le bonheur sans cesse à côté d'une catastrophe ; l'abondance près des privations, et le passage presque imprévu d'une atmosphère rude et froide à un ciel bleu et à une zone tempérée. Mais nous avons touché à *Gibraltar*, nous voici en quarantaine ; et ce n'est qu'à l'aide de longues perches que nous faisons nos emplettes et nos échanges. Voilà encore les vicissitudes de la mer.

Cependant la nuit est calme et douce ; avides des premiers rayons du jour, nous couchons tous sur le pont en attendant que l'orient africain se colore. Les cimes des monts où sont bâtis, comme des nids de condor, des bastions crénelés, s'empourprent, se réveillent, et le grave et imposant panorama qui s'offre à nous peut être étudié avec profit. La côte, sous quelque aspect que l'interrogent vos regards, est raboteuse, tranchante, écaillée, coupée de petites criques peu profondes, où le flot se brise en échos prolongés. Partout des aspérités, des pyramides de lave indiquant la violence d'une secousse sous-marine ; et, sur les flancs des mornes, des couches horizontales, serpenteuses, diversement colorées, disant au géologue la marche et presque la date de chaque éruption. Désespérez de traduire fidèlement sur le papier ou sur la toile ce terrible paysage, que vous garderez bien mieux dans vos souvenirs. A chaque pas du soleil la scène change, les ombres des clochers naturels qui s'élancent dans l'air se rapetissent, s'allongent, se croisent, se brisent, se heurtent, et vous avez à peine le temps d'admirer une espèce de grandeur, qu'une scène nouvelle l'efface et lui succède.

L'archipel des Canaries, connues des anciens sous le nom de *Fortunées*, est composé d'un groupe de sept îles, dont les plus grandes sont Canarie, Fortaventure et Ténériffe. Cette dernière est la plus fertile et la plus peuplée. On y récolte huit mille barriques de vin par an, et vous savez qu'on en boit à Paris seulement, dans un temps égal, plus de vingt mille, qui, à coup sûr, n'ont pas toutes traversé les mers.

Ces îles sont volcaniques, ainsi que toutes celles de cet océan. On y compte environ cent quarante mille habitants, dont soixante-quatre mille appartiennent à Ténériffe. Sainte-Croix, où réside le gouverneur, quoique l'audience royale soit établie à *Canarie*, est une petite ville assez sale, s'étendant du nord au sud. La moitié des rues à peu près sont pavées, et les Espagnols y conservent les mœurs et les habitudes de leur pays, sauf les modifications nécessitées par le climat.

Le bord des maisons est peint de deux bandes noires et larges qui ne tendent pas mal à leur donner un aspect lugubre. De loin, on dirait le drap blanc avec la frange funèbre d'une vierge au cercueil.

La rade, ouverte à tous les vents, excepté au vent d'ouest, si rare dans ces latitudes, n'a de remarquable que son peu de sûreté, car le fond en est excessivement mauvais et les atterrissages très-dangereux. Nous y trouvâmes deux ou trois bricks de commerce français et américains qui faisaient de l'eau, et une demi-douzaine de pinques espagnoles, montées par des hommes dont l'existence tient du prodige. Figurez-vous un navire à moitié pourri, où sont attachées deux poutres, en forme de mâts, soutenant quelques fragments de vergues, auxquels on a collé deux lambeaux de toile de diverses couleurs, recevant à peine un souffle de vent qui se joue parmi leurs débris ; placez à leur sommet un morceau de chemise rouge, ou une queue de requin, en guise de pavillon ; jetez sur un navire ainsi équipé une quarantaine d'êtres velus et bronzés, entassés les uns sur les autres, sautant, jurant, faisant aussi rapidement qu'ils le peuvent le trajet du *Cap-Blanc*, où ils vont pêcher, à Ténériffe, où ils vendent leurs poissons, ne se nourrissant que de quelques légumes et de pâte faite avec du maïs ; et vous n'aurez encore qu'une faible idée des mœurs et de la vie de ces hommes étrangers aux coutumes de toutes les nations, et soumis seulement au code de lois qu'ils se sont créé.

Leurs témoignages d'amitié sont des cris ; leurs querelles, des vociférations ; leurs armes, des couteaux ; leur vengeance, du sang. Il y a là, sur chaque navire, fait du débris de vingt navires, deux ou trois femmes jaunes, maigres, sales, en guenilles, qui sont la propriété de tous les hommes ; elles dorment au milieu d'eux, elles rient, elles jurent, elles se promènent sur le pont et fument de volumineux cigares ; dans les tempêtes, elles sont les premières aux manœuvres les plus difficiles, et bien des fois l'équipage entier a dû son salut à leur dévouement et à leur courage. Il y a là aussi, couchés sur des cordages noueux et suiffés, des enfants encore insensibles aux dangers d'une vie si effrayante, qui appellent *papa* tous les matelots, et roulent au tangage au milieu des barils de poissons, d'où on les retire souvent déchirés et meurtris, sans que leurs mères en soient alarmées. Je me suis fait conduire sur une de ces pinques de malheur, où ma présence fera époque et sera rappelée pendant bien des années. Prévoyant l'aisance que je pourrais y apporter, je m'étais muni de quelques hardes et j'avais à grand'peine escaladé jusqu'à ces hommes de bitume et de fer ; les saluant alors en espagnol d'une voix que je m'efforçais de rendre caressante, je demandai à plusieurs d'entre eux la permission de les dessiner ; il s'y prêtèrent tous de la meilleure grâce du monde, et jamais modèle de nos ateliers ne garda une plus impassible immobilité. Une des femmes surtout prit un air si grave et si ridiculement imposant, que j'eus beaucoup de peine à garder mon sérieux. Je venais d'achever mon travail, quand je me fis donner par un de nos matelots, qui n'avait pas osé se frotter à des malheureux si visiblement dévorés par la vermine, le paquet que je lui avais remis, et, généreux et compatissant, je jetai sur l'un des petits enfants, qui me regardait et faisait entendre à peine quelques paroles de prière, un mouchoir et une chemise. Aux deux femmes je fis cadeau de quatre mauvais madras réunis qui pouvaient leur servir de jupe, d'une paire de ciseaux et de trois ou quatre peignes à démêler; et à quelques autres, je distribuai tout ce qui me restait de ma petite pacotille. Tout fut reçu par eux avec une expression de reconnaissance, avec des paroles de tendresse et de dévouement qui me touchèrent jusqu'aux larmes. Mais ce qui, surtout, leur causa une joie vive et spontanée, ce fut une image coloriée représentant *la Vierge des Douleurs au pied de la croix*, que je déroulai à leurs yeux comme une sainte relique. Oh! jamais je n'oublierai cet élan de béatitude qui se manifesta dans tout l'équipage! C'était de l'amour, du délire, du fanatisme; peu s'en fallut qu'on ne m'adorât comme l'image que j'offrais. Elle fut à l'instant portée à toutes les lèvres, posée au pied du mât, et tous à genoux, et d'une voix formidable, entonnèrent un cantique latin. Quel latin, bon Dieu!

Nous étions en rade depuis deux jours, et nous n'avions encore vu le fameux pic que de fort loin dans un horizon douteux. Je brûlais de le gravir; mais comme il est à huit lieues de Sainte-Croix, et que nous en ignorons la route, le gouverneur aplanira sans doute pour nous les difficultés du voyage. Le Français qui remplissait les fonctions du consul nous assura, avec un sourire malin, que le gouverneur ne répondrait pas à la lettre officielle que notre commandant lui avait adressée. Comme on nous avait dit à Gibraltar que c'était le général Palafox, il me fut difficile de deviner le motif de son silence; mais le consul, en nommant don Pedro de Laborias, nous donna d'autres raisons. — M. le gouverneur ne sait pas écrire. — Et son secrétaire? — Il ne sait pas lire.

Nous allons faire nos observations au lazaret, distant d'une demi-lieue de la ville. Une rangée de petits cailloux séparait les malades des habitants. Un soldat de la garnison, portant sur l'épaule une arme qui ressemblait assez à un fusil, était là pour veiller à la sûreté publique. Il mangeait, en se promenant, une boule de pâte qu'il pétrissait dans la main. « Que mangez-vous, camarade? — Du pain! (Je cherche en vain à me persuader qu'il ne me trompe pas.) — Est-il bon? — Excellent! Goûtez! (Ma langue se colle à mon palais). — Et de l'argent? — Jamais. — Vous n'en avez donc pas? — Pour 10 réaux je ferais à pied le tour de l'île. — Voulez-vous accepter cette demi-piastre pour boire à ma santé? — La somme est trop forte; on croirait que je l'ai volée. — Acceptez! — Ma foi, Monsieur, je craignais de ne pas vous entendre répéter votre offre généreuse. Mille remercîments! »

Un regard d'un de nos grenadiers eût fait reculer le piquet qui vint relever la sentinelle : ce ne sont pas des Espagnols.

Quand je vois deux ou trois forts irréguliers, placés de manière à être facilement bombardés; quand je n'aperçois qu'un petit mur crénelé sur les sommets qui dominent la ville; quand je sais que sur presque tous les points de l'île on peut sans difficulté opérer des débarquements à l'aide de chaloupes, je me demande comment il est possible que l'amiral Nelson soit venu laisser ici un bras, toutes ses embarcations, ses drapeaux et ses meilleurs soldats, sans pouvoir s'emparer de Sainte-Croix. Qu'un de nos amiraux y soit envoyé, il n'y laissera ni ses vaisseaux, ni ses soldats, ni ses drapeaux, et nous aurons l'île.

Nous étions décidément condamnés à une quarantaine de huit jours. Plaignez-moi d'être forcé au repos et à l'inaction. J'ai devant les yeux une nature sauvage et rude, au loin un pic neigeux et volcanisé à gravir; dans l'intérieur de l'île, des mœurs moitié espagnoles, moitié gouanches, à dessiner, pour ainsi dire, au profit de notre histoire contemporaine, et rien ne m'est permis, par je ne sais quelle humeur bizarre d'un homme à qui nous donnions pourtant toute sécurité pour la santé des habitants, sur lesquels il règne en véritable magister de village.

Cependant, honteux sans doute de son obstination, le gouverneur nous releva enfin de notre quarantaine; et nous fûmes autorisés à parcourir et à étudier l'île. Aussi, touchés d'une générosité si courtoise et si peu attendue, nous levâmes l'ancre et partîmes, non sans lui dire adieu par une seule bordée.

Le pic dégagea sa tête blanche des nuages qui la voilaient; il se montra dans toute sa majesté, menaçant et dominateur, et le lendemain, à plus de quarante lieues de distance, nous le voyions encore au-dessus de l'horizon.

Toute terre s'effaça de nouveau, nous naviguâmes dans une mer tranquille et belle. Ici, point de ces tempêtes horribles qui démâtent et ouvrent les navires; point de ces temps orageux qui rendent si pénibles les courses des navigateurs dans les zones élevées; point de roulis qui fatigue, point de tangage qui torture; j'écris et je dessine à mon aise. La traversée jusqu'au Brésil sera trop courte et trop paisible; n'importe! il faut savoir se résigner.

Mais là-bas, là-bas, loin de nous, un petit point blanc, d'abord imperceptible, grandit bientôt, s'étend comme un vaste linceul, et semble appeler à lui tous les nuages qui l'entourent. Le ciel est voilé; quelques zigzags de feu, exhalant une odeur de soufre, sillonnent l'espace; la mer, au lieu d'être ridée comme tout-à-l'heure, devient turbulente et clapoteuse; on la croirait en ébullition. Une chaleur étouffante nous brûle, pas un souffle pour enfler les voiles qui coiffent les mâts, et la corvette tourne sur elle-même, privée d'air. Tout-à-coup la mer moutonne... *Amène et cargue! laisse porter!...* et nous sommes lancés comme une flèche rapide. Le tonnerre roule avec fracas, la foudre éclate et tombe, le flot frappe le flot, les mâts crient et se courbent : une trombe, tourbillonnant sur notre arrière, est prête à nous écraser; la vague est aux nues, elle nous envahit de toutes parts ; la pluie et la grêle nous fouettent avec un fracas horrible, et l'intrépide matelot, perché sur la pointe des vergues, ne sait si ce sont les flots ou les eaux du ciel qui l'inondent et le brisent. Il est nuit, nuit profonde, sans horizon, sans étoile au zénith ; froide, menaçante encore dans le silence solennel qui succède à la lutte des éléments. Déjà le ciel se dévoile, la corvette reprend son allure d'indépendance; nous voyons autour de nous, et le soleil nage dans une atmosphère d'azur.

Avons-nous été assaillis par une tempête, par un ouragan? le matelot, souriant, dit que ce n'est qu'un grain. A la bonne heure ! j'aime les points de comparaison, et l'ouragan sera le bienvenu.

III

DES CANARIES A L'ÉQUATEUR.

Prise d'un requin. — Cérémonie du passage de la ligne.

Dans ces latitudes équatoriales, où le soleil, presque toujours d'aplomb, exerce une si puissante influence sur l'atmosphère, il est rare que les mauvais temps soient de longue durée. En général, on ne passe la ligne qu'à l'aide de petits coups de vent, d'orages, et, après le grain, le ciel redevient limpide et bleu. La tourmente fut courte, l'élégant damier voltigea autour de nos mâts avec un calme confiant, indicateur d'une journée tranquille ; les marsouins, dans leurs brillantes migrations, ne faisaient plus jaillir les flots écumeux par leurs soubresauts pleins de folie; la gigantesque baleine se pavana majestueusement entre deux eaux et nous montra de temps à autre son dos immense, sur lequel l'albatros pélagien, arrivé la veille des régions glacées, se précipitait comme une flèche et se relevait à l'instant pour chercher une nourriture plus certaine, tandis que le navire, bercé sur sa quille de cuivre, roulait et tanguait au gré de la vague, contre laquelle le gouvernail était sans puissance.

— *Requin!* dit tout-à-coup un de nos matelots; *requin à l'arrière!* En effet, un requin monstrueux, l'œil aux aguets, attendait avec sa voracité accoutumée les débris de bois, de linge, de goudron, dont on débarrasse le pont et les batteries. Voici donc un épisode au milieu du calme plat que déjà nos impatients matelots commençaient à maudire avec leurs jurons accoutumés.

A l'instant, un solide émérillon est recouvert par un énorme morceau de lard salé et jeté à la traîne, fortement noué avec un gros filin. L'amorce n'est pas restée deux minutes à l'eau que déjà le *pilote*, ce petit poisson pourvoyeur du requin, par un frétillement plus rapide, dit à son maître qu'il y a là une proie facile. Le vorace animal s'élance aussitôt, se retourne sur le dos pour mordre avec plus de sûreté, il serre avec force le fer aigu, dont la pointe pénètre dans les chairs et sort toute rouge par la mâchoire supérieure. Le monstre a beau s'agiter, plonger, se tordre et remonter à la surface, il nous appartient désormais; et nous voilà tous pesant sur lui, l'arrachant de son domaine et le jetant prisonnier et vaincu sur le pont, dont il frappe les bordages avec violence. Le pilote ne l'a pas abandonné; fidèle au souverain qu'il s'est volontairement imposé, il se cramponne au ventre du requin et vient généreusement mourir avec lui.

Cependant plusieurs de nos matelots, heureux de cette capture, se sont munis de haches tranchantes et ont commencé leur œuvre de dissection avec des cris d'enfant, car ils n'avaient pas compté sur du poisson frais pour dîner. En deux coups, Marchais a séparé le corps de la queue au-dessus de la dernière nageoire, et un aviron placé à l'instant même dans la bouche du requin est broyé sous son triple rang de dents fortes, aiguës et tranchantes. Il y avait péril à s'approcher de trop près du requin, dont une caronade et le filin amarré et tendu maîtrisaient à peine les rapides convulsions.

On le traîna sur le gaillard d'avant, où il fut suspendu et ouvert. Marchais et Vial firent l'opération en hommes habitués à ce genre d'exercice; et, bouchers implacables, ils répondaient aux tortillements saccadés du monstre par des lazzi et des quolibets qui mettaient en bonne humeur le reste de l'équipage. Cependant les intestins et le cœur avaient été arrachés; il ne restait plus intacte que la carcasse, dont chaque escouade choisissait déjà de l'œil sa part huileuse, et le vivace animal se tordait toujours par un mouvement fiévreux. Deux heures après l'opération, le cœur battait violemment dans nos mains et les forçait à s'ouvrir par des secousses, inattendues tandis que ses débris mutilés, et plongés dans l'eau pour être conservés plus frais, donnaient encore signe de vie le lendemain.

Ce requin avait douze pieds de longueur; il était de la grande espèce, et les tortures que nous lui fîmes subir durent vivement exciter sa colère et donner de la vigueur à ses mouvements, qui furent, en effet, rapides et tourmentés. Mais n'ajoutez aucune foi, je vous prie, à tous les contes absurdes qu'on vous fait de bordages défoncés par les coups de queue des requins étendus pleins de vie sur le pont d'un navire; ce sont là de ces hyperboles de voyageurs casaniers qui ont recours au merveilleux pour faire croire aux périls des courses lointaines qu'ils n'ont faites qu'autour de leur foyer domestique. Certes, un homme serait renversé et blessé par les mouvements imprévus d'un requin captif à bord; mais il n'y a rien à craindre, je vous assure, dans ces luttes prolongées, pour les bordages et la sécurité du navire.

Quelques heures plus tard, nos observations nous placèrent presque sous la ligne, et les incidents de la veille furent oubliés dans les préparatifs d'une fête solennelle et bouffonne à la fois, consacrée par l'usage de tous les peuples de la terre, et de laquelle la gravité même de notre expédition éminemment scientifique n'avait pas le droit de nous affranchir. Rien n'est despote comme un antique usage.

Le passage de la ligne est une époque mémorable pour tout navigateur. On change d'hémisphère, de nouvelles étoiles brillent au ciel, la grande Ourse se cache sous les flots, et la Croix-du-Sud plane éclatante sur le navire. Lors des premières conquêtes des navigateurs du quatorzième siècle, le passage de la ligne était un jour religieux de terreur et de gloire ; il devint plus tard un sujet de raillerie et de mépris. L'art nautique, agrandi par l'astronomie, science exacte et féconde, fit justice du merveilleux dont on avait coloré les phénomènes rêvés sous des zones jusqu'alors inconnues. Dès ce moment aussi la peur s'évanouit, et les dangers furent bravés avec insouciance ; dès qu'on les supposa moindres, on osa les supposer nuls. Cependant des obstacles restaient encore à vaincre et d'autres luttes devaient se préparer plus tard ; les périls soumis donnaient de l'audace, et des cris de joie retentissaient alors que le *cap de Bonne-Espérance*, le *cap Horn* et le détroit *de Magellan* n'avaient pas encore appris aux Colomb, aux Cabral, aux Dias de Solis, aux Vasco de Gama, que les mers les plus tempêtueuses leur restaient à vaincre. Ainsi ce fut d'abord la frayeur qui institua la cérémonie du passage de la ligne, dont il faut bien que je vous parle un peu, puisque c'est un des *plus graves* épisodes de notre longue campagne.

Dès la veille, un bruit inaccoutumé retentissant dans la batterie nous disait que les héros de la fête *savaient* les us et coutumes des *anciens*. Les caronades résonnaient sous les coups précipités des marteaux qui façonnaient avec de la tôle les chaînes des diables, la couronne du monarque, son sceptre et son glaive sans fourreau. Les matelots-poètes (et ils le sont tous plus ou moins) improvisaient des refrains joyeux et gaillards.

Cependant l'heure est venue, la batterie est déserte, le pont se peuple, les visages sont gais et rayonnants. Tout-à-coup les fouets sifflent, les trompettes sonnent ; et de la grande hune descend un luron botté, éperonné, s'avançant avec gravité vers le banc de quart et demandant d'un ton impérieux le chef de l'expédition.

— Qu'il accoste sur-le-champ! ajoute-t-il; j'ai affaire à lui, ou plutôt il a affaire à moi.

Notre commandant, humble et soumis, se présente bientôt revêtu de son grand uniforme.

— Que voulez-vous? dit-il au courrier.

— Te parler.

— J'écoute.

— Que viens-tu faire dans les parages du roi de la ligne?

— Des observations astronomiques.

— Bêtise!

— Et compter les oscillations du pendule pour déterminer l'aplatissement de la terre dans toutes ses régions.

— Que c'est plat!

— Etudier aussi les mœurs du peuple.

— On s'en bat l'œil, des mœurs à étudier! Qu'est-ce que peut te rapporter tout ça?

— De la gloire.

— Et la gloire donne-t-elle du vin, du rhum, de l'eau-de-vie?

— Non, pas toujours.

— Alors je me fiche de ta gloire comme d'une chique usée! Au surplus, c'est votre affaire, à vous tous, pékins de l'état-major, qui vous dorlotez dans vos cabines quand nous sommes trempés comme des canards. Mais il s'agit d'autre chose en ce moment. Maître Fouque, roi de la ligne, t'écrit; je suis son courrier, voici sa lettre. Sais-tu lire?

— Un peu...

— Mon neveu. Tiens, j'attends ta réponse.

L'épître était ainsi conçue :

« Capitaine, je veux bien que ta coquille de noix aille de
» l'avant, si toi et ton piètre etat-major consentez à vous sou-

» mettre aux lois de mon empire. Y consentez-vous? Largue tes
» voiles, hisse tes bonnettes et file tes douze nœuds. Si tu n'y
» consens pas, paravire, lof pour lof, et navigue à la bouline!

» *Signé* : FOUQUE, second maître d'équipage de la corvette,
» actuellement roi de la ligne. »

— Je connais mon devoir, répond le capitaine ; dès ce moment je suis le sujet du roi ton souverain.

— A la bonne heure! Sais-tu marcher la tête en bas, les pieds en haut?

— J'apprendrai.

— Rien n'est plus facile. As-tu mangé du phoque et du pingouin?

— Pas encore.

— Tu en mangeras, je t'en réponds ; aiguise tes dents, et après cela, si le vent t'est favorable, si aucune roche ne t'arrête en route, si ton navire ne sombre pas au large et si tu ne crèves pas, tu reverras ton pays ; c'est moi qui te le dis.

— Je vous remercie de vos prédictions.

— Ce n'est pas encore tout ; il fait bien chaud.

— Ah! c'est juste, j'oubliais... Vite une carafe d'eau filtrée à l'ambassadeur!

— Tu te fiches de moi!

— Alors du vin.

— Merci! aujourd'hui je ne bois que de ce qui soûle.

— Voici une bouteille de rhum.

— C'est mieux ; mais on boite avec une seule jambe, et il m'en faut deux.

— Les voici.

— C'est faire les choses en vrai gabier ; tu arriveras. Adieu, à bientôt.

Les fanfares recommencent, le courrier remonte triomphant vers la hune où l'attend le roi, entouré des meilleurs matelots ; et tandis que l'équipage impatient et joyeux se rue sur le pont, le nez au vent et l'oreille aux écoutes, maître Fouque fait tomber sur lui un déluge d'eau salée, faible prélude des ablutions plus complètes qui auront lieu le lendemain. Pour nous, gens à priviléges, placés au gaillard d'arrière, nous reçûmes sur les épaules une violente grêle de blé de Turquie et de pois chiches, qui, sans nous blesser, nous força à la retraite.

Mais le grand jour est arrivé, et de la batterie enjolivée monte par les écoutilles la mascarade la plus grotesque, la plus bizarre, la plus hideuse que jamais imagination de Callot eût pu jeter sur la toile. Les peaux de deux moutons écorchés la veille servent à vêtir le souverain ; son front est paré d'une couronne et son cou desséché est orné d'un double rang de pommes de terre taillées à facette. Son *épouse*, le plus laid des matelots de l'équipage, voile ses appas sous des jupes fabriquées à l'aide de cinq ou six mouchoirs de diverses couleurs. Deux melons inégaux que convoitent les yeux amoureux de l'époux monarque embellissent sa poitrine velue et ridée. Le chapeau tricorne de M. de Quélen, notre indulgent aumônier, coiffe le chef du notaire (je ne sais pourquoi il y a des notaires partout). Deux ânes portent le roi ; leur rôle a été vivement disputé, et on ne l'a obtenu qu'après avoir donné des preuves éclatantes de hautes capacités et d'entêtement. Lucifer, avec son bec fourchu, ses cornes aiguës et traînant de longues chaînes, est vigoureusement fustigé par une badine de trois pieds de long et de deux pouces de diamètre. Il feint de vouloir s'échapper, mais, épouvanté par l'eau sacrée dont l'inonde le prêtre, choisi parmi les moins sobres des matelots, il ronge ses fers, fait entendre d'horribles rugissements et pousse du pied la fille du monarque, qui se jette sur le sein de sa mère et le mord avec voracité. Huit soldats armés ferment le cortége, qui prend des bancs, des tabourets ou des fauteuils, selon la dignité de chaque personnage.

— Vous avez donc froid ? disions-nous à sa majesté la Ligne, qui grelottait.

— Hélas ! non, répondait maître Fouque, j'étouffe, au contraire, sous cette épaisse fourrure, mais l'usage veut que je tremble, que je frissonne ; et mes gens sont tenus de m'imiter en tout point, sous peine d'être privés de leur emploi. C'est bête, j'en conviens, mais ainsi l'ont ordonné nos *anciens*, qui apparemment étaient plus frileux que nous.

Cependant le trône est occupé, les grands dignitaires prennent gravement leur place autour d'une énorme baille de combat sur le bord de laquelle est adaptée une planche à bascule où doit s'asseoir le patient. La liste de tout l'équipage est entre les mains du notaire, qui se lève et lit à haute voix les noms et prénoms de chacun de nous. Le premier appelé est notre commandant.

— Votre navire a-t-il déjà eu l'honneur de visiter notre royaume? lui dit le monarque.

— Non.

— En ce cas, grenadiers, à vos fonctions!... A ces mots, quatre soldats armés de haches s'élancent sur le gaillard d'avant et font mine de vouloir abattre la poulaine à coups redoublés. Deux pièces d'or tombées dans un bassin placé sur une table arrêtent l'ardeur des assaillants, qui reprennent leur poste d'un air satisfait : ce diable de métal fait partout des prodiges. L'état-major est appelé nominativement, et chacun, à tour de rôle, se place à califourchon sur la planche à bascule qui domine l'énorme baille à demi pleine d'eau salée. Là, on doit répondre d'une manière positive et sans hésiter à la formule suivante et sacramentelle, lue à haute voix par le notaire.

« Dans quelque circonstance que vous vous trouviez, jurez
» devant sa majesté la Ligne de ne jamais *faire la cour* à la
» femme légitime d'un marin. » Le patient doit répondre : *Je le jure!* sous peine d'immersion, et jeter dans le bassin quelques pièces d'argent réservées, pour la première relâche, à un gala général où les rangs et les grades seront confondus. La décence (car il en faut même dans les choses les moins sérieuses), la décence ne permettait pas qu'un seul de nous reçût l'ablution totale ; on se contentait d'ouvrir une des manches de notre habit

et d'y infiltrer quelques gouttes d'eau en prononçant les paroles d'usage : *Je te baptise*. Mais quand vint le tour des matelots, nul ne fut épargné. Plongés dans la baille, ils ne parvenaient à en sortir qu'après les efforts les plus inouïs, les contorsions les plus grotesques ; et les énergiques jurons frappaient les airs, et les éclats de rire se mêlaient aux jurons, et les bons mots de cabaret se croisaient sans que pas un martyr eût osé se fâcher. C'était une joie bruyante, tumultueuse, une joie de matelot en délire qui oublie que là et là, sous ses pieds, sur sa tête, il y a une mer et un ciel dont le caprice et le courroux peuvent le broyer et l'engloutir aujourd'hui ou demain. Hélas ! ces heures sont si courtes à bord, que je ne vis pas sans un vif regret l'horizon se charger de nuages et la cérémonie près d'être close par une bourrasque ou une tempête.

Mais un incident inattendu devait varier encore les émotions de la journée. Un nom répété plusieurs fois reste sans réponse ; on se questionne, on s'émeut, on s'agite, on fouille de tous côtés, dans les hunes, sous les câbles ; on descend dans la batterie, et l'on apprend enfin qu'un profane, fier de son état de cuisinier, est décidé à tout prix à s'affranchir de la règle commune. — Tout le monde à la batterie !... crie une voix formidable. Et la batterie est aussitôt envahie par les écoutilles et les sabords. — Sur le pont ! sur le pont !... à cheval sur la bascule ! Point de grâce ! point de merci ! Que la noyade soit complète ! s'écrie-t-on de toutes parts, qu'il en perde la respiration !

Dans la batterie, en effet, était un héros, cuisinier de l'état-major, lequel avait juré en partant de ne pas recevoir le baptême, et qui aurait regardé comme un grand déshonneur qu'une seule goutte d'eau salée vînt outrager l'harmonie de ses cheveux bouclés avec une coquetterie dont il tirait une si ridicule vanité. Son front ruisselant est coiffé du bonnet blanc de l'ordre, où voltigent çà et là quelques légères plumes, dépouilles ensanglantées de ses victimes du jour ; ses yeux sont rouges de colère, sa mâchoire contractée, ses lèvres violettes, crispées et frémissantes; son tablier, relevé avec grâce sur l'épaule, le drape à la grecque; un grand couteau de cuisine pend à son côté et figure un glaive hors du fourreau; de la main droite il tient serrée une longue broche où est empalé un chapelet de pigeons à demi consumés, qui, la tête tournée vers les assaillants, semblent les menacer d'un sort pareil au leur; son pied, chaussé d'une pantoufle verte, presse fortement une caronade; et, bien disposé à se défendre, il adresse d'abord la parole aux plus audacieux de ses ennemis.

— Que me voulez-vous? qui vous amène dans mes *foyers?*

— L'ordre de notre roi.

— Obéissez, puisque vous êtes esclaves; moi, je n'ai pas de roi et je trône seul ici.

— Tu dois être baptisé comme nous.

— J'ai reçu mon baptême de feu, et cela me suffit; je ne veux pas de votre baptême d'eau.

— La loi est pour tous.

— Mon code à moi est celui que je me suis fait, et vous êtes des renégats qui abjurez votre première religion pour une religion nouvelle. Ici est mon domaine, mon empire; ici sont mes dieux et ma croyance; ces fourneaux, ces casseroles, ces broches, ces pelles, ces lèchefrites, ce sont là mes armes, les insignes de ma souveraineté, de mon indépendance. Quel rapport existe-t-il donc entre vous et moi? Suis-je le coq, sale fricoteur de vos monotones et maigres repas? Ai-je l'habitude de manquer les ragoûts? Non; de ne point épicer mes sauces ou de brûler mes fritures? Non. Qui vous a donné le droit de m'attaquer, de me poursuivre, de me traquer, chez moi comme une bête fauve, comme un marsouin, requins que vous êtes! Oh! je ne vous crains pas! car moi, voyez-vous, je n'aurais pas salué le chapeau de Gessler, je ne me serais point courbé devant le cheval de Caligula, et je ne serai pas baptisé. Il dit et plante dans le bordage sa broche aiguë qui tremble jusqu'à ce que la rage de Mars et le poids des étiques pigeons aient cessé de l'animer.

— En avant les pompes! dit Marchais de sa voix rauque et caverneuse; en avant les pompes!

Et mille jets rapides inondent de l'avant et de l'arrière l'intrépide cuisinier, dont les sauces grandissent sans devenir plus mauvaises. Celui-ci reste cloué à son poste d'honneur, pareil au roc battu par la tourmente; et il sort, sinon vainqueur, du moins invaincu, de cette lutte acharnée, à laquelle un grain violent, pesant sur le navire, vient mettre un terme.

L'orage dura quelques heures, l'effervescence des matelots se calma avec les vents, une nuit silencieuse et douce plana sur la corvette mollement balancée, et nous nous vimes jetés de nouveau sous les zones heureuses des vents alizés, qui, soufflant également dans les deux hémisphères, devaient voyager avec nous jusqu'au Brésil.

IV

DE L'ÉQUATEUR AU BRÉSIL.

Couchers du soleil. — Rio-Janeiro.

Nous venons de sillonner l'Atlantique de l'est à l'ouest, et la monotonie de notre navigation ne s'est trouvée interrompue que par quelques-uns de ces incidents auxquels les navires ne peuvent échapper dans une route longue et tracée. Des grains, des trombes, des rafales, des calmes, et puis le rapide passage des baleines voyageuses qui se promènent dans leur vaste empire; l'élégant *damier* voltigeant sans cesse sur la tête de l'équipage attentif, et le stupide *fou* qui venait se poser sur une vergue et se laissait bêtement abattre, comme si la vie lui était à charge; et puis encore l'*albatros*, nommé poétiquement l'*oiseau des tem-*

pêtes et *mouton du Cap;* maintenant, à votre zénith, et plus rapide que la flèche, se perdant bientôt après à l'horizon, et se jouant avec la vague écumeuse, la frappant de son aile robuste, comme pour insulter à son impuissante rage, et s'élevant d'un seul bond jusqu'aux régions de la foudre, dont il se plaît à entendre le terrible roulement, le *goëland*, adroit pêcheur, planant immobile au plus haut des airs et tombant comme un plomb pour saisir sa nourriture, nageant entre deux eaux ; et puis encore les myriades de marsouins chassant devant eux les innombrables légions de poissons volants, qui viennent s'abattre sur les porte-haubans du navire; et les élégantes frégates, orientées toujours selon le vent; et les *méduses* phosphorescentes qui éclairent l'espace, et les *mollusques* si variés, si curieux, qu'on prendrait tantôt pour des insectes ailés, et tantôt pour des grappes de raisin, ou des bouquets de fleurs. Rien n'est perdu pour l'observateur dans cette traversée heureuse, où les études sont sans périls et sans fatigues : pas une heure n'est lente pour qui veut voir et pour qui sait tenir un pinceau ou une plume. Mais, ce qui fait fortement battre le cœur dans la poitrine, ce qui surtout fait vibrer l'âme, et qui révèle la présence du Dieu de l'univers, ce sont ces admirables *couchers de soleil*, après une journée ardente.

Là-bas, là-bas, dans un océan de feu, sur un ciel de feu, brillent, d'un jet à blesser la vue, les contours bizarres des nuages, se dessinant sous les formes les plus fantastiques; ce sont des montagnes avec leurs crêtes arides, leurs volcans ouverts et en activité, sillonnés par des torrents de laves, s'effaçant et renaissant comme un jeu d'optique qu'on admire sans le comprendre! ce sont des armées ennemies qui se ruent, turbulentes, les unes contre les autres, et font jaillir au loin mille millions d'étincelles dans leur terrible choc; ce sont des plaines à perte de vue, des champs de blé nourrissant la flamme sans l'assouvir ; ce sont des villes immenses avec leurs dômes, leurs clochers, leurs minarets, leurs tours, leurs citadelles, et tout cela bâti sur le feu, avec du feu ; ce sont des charbons ardents au sommet ; partout le ciel et l'enfer, partout un brasier immense dans lequel le navire va bientôt s'engouffrer.

Oh ! oui, je vous l'atteste, un beau *coucher de soleil* sur un ciel tropical est le plus imposant, le plus majestueux spectacle dont l'homme puisse jouir. Tempêtes, ouragans, calmes, naufrages, la mémoire peut tout oublier, personne n'oubliera un beau coucher du soleil sous la zone torride ; car, si toutes les tempêtes offrent le même chaos, si tous les calmes ont la même tranquillité, nul *coucher du soleil* ne ressemble à celui de la veille, nul ne ressemble à celui du lendemain. Dieu est là, grand, incommensurable, éternel.

Cent fois, à coup sûr, les premiers navigateurs qui sont allés à la recherche de ce nouveau monde, si hardiment deviné par Colomb, ont dû se croire arrivés au terme de leurs courses à l'aspect de ces puissants phénomènes devant lesquels l'âme tombe en adoration. Comme eux aussi, nous avons souvent crié *terre!* mais une heure après que le soleil s'était plongé dans les flots, l'illusion s'effaçait, l'horizon devenait une réalité, et nous nous retrouvions désenchantés entre le ciel et l'eau, attendant une brise plus vigoureuse qui vînt offrir un nouvel aliment à notre curiosité. Cependant si le *point* est exact, si les courants ne nous ont pas *drossés*, nous devons, ce matin, voir devant nous la terre découverte par le Portugais Cabral...

La voilà, en effet. *Terre!* crie la vigie à cheval sur le beaupré, *terre de l'avant!* Chacun est sur le pont, l'œil à sa longue-vue et interrogeant l'horizon ; la corvette fend les flots, et le *point* signalé s'élargit, montre sa forme tranchée, se dessine bientôt, et les heures de langueur et d'ennuis s'effacent dans ce premier moment de joie et d'ivresse. Le cap *Frio* a levé la tête, comme pour nous indiquer la route de *Rio ;* derrière lui, la terre, que nous longeons à l'aide seulement de peu de voiles, est unie, basse, sans aspérités, couverte d'une végétation vierge et gigantesque. Autour du bord, voltigent quelques oiseaux de terre,

dont les ailes faibles et paresseuses n'osent pas s'éloigner du
rivage. Ce sont toujours là des visiteurs bien reçus, bien fêtés,
car ils apportent de bonnes nouvelles, du calme, du repos.

Pendant la nuit, nous avons viré de bord, malgré le présage
d'un ciel protecteur ; et, au lever de l'aurore, nous mettions le
cap sur *Rio-Janeiro*, cité royale où nous laisserons bientôt tomber l'ancre pour la seconde fois.

Je dessine la côte : elle est partout d'une richesse merveilleuse, et je mets la dévotion du zèle à en reproduire le plus
fidèlement possible les contours bizarres et variés. L'entrée nous
est signalée par deux petites îles, dont l'une s'appelle île *Ronde*,
sans doute parce qu'elle est carrée, et entre lesquelles tout
navire peut hardiment prendre passage. Voici le *pain de sucre*,
rapide, aigu, sans verdure ; c'est le pied d'un *géant* qui doit
servir de point de mire aux navigateurs. La tête est là-bas, à
l'ouest de la rade ; tête bien dessinée avec son front découvert,
sa chevelure, vaste forêt ; son œil, grotte humide ; son nez, pic
osseux, et son menton déprimé ; puis vient le cou, figuré par
une large vallée, puis les pectoraux dominant une roche taillée
en forme d'épaule et de bras, puis l'abdomen, puis la cuisse, le
genou, la jambe, et enfin le *pain de sucre*, dessinant le pied :
c'est un véritable géant couché sur le dos, plus ou moins allongé,
selon la position du navire, mais toujours taillé comme l'eût fait
un statuaire. Je ne saurais trop recommander aux capitaines la
vue si heureuse et si singulière de cette chaîne de montagnes,
afin qu'ils ne puissent pas manquer l'entrée de l'immense rade
que le pied du géant leur indique d'une manière exacte et précise, mieux encore que ne le ferait un phare.

La joie est sur tous les visages, l'avidité dans tous les regards ;
chacun est debout, curieux, attentif, excepté Petit et Marchais,
assis sur la drôme et levant les épaules de pitié, à notre impatience et à nos cris d'admiration. Des nuées de papillons de
mille couleurs se jouent parmi les cordages, luttent entre eux
de variété, de coquetterie, résistent à la brise de mer qui les

repousse, et pénètrent avec nous dans le golfe où ils viennent d'éclore. Ces nouveaux hôtes sont respectés comme les riches oiseaux de la veille, et nous saluons enfin, bord contre bord, cette terre du Brésil, dans laquelle l'Atlantique s'est ouvert un passage comme pour donner asile aux navires qu'elle vient de tourmenter.

Le goulet est bientôt franchi ; nous entrons dans la rade : quel ravissant spectacle ! Ni la superbe Gênes avec ses palais de marbre et ses jardins suspendus ; ni la riante Naples avec ses eaux limpides, son Vésuve et ses villas si fraîches ; ni Venise la riche avec son architecture mauresque, ses coupoles et ses ciselures ; ni même le Bosphore avec ses immenses dômes, ses kiosques et ses minarets jusqu'aux nues n'offrent à l'œil étonné un plus magnifique panorama. A droite, à gauche, devant nous, derrière nous, une nature puissante étale ses coquettes richesses de toute l'année, des arbres d'une hauteur surprenante, des îles joyeuses, semées pour ainsi dire dans toute l'étendue de cette masse d'eau limpide sur laquelle passent et repassent des myriades de papillons voyageurs, gris, jaunes, rouges, diaprés ; un ciel plus haut, peuplé de perroquets criards et d'élégantes perruches, de goëlands et d'essaims nombreux et craintifs *d'oiseaux-mouches*, qu'on prendrait pour des abeilles s'ils n'étaient trahis par l'or, les émeraudes et les rubis de leur plumage ; et puis des anses dominées par des églises à l'architecture bizarre ; de délicieuses habitations éparses çà et là, à demi voilées en quelque sorte par des plantations de palmistes et les larges parasols des bananiers ; et puis encore des milliers de pirogues, allant d'une *praya* à l'autre, lancées à l'aide de la courte *pagaie* du nègre esclave, qui hurle son chant national pour se donner du courage ; vous voyez encore là une immense forêt de mâts et de pavillons de tous les pays du monde, une ville grande et belle, un superbe aqueduc qui la domine et l'alimente ; dans le lointain, posées là comme une barrière puissante aux envahissements de l'Atlantique, les *montagnes des Orgues* avec leurs aiguilles si aiguës et si régulières, qu'on les dirait taillées par la main des hommes. Oh! tout cela est magnifique, imposant, radieux, tout cela ne peut se décrire, c'est assez de l'admirer.

A peine est-on arrivé dans un pays nouveau que l'on veut tout voir, tout étudier, tout connaître, les fleuves et leurs richesses cachées, la terre et ses trésors, les hommes et leurs mœurs. On craint de manquer d'air ou de courage, ou de patience : les heures volent si vite dans l'étude et la méditation !

Voici donc le Brésil, terre féconde parmi les plus fécondes du globe ; on dirait une nature à part, une nature privilégiée. Pour s'enrichir, la cupidité n'a qu'à respirer, car la brise de mer, qui souffle le matin, vous donne des forces contre la chaleur du jour ; et le vent de terre, qui a traversé les hautes montagnes de l'intérieur, vous fait vite oublier le soir la température d'une zone écrasante.

Ici nagent trop de poissons dans les rivières, trop d'oiseaux volent à l'air, trop de fruits pèsent sur les arbres, trop d'insectes glissent sous l'herbe. Ici les montagnes cachent des pierres précieuses, les ruisseaux roulent des paillettes d'or et de diamants aussi beaux que ceux de Golconde. Au Brésil, point de ces maladies épidémiques ou contagieuses qui déciment les populations, et dont le souvenir seul est un fléau.

Si vous aimez une vie indolente et tranquille ; si pour vous le repos est le bonheur, suspendez votre hamac aux troncs écaillés des palmistes, ou cherchez une douce habitation près de la plage frappée par le flot paresseux ; mais si vous craignez la monotonie des plaisirs exempts de péripéties, restez chez vous, vieillissez chez vous ; car, au Brésil, chaque matin de la veille ressemble au matin du lendemain ; et vous croiriez que le nuage qui passe aujourd'hui sur votre tête est le nuage qui est venu hier vous protéger de son ombre ou vous rafraîchir de sa rosée.

Au Brésil, on dirait que cette nature forte et vigoureuse qui pèse sur le sol est la même depuis des siècles et qu'elle ne se renouvelle jamais. Elle est verte, diaprée, riante : c'est une richesse de tons à décourager toute palette ; c'est un parfum suave ; c'est un silence mystérieux qui pénètre l'âme et la pousse à la rêverie ; c'est une quiétude qui repose sans énerver ; c'est un demi-rêve, un demi-réveil ; on sent glisser doucement la vie sur les pores, on aspire l'air, on se laisse mollement aller au repos du sommeil, comme si le jour devenait de la fatigue, et l'on s'assoupit aux sifflements et aux cris aigus des insectes et des colibris, comme à un céleste concert qui ne meurt que longtemps après que le soleil s'est couché sous l'horizon.

Je vous ai parlé, je crois, de l'aqueduc qui, partant du pied vierge du Corcovado, descend et serpente de colline en colline, garde fraîche et limpide la source qu'il a reçue à sa naissance, et alimente toute la ville. Cet aqueduc aura aujourd'hui ma première visite, et je vais le suivre dans toutes ses sinuosités.

De loin, on dirait un ouvrage des Romains au temps de leur grandeur ; mais, en se dépouillant de toute prévention, on n'y voit qu'un travail de patience et d'utilité publique : le courant d'eau arrive à une colline voisine, à l'aide d'un double aqueduc où l'on compte quarante-deux arcades à l'étage supérieur, et qui offre un aspect assez monumental. Du pied du couvent de Sainte-Thérèse jusqu'aux flancs déblayés du Corcovado, c'est un mur de briques et de grosses pierres bien cimentées, long d'une lieue et demie, haut de quatre à cinq pieds, lié par une voûte à un autre mur parallèle, le tout servant de rigole au courant d'eau. De temps à autre, de petits jours carrés sont pratiqués sur les parois, et à chaque cent pas de distance un petit bassin latéral, où l'eau tombe par un tuyau de plomb, a été creusé pour les besoins des piétons et des voyageurs. Pour qui s'est fait une juste idée des mœurs paresseuses des Brésiliens, cet aqueduc est une œuvre grandiose qui fait l'éloge du prince sous lequel il a été bâti.

Après deux heures de marche à travers les sites les plus bizarres et les plus pittoresques, j'atteignis l'extrémité de la bâtisse, et je me reposai quelques instants sous un magnifique berthollettia ombrageant la nappe d'eau qui, s'échappant de la végétation puissante où elle était prisonnière, coule en liberté sur un tuf dur et poli, où les curieux ont l'habitude de faire halte avant de gravir le Corcovado.

La journée était avancée, et, au lieu de m'enfoncer dans cette masse informe et compacte de verdure qui me dominait, je me décidai à renvoyer au lendemain la course instructive que j'avais projetée, et, descendant de coteau en coteau, je repris la direction de la ville à travers champs et plantations de caféiers, de bananiers et d'orangers. Je vous l'ai dit, le Brésil est un immense jardin.

A peine avais-je marché pendant une demi-heure, que je me trouvai comme enfermé dans un enclos, au milieu duquel était bâtie une petite maisonnette peinte en vert, et entourée d'un treillage au travers duquel serpentaient des fleurs, riches de couleurs éblouissantes. J'avais soif; je m'avançai vers la porte d'entrée, et j'appelai; personne ne me répondant, je supposai que le maître de l'habitation serait assez poli pour me pardonner mon indiscrétion; je mis le doigt sur le loquet et j'ouvris.

Quel ne fut pas mon étonnement! Un magnifique portrait à l'huile enrichi d'un beau cadre arrêta mes regards. C'était celui d'un général français, dont l'uniforme était décoré de crachats, de la croix d'honneur et de plusieurs ordres étrangers; à sa main droite était une lettre cachetée; sur une table, près de lui, on voyait le plan d'une ville de guerre, d'un port. La figure du vétéran se dessinait fière et calme sur un large rideau de soie verte. L'œil interrogeait, le front méditait, et la légère contraction qui faisait baisser les deux coins de la bouche annonçait le dédain mêlé à un peu de colère. Dans le lointain pointait la cime vaporeuse de quelques mâts pavoisés.

J'allais appeler encore, quand un vieillard, appuyé sur sa bêche et arrivant du dehors, me frappa sur l'épaule.

— Que voulez-vous?...

— Eh quoi! des paroles françaises!

— A la bonne heure, vous êtes Français aussi?

— Et vous?...

— Tête, bras et cœur à la France.

— Quel est ce portrait?

— Ce portrait est celui d'un général lâchement calomnié ; il a été aide-de-camp de l'Empereur et gouverneur dans les deux hémisphères... Il fut le probe défenseur d'une ville opulente confiée à la garde de son honneur et de sa fidèle épée, que vous voyez là, rouillée, inutile. Ce portrait, gage d'amitié de Napoléon, est celui d'un homme qui a voulu vivre pour protéger la mémoire de l'Empereur ; c'est le général Hogendorp, c'est moi !...

Je serrai fortement la main du soldat et m'assis près de lui sur un canapé d'osier. Dieu ! que l'exil change les hommes ! Les yeux du brave défenseur de Hambourg étaient à demi éteints ; de profondes rides sillonnaient son front et ses joues amaigries, ses cheveux étaient rares, son teint hâve, brûlé. Le malheur n'avait rien épargné, ni l'âme, ni le corps ; il y avait de la misère dans cette haute charpente qui s'etait roidie contre tant d'orages, mais une misère noble et dignement supportée. Hogendorp était une de ces ruines graves et solennelles devant lesquelles on ne s'arrête que le front découvert.

Nous gardâmes quelques instants le silence ; lui, pour savoir qui j'étais, moi, pour attendre quelque nouvelle confidence. Cependant, afin de chasser de sa mémoire les douloureuses idées qui semblaient le poursuivre, je lui dis mon nom, la mission dont j'étais chargé, l'heureux hasard qui m'avait conduit chez lui, et je lui demandai un verre d'eau.

— Et de vin aussi, Monsieur, si vous voulez : je suis maintenant marchand de vin d'oranges, et charbonnier. Ils ont dit là-bas que j'avais volé une banque, et à peine ai-je pu solder mon passage jusqu'au Brésil ; ils ont publié que je possédais en ce pays des plantations immenses et que je commandais à trois cent nègres. Zinga est mon seul domestique ; si vous faites cinquante pas autour de cette maison, bâtie par moi, vous aurez parcouru tout mon domaine ; si j'ai sur mes épaules une blouse à peu près neuve, c'est que je l'ai achetée avec le prix du vin d'oranges que je fabrique ; si j'ai des souliers à mes pieds, c'est que j'apporte du charbon à la ville et que le commerce est l'échange du superflu contre le nécessaire... Demandez-moi donc, Monsieur, du mauvais vin, des oranges, des bananes, mais ne me demandez pas de pain, le général français n'en a pas aujourd'hui.

Le pauvre exilé avait lu dans mes regards tout l'intérêt qu'il m'inspirait, et m'en remercia comme d'un bienfait.

— Vous reverrai-je, Monsieur ?
— Oui.
— Consentirez-vous à jeter un coup d'œil sur les mémoires que j'écris ?
— De toute mon âme.
— Je vous les confierai, Monsieur ; votre nom est une garantie de probité, et, de retour en France, vous les publierez si vous le jugez convenable. Ce que je veux qu'on sache avant tout, c'est que je suis pauvre, malheureux, exilé, près de la tombe ; mais que je renaitrais fort et jeune si mon pays avait encore besoin de moi. Adieu, Monsieur.
— Non, général, au revoir.
— Au revoir donc ; n'oubliez pas votre promesse, je vous attends. Le jour baisse, voici mon nègre, mon brave Zinga, le seul compagnon de ma vie solitaire. Je ne puis vous offrir un hamac ; suivez vite ce sentier, et doublez le pas, car des esclaves pourraient vous arrêter s'ils vous rencontraient loin de la ville.

La nuit me surprit en route ; nuit étoilée, rafraîchissante, harmonieuse surtout par son silence et ses parfums, réveillée à de courts intervalles par les soupirs à demi voilés de quelques oiseaux de nuit, et le bruissement régulier de la vague qui venait expirer sur le bord.

Il était près d'une heure quand j'arrivai au débarcadère, où nulle pirogue ne stationnait. J'allais m'acheminer vers la rue *do*

Ouvidor pour y chercher un asile, quand la voix clapissante d'un esclave arrêta mes pas. Le malheureux portait dans une petite corbeille une vingtaine de gâteaux ; seul et debout à côté de la fontaine élevée en face du Palais-Royal, il poussait vainement son cri, perdu dans le silence. Je m'approchai de lui.

— Que vends-tu là?

— Des gâteaux. Oh! je serais bien reconnaissant si vous vouliez m'en acheter quatre.

— Pourquoi quatre ?

— Parce que si je n'en vends pas quatre encore, je recevrai en rentrant vingt-cinq coups de chicote.

— Mais il est bien tard, et personne ne t'achètera de gâteaux à cette heure-ci.

— Vous êtes compatissant, vous m'en achèterez.

— Et si j'achetais tout ce que tu as là?

— Alors j'aurais trois jours de grâce et je prierais le bon Dieu pour vous.

— Tiens, prie le bon Dieu pour toi, mange ces gâteaux, et dis à ton maître que tu les as vendus.

Le pauvre esclave allait vivre trois jours entiers sans craindre le fouet.

Avant de frapper à la porte de l'Hôtel-de-France, où je comptais passer la nuit, je me retournai, et j'aperçus dans les ténèbres un objet qui, pareil à un fantôme, semblait suivre mes pas.

— Qui va là? dis-je d'une voix forte.

— C'est moi, bon maître, me répondit-on, c'est moi ; je vous ai suivi, en mangeant les gâteaux : les nègres marrons auraient pu **vous attaquer** ; ils m'auraient tué avant vous.

V

RIO-JANEIRO.

Le Corcovado.

Je veux aujourd'hui bien employer les heures au profit de mon cœur et de ma curiosité. Le général Hogendorp m'attend peut-être ; je lui ai promis quelques provisions. Le ciel est pur et embaumé, une brise fraîche et rapide chasse devant elle les nuages arrondis comme des flocons de neige. Un nègre est là, à mon service ; un nègre aux robustes épaules, à l'allure intrépide, et pourtant un regard esclave, car il sait qu'il est à moi jusqu'à minuit, qu'on me l'a vendu, loué pour quelques pièces de monnaie. Il n'ignore pas que, s'il refuse de m'obéir, demain son corps, à une plainte de ma bouche, sera zébré de cinquante coups de lanière noueuse. Son maître et moi avons conclu le traité, il m'a cédé sa *marchandise*, je puis en disposer.

Oh ! l'esclave noir ne sera pas frappé demain, car je sais, moi, qu'un noir est un homme.

— Peux-tu porter aisément ce paquet ? lui dis-je avec bonté.
— Moi ! dix comme ça.
— Alors tu ne te plaindras pas si j'en place deux sur ton dos.
— Moi me plaindre jamais ! si moi me plaindre une seule petite fois, moi recevoir cinquante coups de rotin.
— Je n'ai jamais fait donner de coups de rotin à un esclave.
— Vous pas dire vrai.
— Si.
— Alors vous pas Brésilien ?
— Non.
— Tant mieux.

Nous nous mîmes en route et longeâmes l'aqueduc. Mon noir

bondissait plutôt qu'il ne courait; sa poitrine large, haletante, brillait et ruisselait sous les premières atteintes du soleil levant, et ses muscles fortement dessinés accusaient une nature puissante et vigoureuse.

Je trouvai le général Hogendorp souffrant, alité; une fièvre ardente le dévorait, et il n'avait que son fidèle Zinga pour veiller à ses besoins et sur sa vie.

— C'est bien, me dit-il, vous avez pensé au pauvre exilé, vous lui avez apporté quelques provisions et les consolations de l'amitié; que le ciel vous en récompense !

— Je vous promets de nouvelles visites, général; aujourd'hui je ne viens chez vous que comme un oiseau de passage. Le Corcovado est là sur notre tête, je vais le gravir pour faire connaissance avec vos forêts vierges, qu'on dit si imposantes.

— C'est un spectacle magique, poursuivit le général; cela se voit, s'étudie, s'admire; cela ne se décrit pas.

— J'essayerai.

— A propos, prenez garde aux nègres marrons; ils sont nombreux sur le Corcovado, audacieux surtout. Mais vous avez de bons pistolets, sans doute, faites-les-leur voir; ils ont grand'peur des armes à feu; le bruit les épouvante plus que la mort. Si j'avais un peu plus de force, je vous accompagnerais; nous plongerions nos regards vers cet horizon oriental derrière lequel est une patrie absente; et peut-être quelque douce émanation du pays natal raviverait-elle mon énergie prête à s'éteindre. Allez donc seul, mon ami, je vous attends au retour.

Zaé voulut m'accompagner, je le lui défendis, dans la crainte que les solitudes que j'allais parcourir ne fissent renaître en lui cette soif d'indépendance dont nul homme n'est jamais déshérité. Zaé me bouda, mais il obéit; je le recommandai à Zinga, et je priai le général de leur permettre une petite orgie.

— Soyez tranquille, elle est déjà méditée : ils sont d'Angole tous deux ; ils vont s'enivrer au souvenir de leurs cases de jonc et de leur sauvage Afrique.

Voici enfin une de ces forêts vierges où l'on ne peut, dit-on, pénétrer qu'à l'aide de la hache et de la flamme! Armons-nous de résolution, et avançons sans regarder en arrière.

La source qui alimente l'aqueduc est là, étendue sur une large roche, polie et brillante : c'est le point de départ, où l'on voit serpenter un sentier assez bien tracé, mais qui s'efface peu à peu, à mesure que l'on gravit les flancs de la montagne. C'est que les tentatives sont fréquentes, et que le péril et la lassitude arrêtent bientôt les explorateurs, mais je voulais voir, et rien au monde ne m'eût forcé à rétrograder. De temps à autre, à l'aide d'une petite hache, je m'ouvrais un chemin plus direct dans cette masse compacte et serrée de feuillages divers, larges, carrés, aigus, ciselés, âpres ou polis, et de branches qui se croisaient, se heurtaient, se confondaient sans qu'on pût deviner à quel tronc elles étaient attachées. La nuit devenait sombre, et pourtant le soleil, ce large soleil du Brésil, était à peine au tiers de sa course. Sur ma tête, à mes côtés, des dômes touffus de verdure arrêtaient tout rayon au passage; et depuis des siècles peut-être le sol où mon pied glissait n'avait reflété l'azur du ciel.

J'avançais avec une lenteur désespérante; les couches immenses des feuilles mortes et à demi pulvérisées qui couvraient le sol s'affaissaient sous mes pas et m'ensevelissaient quelquefois jusqu'à la ceinture.

Harassé, épuisé, j'écoutais alors, immobile et recueilli. Tantôt c'était le cri aigu de la perruche verte et coquette, qui tombait jusqu'à moi des cimes les plus élevées comme pour saluer ma bienvenue; tantôt c'était la voix plaintive du singe *ouistiti*, si joli, si propre, si vif, si caressant... quand il ne vous déchire pas de ses crocs pointus comme des aiguilles. Maintenant c'est une écorce calcinée, arrachée d'une tête séculaire, se posant un instant sur une arête de palmiste, faisant une trouée, glissant le long d'une tige polie et s'arrêtant après mille cascades sur le sol, qu'elle alimente et vivifie. Et tandis que, le regard tourné vers le ciel, vous cherchez à pénétrer ce dôme immense qui vous couvre, un rapide bruissement échappé de vos pieds et se prolongeant au loin vous dit que vous venez de réveiller un serpent effrayé pour la première fois du nouvel ennemi qui le poursuit jusque dans son paisible domaine.

Au surplus, je dis en passant que les voyageurs doivent se défier des récits exagérés de certains écrivains dont la plume présente le Brésil comme sillonné par une immense quantité de venimeux reptiles qui, selon eux, rendent si dangereux la promenade et le repos. Il y a sans doute un grand nombre de serpents au Brésil, il y en a même de redoutables; mais personne n'a pu m'assurer ici en avoir vu dont la morsure fût mortelle et qui osassent attaquer l'homme. Quant à moi, quelque fréquentes qu'aient été mes excursions dans les lieux les plus solitaires de cette contrée si puissante, je dois à la vérité de déclarer, dût en souffrir mon amour-propre, que je n'ai jamais eu à combattre aucun de ces terribles reptiles dont tant de narrateurs m'avaient épouvanté, et qu'il est certaines provinces en France où les vipères sont en plus grand nombre que les serpents au Brésil. J'ajouterai toutefois que des lézards monstrueux peuplent ici toutes les ruines et les masures; que le nombre en est immense malgré la guerre acharnée qu'on leur déclare, tant leur chair est délicate; mais leur voisinage, assez peu dangereux, n'en est pas moins inquiétant pour le repos et la tranquillité, car ils sont d'une familiarité extrême et ne fuient que devant le bruit et le mouvement.

Je continuai ma trouée avec énergie et persévérance; plus la pente devenait âpre et rude, plus je me roidissais contre les obstacles; plus le chaos m'environnait, plus je me plaisais à m'y plonger, impatient du jour que j'étais bien sûr d'atteindre. Cependant, après une heure de luttes ardentes contre les ronces, les troncs raboteux, les flèches des pendanus et les obstacles de toute nature qui surgissaient pour ainsi dire à chaque pas, j'étais près de renoncer à mon entreprise, lorsqu'un incident inattendu vint ranimer mon courage et mes forces. Je crus entendre quelques voix humaines assez près de moi ; j'écoutai attentivement, et je visitai l'amorce de mes pistolets. Le bruit faiblissant peu à peu, je m'armai de résolution et me dirigeai vers l'endroit d'où il s'était échappé. Une gigantesque liane, née au pied du tronc auquel je m'étais d'abord adossé, serpentant en mille festons et allant couronner le sommet des arbres les plus élevés, favorisa mon entreprise. Je me suspendis à elle et la suivis dans tous ses détours sans mettre pied à terre, jusqu'à une clairière où plusieurs géants séculaires abattus attestaient les ravages récents de la foudre. Trois dames étaient là debout, immobiles, arrêtées par deux nègres entièrement nus, dont elles semblaient mépriser les gestes et les menaces. Elles me virent et me prièrent de leur venir en aide. A mon aspect, les deux noirs reculèrent et semblèrent attendre le résultat de notre délibération.

A deux mille lieues de son pays et au sein d'une forêt sauvage, une amitié est bientôt faite et consolidée.

— Seules ici, Mesdames ?

— Absolument seules.

— D'où venez-vous ?

— De Rio.

— Et avant ?

— De Paris.

— Par quel hasard dans ces solitudes ?

— Ce n'est pas le hasard, c'est le désir de voir, le besoin de connaître, d'étudier. Nous avons parcouru l'Europe, nous sommes venues visiter l'Amérique ; l'Afrique et l'Asie auront leur tour : voyager c'est vivre. Et vous, Monsieur ?

— Je viens de Paris comme vous ; la soif des voyages me brûle ; je commence une course autour du monde, l'achèverai-je ?

— C'est l'incertitude qui fait le bonheur ; quand le dénoûment est prévu, il n'y a plus d'intérêt dans le drame.

— C'est bien ! je vous comprends, mais je vous admire.

— Parce que nous sommes femmes, n'est-ce pas ?

— Oui.

— Toujours, et chez tous les hommes, des préventions et de l'orgueil!

— C'est qu'en général les femmes sont si faibles, si pusillanimes!

— Tant mieux si nous sommes une exception. Au surplus, Monsieur, vous êtes arrivé fort à propos; voici les nègres marrons qui se réunissent en une bande assez nombreuse; que ferons-nous s'ils nous attaquent?

— Poursuivons notre route ensemble, sans nous occuper d'eux; j'ai de bons pistolets.

— Prêtez-moi votre hache.

— Moi j'ai un poignard.

— A la bonne heure! marchons.

Trois heures après nous étions au sommet de la montagne; nous planions sur Rio, sur la rade, sur l'Océan, et nous saluions de la main les navires voyageurs, qui, du point élevé où nous étions placés, ressemblaient à des papillons étourdis, égarés dans l'espace.

Cependant les nègres nous avaient accompagnés jusqu'à notre dernière halte, et nous menaçaient parfois d'assez près pour nous alarmer. Las de leurs importunités, j'en mis un en joue, et, à l'aspect seul de mon pistolet, il tomba à genoux et demanda grâce, tandis que les autres se réfugiaient derrière les plus gros arbres.

— Ecoute, lui dis-je, que nous veux-tu?

— Nous avons faim et froid.

— Tiens, voici ce que nous pouvons te donner, à toi et à tes camarades, prends et va-t'en.

Je lui donnai une volaille, une tranche de jambon, un gros morceau de pain blanc, une chemise, un gilet et un caleçon, dont par prudence j'avais chargé mon petit havresac.

— Oh! vous un bon *maître Dieu!* me dit l'esclave, merci; vous n'avoir rien à craindre.

Il rejoignit ses compagnons, et trois cris éclatants retentirent dans les airs : c'étaient des cris de reconnaissance et de joie.

Une heure après, nous nous remîmes en route, constamment précédés par les noirs, qui cherchaient à nous guider et à nous ouvrir un passage facile. Avant que le soleil se fût couché derrière les Orgues, nous avions de nouveau serré la main au général Hogendorp, à qui un verre de bordeaux avait rendu quelques forces. Quant à Zaé, il avait oublié son pays, sa sœur et ses projets de vengeance; Zinga et lui s'étaient traités en compatriotes, et le vin d'oranges est aussi capiteux que le vin du Roussillon.

— Je ne vous quitterai pas sans vous demander votre nom, dis-je aux trois intrépides voyageuses, en arrivant à Rio.

— Dubuisson, me répondit la mère.

— Au revoir, Monsieur.

— Où donc?

— Au Thibet, peut-être.

VI

CAP DE BONNE-ESPÉRANCE.

Dès que nos observations astronomiques furent terminées, nous mîmes à la voile par une brise carabinée de l'ouest, qui nous poussa vite hors du goulet. Bientôt les vastes forêts s'effacèrent dans un lointain violâtre; le *géant couché* disparut sous les flots comme un hardi plongeur, et nous nous retrouvâmes de nouveau face à face avec les vents, le ciel et les eaux. La curiosité s'émousse comme tous les goûts, comme toutes les passions; il faut en user sobrement, et, pour ma part, je ne suis pas trop fâché de dire adieu à la terre féconde d'Alvarès Cabral, si mollement interrogée par les Portugais d'aujourd'hui.

Les stériles conquêtes des peuples sont une flétrissure plutôt qu'une gloire.

Au lieu de mettre directement le cap sur Table-Bay, pointe méridionale d'Afrique, nous allâmes chercher par une plus haute latitude les vents variables, et nous laissâmes à notre gauche le Rocher-Sacré, l'île de lave et de grands souvenirs.

— Salut à Sainte-Hélène! Salut aux trois saules qui pleurent sur le mort immortel cadenassé dans sa bière de fer!

Nos pensées devinrent tristes et sombres : nous reportions nos regards vers ce passé glorieux si profondément gravé sur tant de gigantesques monuments, lorsqu'un bien douloureux spectacle vint encore nous frapper dans nos affections.

Le récit de nos malheurs en est le baume le plus efficace, et il y a toujours des consolations dans les larmes.

De tous les officiers de la corvette, Théodore Laborde était sans contredit le plus aimé et le plus heureux ; il comptait embrasser bientôt sa famille, qui l'attendait impatiente à l'île Maurice. Jeune, expérimenté, intrépide, il avait joué un beau rôle au glorieux combat d'Ouessant et à celui de la baie de Tamatave, où la marine française soutint dignement l'honneur de son pavillon.

Laborde commandait le quart. La barre s'engagea ; il ordonna une manœuvre; en se baissant vers le faux-pont, un vaisseau se rompit dans sa poitrine. Le lendemain, après notre déjeuner, il vomit du sang en abondance ; il se leva et nous dit d'une voix solennelle : — A huit jours d'ici, mes amis, je vous convie à mes funérailles.

L'infortuné avait lu dans les décrets de Dieu.

— Oh! cela est bien horrible, nous dit-il après les premiers symptômes ; oh! cela est bien horrible de mourir, alors qu'il y a devant soi une carrière de périls et de gloire! Et puis, ajoutait-il en nous tendant une main frémissante, on a des amis qu'on regrette, une famille qu'on pleure, et la mort vient nous saisir! N'est-ce pas, n'est-ce pas que vous parlerez de moi quelque temps encore? Promettez-le-moi, mes bons camarades, la tendresse est consolatrice, et j'ai besoin de consolation, moi! Mon pauvre père, qui m'attend là, là tout près, dites-lui combien je l'aimais... Merci, docteur, merci... demain... demain... rien ne me réveillera... Si je me retourne, je meurs à l'instant... et tenez, je souffre trop, je veux en finir... adieu, adieu, mes amis!...

Il se retourna et vécut encore un quart d'heure, pendant lequel il nous appela tous près de lui.

Le soleil levant frappa d'un vif rayon le sabord qui s'ouvrait près de la tête de Laborde.

— C'est le coup de canon, dit-il en fermant ses rideaux.

Le lendemain, les vergues du navire étaient en panteone, une planche humide débordait le bastingage, le silence de la douleur régnait sur le pont; l'abbé de Quélen fit tomber une courte prière sur la toile à voile qui enveloppait un cadavre, et le navire se trouva délesté d'un homme de bien et d'un homme de cœur...

Après une quarantaine de jours d'une navigation monotone, sans calmes ni tempêtes, la houle devint creuse et lente; de monstrueuses baleines lançaient à l'air leurs jets rapides, et les observations astronomiques, d'accord avec celles des matelots, qui n'étudient la marche des navires que sur les flots, nous placèrent en vue du cap de Bonne-Espérance. Là-bas l'Amérique, ici l'Afrique, et tout cela sans transition! C'est ainsi que j'aime les voyages.

Voici la terre, vers laquelle la houle nous a poussés pendant la nuit. Quel contraste, grand Dieu! Au Brésil, des eaux riantes et poissonneuses; ici des flots plombés et mornes; en Amérique, des forêts immenses, éternelles, toujours de la verdure : en Afrique, des masses énormes de rochers creusés et déchirés par une lame sans cesse turbulente, et point de verdure à ces rocs, point de végétation au loin; c'est un chaos immense de débris et de laves qui se dessinent à l'œil en fantômes menaçants; au

Brésil, partout la vie; au cap de Bonne-Espérance, partout la mort. A la bonne heure, voilà comme j'aime les voyages!

Oh! que le Camoëns a poétiquement placé son terrible épisode d'Adamastor sur un de ces mornes muets, au pied desquels gisent tant de cadavres de navires pulvérisés! Que de cris ils ont étouffés, que d'agonies ils ont vues depuis que Vasco de Gama a baptisé cette pointe d'Afrique le cap des Tempêtes!

Une heure après le lever du soleil, la brise souffla fraîche et soutenue. Nous cinglâmes vers Table-Bay, et nous laissâmes tomber l'ancre au milieu de la rade sur un fond de roches et de coquillages brisés.

Nous voici au centre de la rade du Cap, et je vous défie de rester froid en face de ce grave et sauvage panorama qui se déploie à l'œil effrayé. Là, à droite, des masses gigantesques de laves noires, nues, découpées d'une manière si bizarre, qu'on dirait que la nature morte de cette partie de l'Afrique s'est efforcée de prendre les formes de la nature vivante qui bondit dans ces déserts. C'est la Croupe-du-Lion, sur laquelle flotte le pavillon dominateur de la Grande-Bretagne ; puis le sol, s'abaissant petit à petit, se redresse tout-à-coup et forme ce plateau large, uni, régulier, qu'on a si bien nommé la Table, du haut de laquelle les vents se précipitent avec rage vers l'Océan, qu'ils soulèvent et refoulent, lui enlevant comme des flocons d'écume les imprudents navires qui lui avaient confié leur fortune. « La nappe est mise, » disent les marins sitôt que des nuages arrondis, partant de la Tête-du-Diable, opposée à la Croupe-du-Lion, se heurtent, se brisent, se séparent, se rejoignent sur le sommet du plateau. « La nappe est mise! coupe les câbles et au large !... » Efforts inutiles! il faut des victimes à l'ouragan, et lorsque, sur dix navires à l'ancre, un seul peut se sauver, c'est que le ciel a été généreux, c'est que la tempête a voulu qu'une voix portât au loi des nouvelles du désastre.

La Tête-du-Diable est séparée du plateau principal par une embrasure haute et étroite d'où s'élancent les rafales meurtrières, heurtées par les pitons plus rapprochés qu'elles ont déchirés dans leur course.

Jugez des phénomènes météorologiques dont cette rade de malheur est le théâtre ! J'ai vu deux navires, l'un entrant, l'autre sortant, presque vergue contre vergue, courir tous les deux vent arrière ! — Quel choc ! quel désordre ! quel fracas au moment où ces deux vents impétueux viennent à se heurter, à se combattre, à se disputer l'espace ! A gauche de la Tête-du-Diable, le terrain se nivelle, se plonge dans les solitudes africaines, décrit une vaste courbe vers la rivière des Eléphants, et, à neuf lieues de là, se rapproche de la côte et se redresse encore pour la défendre contre les envahissements de l'Atlantique.

A égale distance à peu près de la Croupe-du-Lion et de la Tête-du-Diable, au pied même de la montagne de la Table, est bâtie la ville du Cap, fraîche, blanche, riante comme une cité qu'on achève et qu'on veut rendre coquette. Ce sont des terrasses devant les maisons, et des arbres au pied de ces terrasses dont les dames font leur promenade de chaque jour ; ce sont des rues larges et tirées au cordeau, propres, aérées ; c'est partout un parfum de la Hollande, par qui fut bâtie cette colonie jadis si florissante, et qui a changé de maître par le droit de la guerre.

Sur la gauche de la ville et en face du débarcadère et d'une magnifique caserne, est un vaste et triste champ de Mars, dont les pins inclinés presque jusqu'au sol attestent le fréquent passage de l'ouragan. Cela est douloureux à voir.

Plusieurs forts, tous bien situés, défendent la ville, mieux protégée encore par la difficulté des atterrissages. En temps de paix, la garnison est de quatre mille hommes ; en temps de guerre, elle est proportionnée aux craintes qu'on éprouve. Mais ce n'est pas de l'Europe que partira le coup de canon qui arrachera la colonie aux Anglais : c'est de l'intérieur des terres, c'est du pays guerrier des Cafres et des autres peuplades intrépides qui ceignent comme d'un vaste réseau la ville et les propriétés des planteurs, sans cesse envahies et saccagées. Il y a là dans l'avenir un jour de terreur et de deuil pour l'Angleterre.

Je ne suis point de ceux qui, en arrivant dans un pays curieux à étudier, se hâtent de demander ce qu'il y a de remarquable à voir et s'y précipitent avec ardeur. Ce que j'aime surtout dans ces courses lointaines, c'est ce que les esprits superficiels dédaignent, ce que le petit nombre choisit de préférence pour le lieu de ses méditations : ce n'est pas l'Europe que je viens chercher au sud de l'Afrique.

Une montagne aride et sauvage est là sur ma tête ; elle aura ma première visite. Qui sait si demain l'ouragan qu'elle vomira ne nous forcera point à une fuite précipitée ! Escaladons la Table avant que la rafale ait mis la nappe.

Les chemins qui, par une pente insensible, conduisent à travers champs jusqu'au roc, sont coupés de petites rigoles où une eau limpide coule avec assez d'abondance ; mais ici toute végétation s'efface et meurt ; la montagne est rapide dès sa base, et l'étroit sentier qui garde, presque imperceptible, la trace des explorateurs, se perd bientôt au milieu d'un chaos de roches osseuses qui disent les dangers à courir. Je comprends toute indécision avant la lutte ; mais une fois en présence du péril, rien ne me ferait faire volte-face. J'avais un excellent fusil à deux coups, deux pistolets, un sabre, plus une gibecière, un calepin et mes crayons. C'était assez pour ma défense : qui sait si les tigres et les Cafres ne reculeraient pas en présence des mauvais croquis d'un artiste d'occasion ? mais, à tout hasard, je m'adresserai d'abord à mon briquet et à mes autres armes : ce sont, je crois, de plus sûrs auxiliaires.

La route devenait ardue au milieu de ces réflexions que je faisais souvent à haute voix, et un soleil brûlant épuisait mes forces sans lasser mon courage.

J'escaladais toujours le rapide plateau, et je faisais de fréquentes haltes derrière quelques roches, car peu m'importait d'arriver tard au sommet pourvu que j'y pusse arriver. La cha--

leur était accablante, le thermomètre de Réaumur, au nord, à l'ombre et sans réfraction, marquait trente degrés sept dixièmes; et, dans mon imprévoyance, je n'avais emporté qu'une gourde pleine d'eau, que j'avais déjà vidée, sans que le murmure d'un ruisseau me donnât l'espoir de la remplir de nouveau. Mais je n'étais pas homme à m'arrêter devant un seul obstacle, et je grimpais haletant et épuisé.

A peu près aux deux tiers de la route, dans un moment d'inaction et de repos, un éboulement se fit entendre près de moi. J'écoutai inquiet; un second éboulement suivit de près le premier, puis un troisième à égale distance. Point de souffle dans l'air, la nature avait le calme de la mort, et je dus comprendre que, tigre ou nègre marron, il y avait à ma portée un ennemi à combattre. J'armai mon fusil, dans lequel j'avais glissé deux balles, et je me tins prudemment dans l'espèce de gîte que je m'étais donné; mais, presque honteux de ma prudence, je tournai doucement le rocher protecteur, et j'avançai la tête pour voir de quel côté venait le danger.

— Au large! me cria une voix qu'on cherchait à rendre sonore; au large, ou vous êtes mort!...

Un homme, en effet, m'avait mis en joue, mais un de ces hommes qu'on juge, au premier coup d'œil, ne pas être fort redoutables, un de ces ennemis qui ne demandent pas mieux que de vous tendre la main.

— Au large vous-même! lui répliquai-je en lui présentant un de mes pistolets; que me voulez-vous?

— Rien.

— Je m'en étais douté.

Et nous fîmes tranquillement quelques pas pour nous rapprocher.

Il avait un singulier costume de voyage, ma foi! Un tout petit chapeau de feutre fin et coquettement brossé se posait légèrement sur une de ses oreilles; son cou laissait tomber avec grâce une cravate de soie nouée à la Colin. Un habit bleu de Staub ou de Laffite, tout neuf et tout pointu, selon la mode du temps ; un gilet chamois, des gants jaunes et propres, un pantalon de poil de chèvre, de fins escarpins de Sakoski et des bas de soie, complétaient sa mise. On eût dit un fashionable de Tortoni de retour d'une promenade au bois dans son léger tilbury, et je riais de son élégance en même temps qu'il riait, lui, de l'étrangeté de mes vêtements autrement façonnés. De gros souliers, des chaussettes, un large pantalon de toile, une chemise bleue, une veste, point de bretelles, point de cravate ni de gants, un immense chapeau de paille et mes armes, voilà l'homme en présence duquel se trouvait mon rude antagoniste. Ajoutez à cela que sa voix était faible et sa figure délicate et rosée ; moi j'ai l'organe assez dur et le teint au niveau de mon organe.

Après ces premières investigations muettes, notre conversation continua, et je repris le premier la parole.

— Savez-vous que vous m'avez fait presque peur ?

— Savez-vous que vous m'avez fait peur tout-à-fait ?

— Etes-vous rassuré maintenant ?

— Mais oui ; et vous ?

— Moi ? pas encore ; vous êtes effrayant.

Et je partis d'un grand éclat de rire.

— Où allez-vous donc si joliment vêtu ? lui dis-je après m'être assis presque à ses pieds.

— Ici, Monsieur, on ne peut aller qu'en haut ou en bas ; je vais en haut.

— Et moi aussi, en route !

Je pris son bras, et nous nous aidâmes dans notre laborieuse excursion.

Le brick qui l'avait conduit au Cap venait de mouiller en pleine rade le matin. Il était commandé par le capitaine Husard et allait faire voile sous peu de jours pour Calcutta. Là se bornèrent d'abord les confidences de mon compagnon de voyage, qui entrecoupait son récit par de profonds soupirs et des cris de douleur que lui arrachaient les pointes aiguës des rochers,

— Eh! Monsieur, l'on ne se met pas en marche pour un pareil voyage avec une chaussure de bal, lui disais-je à chacune de ses lamentations; vous deviez vous douter que la montagne de la Table n'avait ni tapis moelleux ni dalles polies ; vous allez sans doute à Calcutta pour vous faire traiter de la folie?

— J'y vais comme naturaliste, me répondit-il, et j'y suis envoyé par le roi.

Cependant nous avancions toujours, et les difficultés devenaient plus grandes ; mon compagnon de voyage me demandait souvent grâce, et d'une voix souffreteuse me suppliait de ne pas l'abandonner.

— Allons! courage! lui criais-je quand je l'avais devancé; courage, courage! nous arrivons!

— Voilà deux heures que vous m'en dites autant.

— Courage! m'y voici!

Quelques instants après, nous fûmes deux sur le plateau ; le premier, essoufflé, brisé, mais debout; le second étendu sur le pic et à demi mort.

Rien au monde n'est imposant comme le tableau sur lequel on plane alors. Tout ce que la nature a de grave, de majestueux, de poétique, de terrible, est là, sous vos pieds, à vos côtés, autour de vous; la mer et ses navires, une ville et ses brillants édifices, des montagnes rudes et sauvages et des déserts immenses où l'œil plonge dans un lointain sans bornes. Nous nous plaçâmes debout sur la pierre la plus élevée du plateau, appelée tombeau chinois, et, fiers de notre conquête, nous retrouvâmes en nous asseyant une gaieté qui nous avait souvent fait défaut dans la lutte.

— Je ne sais pourquoi, Monsieur, me dit mon nouvel ami, vous ne m'avez pas encore dit votre nom.

— Pourquoi ne m'avez-vous pas dit le vôtre?

— J'attendais votre confidence, et pourtant je crois n'en avoir pas besoin.

— Comment cela?

— Il me semble que je vous ai vu, que je vous connais.

— Ma foi, je faisais à l'instant même, et en vous regardant, une réflexion semblable à la vôtre.

— Venez-vous de Paris?

— Oui, et je fais le tour du monde sur *l'Uranie*.

— N'avez-vous pas dîné, quelques jours avant votre départ, chez M. Cuvier?

— Oui.

— Vous étiez presque chez moi, je suis le fils de sa femme.

— Monsieur Duvauchel!

— Monsieur Arago!

Et nous nous embrassâmes en frères.

— Maintenant que nous pouvons nous tutoyer, nous allons manger un morceau.

— J'allais vous le proposer.

— Je me meurs de faim.

— Et moi donc!

— Et si un lion ou un tigre vient nous déranger?

— Nous l'inviterons.

— Il n'acceptera pas.

— Voyons, ouvrez votre gibecière, poursuivis-je.

— Et vous la vôtre; qu'avez-vous?

— Hélas! il ne me reste qu'un biscuit.

— Et à moi une pomme.

— Partageons.

Ainsi fut fait.

— Avez-vous au moins un peu de vin?

— Pas une goutte. Et vous, avez-vous de l'eau?

— Pas une larme.

— Je penserai souvent à votre invitation; mais on dîne mieux chez votre beau-père, au Jardin des Plantes de Paris.

Après une demi-heure d'intime causerie, nous redescendîmes la montagne; et pour arriver plus vite nous nous laissions glisser sur les cailloux, et nous parcourions, quelquefois d'un seul jet, d'assez grandes distances. Mes gros souliers tout percés me dirent adieu au bas de la montagne; mes vêtements en lambeaux me forcèrent d'attendre la nuit avant d'entrer dans la ville. Quant à Duvauchel, il ne possédait plus ni habit, ni bas de soie, ni souliers, ni chapeau. Le fashionable avait pris le costume du Cafre.

Mais il avait gravi la montagne de la Table.

Hélas! l'ardent naturaliste est mort à Calcutta il y a deux ans à peine!

Les voyages sont dévorateurs.

VII

LE CAP.

Chasse au lion. — Détails.

Des faits encore, puisque leur logique est si éloquente. Les hommes et les époques ne devraient pas avoir d'autre historien : les faits seuls peuvent exactement traduire la physionomie des peuples, et là du moins chacun peut puiser avec sécurité pour éclairer la conscience et la raison; là est le seul livre qui ne trompe jamais.

Quand les hommes sont venus ici poser les premières bases de leur naissante colonie, ils trouvèrent un sol rude, âpre, habité et défendu par des hordes sauvages. Les armes à feu firent taire bientôt la puissance des sagaies, des arcs et des casse-têtes; les indigènes se retirèrent dans l'intérieur des terres, et les navires voyageurs, pour renouveler leur eau et leurs vivres, trouvèrent ici un point de relâche à moitié chemin de l'Europe et des Indes orientales. Jusque-là tout était profit pour le commerce et la civilisation; mais là aussi s'arrêta malheureusement le projet, vaste d'abord et bientôt abandonné, de la conquête morale du sud de l'Afrique. Les piastres d'Espagne et les guinées anglaises enrichirent les colons, qui ne voulurent point porter plus haut leurs idées d'industrie et de progrès ; et les siècles passèrent sur Table-Bay, colonie européenne, sans que les terres qui touchent pour ainsi dire à la ville fussent plus cultivées, sans que les peuplades qui les parcourent fussent moins sauvages et moins féroces. C'eût été pourtant une belle et noble conquête que celle d'un pays où le sang n'eût plus coulé que sous le règne des lois et de la justice. Le commerce est en général très-peu régénérateur.

Dans un pays diapré en quelque sorte par la présence de vingt peuplades diverses, il faut qu'on me pardonne si je vais par monts et par vaux, si de la maison je cours à la hutte, et si je quitte le moraï pour le temple de Luther. Ne rien oublier est ma principale occupation, et l'ordre et la symétrie seraient ici très-peu en harmonie avec la variété des tableaux qui se déroulent aux yeux.

En général, la ville du Cap offre à l'observateur un aspect bizarre, discordant, qui blesse, qui repousse. On respire partout une exhalaison impossible à définir ; toutes les castes d'esclaves employés à l'agriculture et au service des maisons ont un caractère tranché. Le Hottentot, le Cafre, le Mozambique, le Malgache, ennemis implacables, se coudoient, se menacent, se heurtent dans tous les carrefours ; et souvent entre deux têtes noires, hideuses, bavant une écume verdâtre, passe, blanche et élégante, une silhouette de jeune femme anglaise qu'on dirait jetée là comme un ange entre deux démons ; et puis des chants ou plutôt des grognements sauvages, des danses frénétiques dont on détourne la vue, des cris fauves, des instruments de joie et de fête fabriqués à l'aide des débris d'ossements et d'énormes crustacés, tout cela pêle-mêle dans un endroit resserré, tout cela formant une colonie, tout cela sale, abruti, dépravé.

Eh bien ! voyez maintenant, mais rangez-vous, car il y a péril à regarder de trop près. C'est un chariot immense de la longueur de deux omnibus, lourd, ferré, broyant le sol, ayant avec lui chambre à coucher, lit et cuisine, attelé de douze, quatorze, seize et le plus souvent de dix-huit buffles deux à deux, qui courent au grand galop par des chemins difficiles et rocailleux ; c'est un nuage de poussière et de graviers à obscurcir les airs ; en tête de l'équipage est un Hottentot haletant qui crie gare ; sur le devant du chariot, un Cafre, attentif et penché, tient les rênes d'une main vigoureuse, tandis que l'autre, armé d'un fouet dont le manche n'a pas plus de deux pieds de longueur, et la lanière moins de soixante, stimule l'ardeur des buffles ; et si un insecte incommode s'attache au cou ou aux flancs d'un de ces animaux, il est rare que du premier coup de fouet il ne soit pas écrasé sur le sang qu'il a fait jaillir. Je maintiens qu'un automédon cafre en aurait remontré à celui de la Grèce, dont Homère nous a dit des choses si merveilleuses.

Cafres, Malgaches, Mozambiques, n'ont qu'à s'entendre une fois, et la ville du Cap ne sera plus qu'un monceau de cendres, et une nouvelle colonie devra être rebâtie. Aussi la politique européenne met-elle tous ses soins à maintenir parmi ces diverses nations un esprit de haine et de vengeance qui n'est funeste qu'à ceux qu'il anime.

J'étais logé au Cap chez un horloger nommé Rouvière. Cet horloger avait un frère dont la vie de périls résume en elle seule celle des Boutins, des Mongo-Park, des Landers et des explorateurs européens les plus intrépides. Ici quand M. Rouvière passe dans une rue, chacun salue et s'arrête. S'il entre dans un salon, tout le monde se lève par respect, la plupart aussi par reconnaissance, car presque à tous il a rendu quelques grands services. On n'a pas d'exemple au Cap d'un navire échoué sur la côte dont M. Rouvière n'ait sauvé quelques débris utiles ou quelques matelots, et cela au milieu des brisants, et toujours au péril de sa vie. J'avais entendu raconter de lui des choses si merveilleuses, que je résolus de m'enquérir de la vérité, et je demeurai bientôt convaincu que rien n'était exagéré dans le récit des faits et gestes qu'on attribuait à M. Rouvière.

Le hasard me plaça un jour à son côté dans un salon, et je mis à profit cette heureuse circonstance.

— Monsieur, lui dis-je après quelques paroles de politesse banale, croyez-vous à la générosité du lion?

— Oui, me répondit-il, le lion est généreux, mais envers les Européens seulement.

Sa réponse me fit sourire; il s'en aperçut et continua gravement :

— Ceci n'est pas une plaisanterie, mais un fait positif qui a cependant besoin d'explication. Les Européens sont vêtus; les esclaves en général ne le sont pas. Ceux-ci offrent à l'œil du lion de la chair à mâcher; ceux-là ne lui présentent presque rien de nu. Ce que j'entends par générosité, c'est, à proprement parler, dédain, absence d'appétit, et un lion qui n'a pas faim ne tue pas. Le lion a mangé moins d'Européens que de Cafres ou de Malgaches; le souvenir de son dernier repas l'excite; il y a là, à portée de ses ongles et de ses dents, une poitrine nue, et la poitrine est broyée...

— Je comprends...

Toutefois je crois qu'il y a de la reconnaissance dans les paroles du brave Rouvière, et voici à quelle occasion cette reconnaissance est née.

Il partit un beau matin de Table-Bay pour False-Bay, en suivant les sinuosités de la côte, et seul, selon sa coutume, armé d'un bon fusil de munition où il glissait toujours deux balles de fer. Il portait, en outre, deux pistolets à la ceinture et un trident en fer à long manche, placé en bandoulière derrière son dos. Ainsi armé, Rouvière aurait fait le tour du monde sans la moindre difficulté. Il était en route depuis quelques heures lorsqu'un bruit sourd et prolongé appela son attention.

Le bruit approchait, c'était le lion; lorsque celui-ci veut tromper son ennemi aux aguets, il fait de ses puissantes griffes un creux dans la terre, y plonge sa gueule et rugit. Le bruit se répercute au loin d'écho en écho, et le voyageur ne sait de quel côté est l'ennemi. Après avoir visité ses amorces, Rouvière, l'œil et l'oreille attentifs, continua sa marche, certain qu'il aurait bientôt une lutte à soutenir.

En effet, les rochers qu'il côtoyait retentissent bientôt sourdement sous les bonds du redoutable roi de ces contrées, et un lion monstrueux vient se poser en avant de Rouvière et le provoquer pour ainsi dire au combat.

— Diable! diable! se dit tout bas notre homme, il est bien gros... la tâche sera lourde... Et en presence d'un tel champion, il recule.

Le lion le suit à pas comptés. Rouvière s'arrête : le lion s'arrête aussi... Tout-à-coup la bête féroce rugit de nouveau, se bat les flancs, bondit et disparaît dans les sinuosités des rochers.

— Il est bien meilleur enfant que je ne l'espérais, murmura M. Rouvière; mais essayons d'atteindre le bac, cela est prudent...

Il dit, et le lion se retrouve en sa présence pour lui fermer le chemin.

— Nous jouons aux barres, poursuivit Rouvière, ça finira mal... Il rétrograde encore; mais l'animal impatienté se rapproche de lui et semble l'exciter à une attaque, comme fait un petit chien qui veut jouer avec son maître. M. Rouvière, piqué au jeu, est prêt à combattre, et le baudrier de son trident est déjà débouclé, mais il ne veut pas être l'agresseur. Le lion rugit pour la troisième fois, recommence sa course à travers les aspérités voisines, et pour la troisième fois aussi s'oppose à la marche du colon.

— Pour le coup, nous allons voir!

Rouvière s'adosse à une roche surplombée, met un genou à terre; un pistolet est à ses pieds, et, le doigt sur la détente du fusil, il semble défier son redoutable adversaire.

Celui-ci hérisse sa crinière, gratte le sol, ouvre une gueule haletante, s'agite, se couche, se redresse et semble dire à l'homme : Frappe, tire. L'œil calme de M. Rouvière plonge, pour ainsi parler, dans l'œil ardent du lion; ils ne sont plus séparés tous deux que par une distance de cinq ou six pas, et pendant un instant on dirait deux amis au repos...

— Oh! tu as beau faire, grommelait M. Rouvière, je ne commencerai pas.

Qui dira maintenant de quel sentiment le lion fut animé? Après une lutte de patience, d'incertitude et de courage, mais sans combat, le terrible quadrupède rugit plus fort que jamais, s'élance comme une flèche et disparaît dans les profondeurs du désert.

— Vous dûtes vous croire à votre dernière heure? dis-je à M. Rouvière.

— Je le crus si peu, me répondit-il, que je me disais, au moment où l'haleine du lion arrivait jusqu'à moi : Mes amis vont être bien étonnés quand je leur raconterai cette aventure.

Et la véracité de M. Rouvière ne peut ici être révoquée en doute par personne, sous peine de lapidation ou de mépris.

— Il boite un peu, dis-je un jour à un citoyen du Cap.

— C'est un petit tigre à qui il a eu affaire qui lui a mutilé la cuisse.

— Et cette épaule inégale?

— C'est une lame furieuse qui l'a jeté sur la plage au moment où il sauvait une jeune femme.

— Et cette déchirure à la joue?

— C'est la corne d'un buffle qui dévastait le grand marché et qu'il parvint à dompter au péril de ses jours.

— Et ces deux doigts absents de la main gauche?

— Il se les coupa lui-même, mordu qu'il fut par un chien enragé dont plusieurs personnes avaient été victimes... Tenez, il va sortir, voyez.

M. Rouvière se leva et salua. Toute l'assemblée, debout, lui adressa les paroles les plus affectueuses; chacun l'invitait pour les jours suivants, et pas un ne voulut le laisser sortir sans lui avoir serré la main. Le boulanger Rouvière est l'homme le plus brave que j'aie vu de ma vie.

Le lendemain de cette conversation et de cette soirée, je retrouvai M. Rouvière chez le consul français, où il était reçu, lui boulanger, sans fortune, avec la plus haute distinction. Je lui demandai de nouveaux détails sur sa vie aventureuse.

— Plus tard, me répondit-il ; je ne vous ai narré encore que des bagatelles que j'appelle mes distractions. Mes luttes avec les éléments ont été autrement ardentes que celles que j'ai eues à soutenir avec les bêtes féroces de ces contrées. Je ne demande pas mieux que de me reposer sur le passé, afin de me donner des forces pour le présent et des consolations pour l'avenir. Je vous dirai des choses fort curieuses, je vous jure.

— Est-il vrai, interrompis-je, que vous craigniez plus dans vos habitations intérieures la présence d'un tigre que celle d'un lion?

— Quelle erreur! un lion est beaucoup plus à redouter que trois tigres. Tout le monde ici va, sans de grands préparatifs, à la poursuite du tigre; la chasse au lion est autrement imposante, et, morbleu! vous en aurez le spectacle puisque vous êtes curieux. Il y a là du drame en action, du drame avec du sang. Quand on vient de loin, il faut avoir à raconter du nouveau au retour ; assistez donc à une chasse au roi des animaux.

Les préparatifs ne sont pas chose futile, et le choix du chef de l'expédition doit porter d'abord sur des esclaves intrépides et dévoués ; puis il prend des buffles vigoureux et un chariot avec des meurtrières d'où l'on est forcé parfois de faire feu si au lieu d'un ennemi à combattre on se trouve par malheur en présence de plusieurs.

M. Rouvière avait la main heureuse, il se chargea aussi des provisions ; et un matin, avant le jour, la caravane, composée de quatorze Européens et colons et de dix-sept Cafres et Hottentots, se mit en marche par des chemins presque effacés. Mais le Cafre conducteur était renommé parmi les plus adroits de la colonie, aussi étions-nous tranquilles et gais.

A midi nous arrivâmes sans accident digne de remarque dans

l'habitation de M. Clark, où l'on reçoit parfaitement. Nous repartîmes à trois heures, et nous voilà, à travers des bruyères épaisses, dans un pays d'aspect tout-à-fait sauvage. La rivière des Eléphants était à notre gauche, et de temps à autre nous la côtoyions en chassant devant nous les hippopotames qui la peuplent. Le soir nous arrivâmes à une riche plantation appartenant à M. Andrew, qui fêta Rouvière comme on fête son meilleur ami, et qui nous dit que depuis plusieurs semaines il n'avait entendu parler ni de tigres, ni de rhinocéros, ni de lions.

— Nous irons donc plus loin, dit notre chef, car il me faut une victime, ne fût-ce qu'un lion doux comme un agneau.

Notre halte fut courte, et les buffles reprirent leur allure rapide et bruyante. Bientôt le terrain changea d'aspect et devint sablonneux ; la chaleur était accablante, et nous passions des heures entières allongés sur nos matelas.

— Dormez, dormez, nous disait M. Rouvière, je vous réveillerai quand il faudra, et vous n'aurez plus sommeil alors.

Nous campâmes cette nuit près d'une large mare d'eau stagnante, attendant tranquillement le retour du jour. Le matin nous eûmes une alerte qui nous tint tous en éveil ; mais M. Rouvière jeta un coup d'œil scrutateur sur les buffles immobiles et nous rassura.

— Il n'y a là ni tigre ni lion, nous dit-il ; les buffles le savent bien ; le bruit que vous venez d'entendre est celui de quelque éboulement, de quelque chute d'arbre dans la forêt voisine, ou d'un météore qui vient d'éclater... En route !

Le troisième jour, nous étions à table chez M. Anderson, quand un esclave hottentot accourut pour nous prévenir qu'il avait entendu le rugissement du lion.

— Qu'il soit le bienvenu, dit Rouvière en souriant. Aux armes ! mes amis ; qu'on attelle, et que mes ordres soient exécutés de point en point.

D'autres esclaves effrayés vinrent confirmer le dire du premier, et malgré les prières de M. Anderson, qui refusa de nous accompagner, nous nous mîmes en marche vers un bois où M. Rouvière pensait que se reposait la bête féroce. Plusieurs esclaves du planteur s'étaient volontairement joints à notre petite caravane, et, connaissant les environs, ils furent chargés de tourner le bois et de pousser, si faire se pouvait, l'ennemi en plaine ouverte. Nous fîmes halte à une clairière bordée par le bois d'un côté, et de l'autre par de rudes aspérités, de sorte que nous étions enfermés comme dans un cirque.

— Il est entendu, mes amis, que seul je commande, que seul je dois être obéi; sans cela pas un de nous peut-être ne reverra le Cap, nous dit M. Rouvière en se pinçant de temps à autre les lèvres et en relevant sa chevelure. L'ennemi n'est pas loin. Là les buffles et le chariot; ici, vous sur un seul rang; derrière, les Hottentots avec des fusils de rechange et les munitions pour charger les armes. Moi, à votre front, en avant de vous tous. Mais, au nom du ciel, ne venez pas à mon secours si vous me voyez en péril; restez unis, coude à coude, ou vous êtes morts... Silence!... j'ai entendu!... Et puis, voyez maintenant nos pauvres buffles!

En effet, au cri lointain qui venait de retentir, les animaux conducteurs s'étaient pour ainsi dire blottis les uns dans les autres, mais la tête au centre, comme pour ne pas voir le danger qui venait les chercher.

— Ah! ah! fit Rouvière en se frottant les mains, le visiteur se hâte. Il faut le fêter en bon voisin...

Un second cri plus rapproché se fit bientôt entendre.

— Diable! diable! poursuivit notre intrépide chef. Salut! il est fort, il sera bientôt là... Je vous l'ai dit. Salut!

M. Rouvière était admirable de sagacité et d'énergie. Le lion venait de déboucher du bois, et à notre aspect il s'arrêta, puis il s'approcha à pas lents, sembla réfléchir et se coucha.

— Il sait son métier, poursuivit le brave boulanger; il a combattu plus d'une fois : allons à lui pour le forcer à se tenir debout; mais suivez-moi, et côte à côte.

Le lion se leva alors et fit aussi quelques pas pour venir à notre rencontre.

— Visez bien, camarades, nous dit Rouvière un genou à terre, visez bien, et au commandement de *trois*, feu!... Attention... une, deux, trois!...

Nous suivîmes ponctuellement les ordres de notre chef. Une décharge générale eut lieu, et nous saisîmes d'autres armes des mains de nos esclaves. Le lion avait fait un bond terrible, presque sur place, et des flocons de poils avaient volé en l'air.

— Comme c'est dur à tuer! nous dit Rouvière; voyez, il ne tombera pas, le gredin!

Mais la bête féroce poussait des rugissements brefs et entrecoupés de longs soupirs, sa queue battait ses flancs avec une violence extrême, sa langue rouge passait et repassait sur les longues soies de sa face ridée, et deux prunelles fauves et ardentes roulaient dans leur orbite. Pas un de nous ne soufflait mot, mais pas un de nous ne perdait de vue le redoutable ennemi qui en avait vingt-cinq à combattre...

— N'est-ce pas, disait tout bas M. Rouvière en tournant rapidement la tête vers nous comme pour juger de notre émotion, n'est-ce pas que le cœur bat vite! Du courage! nous en viendrons à bout.

Mais le sang du lion coulait en abondance et rougissait la terre autour de lui.

— Allons! allons! continua tout bas l'intrépide Rouvière, une nouvelle décharge générale; et, s'il se peut, que tous les coups portent à la tête ou près de la tête.

Nous allions faire feu quand le fusil d'un des tireurs tomba. Celui-ci se baissa pour le ramasser, et laissa voir derrière lui la poitrine nue d'un Hottentot. A cet aspect, le redoutable lion se redresse comme frappé de vertige, ses naseaux s'ouvrent et se referment avec rapidité; il s'allonge, se replie sur lui-même, tourne sa monstrueuse tête à droite, à gauche, pour chercher à voir encore la proie qu'il veut, qu'il lui faut, qu'il aura.

— Il y a là un homme perdu, murmura Rouvière.

— Moi mort, dit le Hottentot.

En effet, le lion prend de l'élan, et, encadré dans son épaisse crinière, il se précipite comme un trait, passe sur Rouvière accroupi, renverse sept à huit chasseurs, s'empare du malheureux Hottentot, l'enlève, le porte à dix pas de là, le tient sous sa puissante griffe, et semble pourtant délibérer encore s'il lui fera grâce ou s'il le broiera.

Nous avions fait volte-face.

— Etes-vous prêts? dit Rouvière, qui avait repris son poste en avant du peloton.

— Oui.

— Feu, mes amis!...

Le lion tomba et se releva presque au même instant. Il passait et repassait sur le Hottentot comme fait un chat jouant avec une souris. Rouvière s'approcha seul alors, et dit à l'infortunée victime : Ne bouge pas !

Et, presque à bout portant, il déchargea sur la tête du lion ses deux pistolets à la fois. Celui-ci poussa un horrible rugissement, ouvrit sa gueule ensanglantée et fit craquer sous ses dents la poitrine du Hottentot... Quelques minutes après, deux cadavres gisaient là l'un sur l'autre.

— Vous ne me semblez pas très-rassurés, nous dit Rouvière d'un ton dégagé, et je le comprends. Ce n'est pas chose aisée que de venir à bout de pareils adversaires. Je m'estime bien heureux que nous n'ayons à regretter qu'un seul homme.

Il en est de ces luttes avec un lion comme des luttes avec les tempêtes : on serait au désespoir de n'en avoir pas été témoin une fois, mais on réfléchit longtemps avant de s'y exposer de nouveau.

Notre retour au Cap s'effectua sans nouvel incident, et M. Rouvière était le lendemain avant le jour sur le môle, se demandant où il irait se poster. Il n'avait pas dormi de la nuit, car son baromètre lui annonçait une tempête. Cependant il n'y eut point de désastre à déplorer, la bourrasque passa vite, et le noble Rouvière put se reposer la nuit suivante.

On se heurte çà et là dans le monde avec des hommes tellement privilégiés, que tout ici-bas semble être façonné et créé pour leur servir de délassement, d'occupation ou de jouet. Rien ne les arrête, rien ne les étonne dans leur vol d'aigle, et les plus graves événements de la vie leur paraissent des revenants-bons tout simples, tout naturels, qui leur appartiennent exclusivement, et dont ils seraient piqués de ne pas jouir. Ce qui émeut la foule les trouve calmes, impassibles ; ils disent et croient qu'il y a toujours quelque chose au-delà des plus terribles catastrophes, et ils se persuadent qu'ils sont déshonorés quand ils ne jouent pas le premier rôle dans un bouleversement. Ces hommes-là, voyez-vous, frapperaient du pied le Vésuve et l'Etna dans leurs désolantes irruptions ; nouveaux Xerxès, ils fouetteraient la mer, et ils s'indignent de la puissance de l'ouragan qui les maîtrise ou du courroux de l'Océan qui les repousse. Le sang bout dans leurs veines, et, sans orgueil comme sans faiblesse, ils se figurent que la terre ne tremble que pour les éprouver, que l'éclair ne brille ou la foudre ne gronde que pour les vaincre. *Cela n'est fait que pour moi!* voilà leur exclamation première à chaque péril qui vient les chercher ; aussi sont-ils toujours en mesure de résister au choc, aussi sont-ils constamment prêts à la défense. Etudiez ces natures d'acier et de lave alors que le sommeil les a subjuguées. C'est encore la vie qui les poursuit, la vie qui leur est réservée, cette vie incidentée qui fait de leur vie une vie à part, cette vie qui déborde comme une lave et bouillonne comme le bitume du Cotopaxi ; vous diriez un criminel traqué par les remords, si vous ne découvriez avec plus d'attention quelque chose de grand, de calme sur leur large front, quelque chose de grave et de surhumain dans le battement fort et régulier de leurs artères : le crime a une autre allure, l'hyène a un **autre sommeil.**

Rouvière est un de ces hommes exceptionnels dont je viens de vous esquisser quelques traits moraux et physiques. On ne le connaîtrait pas qu'on s'arrêterait en le voyant passer, et pourtant, vous le savez déjà, c'est moins qu'un homme ordinaire par sa chétive charpente.

— Mais, lui dis-je un jour, irrité presque contre sa supériorité si peu vaniteuse, n'avez-vous jamais eu peur dans votre vie ?

— Si.

— A la bonne heure ! Cela vous est-il arrivé souvent ?

— Quelquefois.

— Quand, par exemple ?

— Quand la réflexion n'avait pas eu le temps de venir à mon aide. Tous, sur cette terre, nous avons nos moments de bravoure et de lâcheté.

— Comment, vous avez été lâche, vous aussi ?

— Moi comme les autres.

— Oh ! contez-moi ça, je vous prie.

— Ce n'est pas long : j'étais allé dans une des plantations les plus éloignées de la ville, chez un de mes amis, qui, soit dit en passant, est le plus triste poltron que le ciel ait créé. Si la témérité est souvent une faute, la poltronnerie est toujours un malheur. Ne faites pas comme mon ami, la vie vous serait lourde et pénible. Je poursuis. Le planteur ne me voyait jamais sortir de son habitation, armé jusqu'aux dents, sans me dire : « Mon cher Rouvière, vous avez là des pistolets qui peuvent vous blesser ; soyez prudent. » Ce qui l'effrayait le plus était précisément ce qui devait le plus le rassurer. Mais le poltron est cousin germain du lâche... Ah ! pardon de mes digressions, j'achève. Un jour que je m'étais éloigné plus que d'habitude, j'entendis un bruit sourd et régulier sortir d'une espèce de grotte devant laquelle j'allais passer. C'était la respiration fétide d'une lionne, que ses courses de la journée avaient sans doute épuisée... Oh ! je vous l'avoue, je me conduisis comme je ne l'eusse pas fait si je m'étais donné le temps de réfléchir. Profitant du sommeil de la bête féroce, je la tuai en lui tirant à bout portant trois balles dans la tête. Elle ne bougea plus.

— Et vous appelez cela de la lâcheté?

— Quel nom voulez-vous que je donne à mon attaque? on prévient les gens, on les réveille avant de les frapper. Tuer un ennemi qui dort!

— Mais quand cet ennemi est une lionne!

— Vous avez beau me dire ce qu'on m'a souvent répété, je ne puis m'absoudre. Aussi, peu s'en fallut que je ne terminasse là une vie encore forte, car, appelé par le bruit, un lion accourut de la forêt voisine, et, sans le secours inespéré qui m'arriva de l'habitation de mon ami, je ne vous conterais pas aujourd'hui ces petits détails d'une existence souvent beaucoup mieux remplie.

De toutes les peuplades avoisinant le Cap, celle des Cafres est la plus turbulente. C'est celle aussi qui tient le plus en éveil le gouverneur de la colonie. Leur manière de combattre est terrible, en effet : placés derrière leurs troupeaux de buffles qu'ils ont soumis au joug et qu'ils tiennent par la queue, ils se précipitent avec de grands cris sur leurs adversaires, et vous comprenez le désordre qu'ils doivent faire naître dans les bataillons les plus serrés.

Leurs armes sont des flèches courtes, sans pennes, armées de fer et toujours empoisonnées; de près ils se servent de casse-tête en bois dur ou en galets; chacun de leurs coups tue un ennemi.

La chasse au tigre et au lion se fait par eux d'une façon moins dramatique, mais plus curieuse peut-être que celle adoptée par M. Rouvière. Placés à l'abord d'un précipice, ils posent à terre un débris de quelque animal en putréfaction, et dès que le rauquement du tigre, le glapissement de l'hyène ou le rugissement du lion se fait entendre, ils s'accrochent aux anfractuosités d'un rocher à pic et ils agitent à l'aide d'une corde ou d'une longue perche une sorte de mannequin dont ils ne sont éloignés que de trois ou quatre brasses. La bête féroce se précipite sur le mannequin, qui semble vouloir lui disputer la proie, et tombe au fond du précipice, où d'autres Cafres apostés l'achèvent un instant après sa chute.

M. Rouvière ne parle de cette chasse qu'avec le plus profond mépris.

Je ne vous dirai rien de l'idiome des Cafres, parce que notre langue ne peut guère traduire le *claquement* dont ils font usage presque à chaque mot : c'est à peu près le bruit que nous produisons lorsque nous voulons hâter la marche d'un âne. Au surplus, leurs gestes font sans doute partie de leur vocabulaire, et rien n'est curieux comme un groupe de Cafres en conversation animée. Mais ce qu'il y a de plus surprenant peut-être dans les mœurs de ces hommes si féroces, c'est qu'ils sont très-accessibles aux charmes de la musique, et que le son de notre flûte surtout les jette dans une extase difficile à décrire.

Tous ces détails sont bien pâles en présence d'une chasse au lion dirigée par Rouvière, mais je dois accomplir ma tâche d'historien. La vie, comme la mer, a ses jours de calme et de tempête.

Le dernier de tous, selon mon habitude, je quitte la terre et je passe à bord d'un navire russe qui vient de mouiller. Il est commandé par M. Kotzebue, fils du célèbre littérateur. Après trois ans d'une navigation pénible, il vient d'effectuer un voyage autour du monde... On en revient donc...

VIII

ILE DE FRANCE.

Incendie. — Coup de vent. — Détails.

Les vents nord-est qui nous prirent en quittant la baie de la Table nous accompagnèrent au loin, et dans peu d'heures nous

nous trouvâmes sur le terrible banc des Aiguilles, témoin de tant de naufrages. La houle est monstrueuse, et dès que vous avez couru à l'est, vous vous apercevez sans trop d'expérience que vous entrez dans un nouvel océan, tant la lame devient large et majestueuse. Mais comme je n'ai pas entendu dire par un seul marin qu'on ait jamais doublé le Cap toutes voiles dehors, nous voilà, nous aussi, recevant par le travers du canal Mozambique la queue d'un ouragan qui nous force de courir à sec de voiles et nous chasse vers de hautes latitudes. La traversée fut courte cependant. Après une vingtaine de jours, nous vîmes pointer à l'horizon un cône rapide; et bientôt après autour de lui, comme d'humbles tributaires, furent groupées d'autres cimes à l'aspect bizarre et varié. C'était l'île de France.

Sitôt que la terre se dessina régulière et tranchée, nous braquâmes nos longues-vues vers les points les plus élevés pour y chercher les souvenirs bien doux de nos premières lectures. Nous avions hâte de parcourir les sites poétiques illustrés par l'élégante plume de Bernardin de Saint-Pierre. Hélas! chacun de nous resta bientôt triste et morne sur le pont. Le nom de l'île et le pavillon britannique se trouvent là pour ainsi dire côte à côte, et nous nous humiliâmes devant la domination anglaise qui pèse sur toutes les parties du globe. Les paysages sont plus variés, plus magiques peut-être, mais aussi moins grandioses qu'au cap de Bonne-Espérance. L'île entière a été vomie par l'Océan dans un jour de colère; mais elle s'est échappée des eaux avec une parure jeune et fraîche qu'on ne trouve nulle part en Afrique, dont pourtant elle est un débris, ainsi que Bourbon, les Séchelles et Madagascar.

Nous avancions toujours, aidés par une brise soutenue, et déjà nous pouvions dessiner les sites heureux si suavement décrits par Bernardin... le morne des Signaux, les plaines embaumées de Minissi et de la Poudre d'Or; dans un ciel vaporeux, le Pitterboth, montagne si curieuse, que nulle autre au monde ne peut lui être comparée, si ce n'est peut-être la Malahita, la plus élevée et la plus difficile à gravir de toutes les cimes neigeuses des Pyrénées. Figurez-vous un cône régulier et pelé, d'une pente extrêmement rapide, au sommet duquel semble tournoyer sur une base exiguë une sorte de toupie de lave. On croirait qu'à chaque ouragan la toupie arrachée de sa base de granit va tomber dans l'abîme et écraser dans son passage les belles et riantes plantations qu'elle domine.

Un audacieux matelot a pourtant arboré le drapeau tricolore sur la tête du Pitterboth; mais il faut pour y croire avoir été témoin de ces prodiges de persévérance et d'audace.

Il n'y avait pas un an encore que nous avions quitté Toulon, et je ne saurais dire l'impression de bonheur dont je fus frappé, lorsqu'en passant près du navire stationnaire nous entendîmes des paroles françaises arriver jusqu'à nous; et c'est en effet un assez étrange spectacle que celui d'un pays où tout est français, les mœurs, le costume, les sentiments, quand surtout la Grande-Bretagne étale sur tous les forts son léopard dominateur. Par le traité de 1814, l'île de France devint anglaise et s'appela *Mauritius*, tandis que Bourbon, sa voisine, dont les Anglais s'étaient emparés quelque temps auparavant, nous fut rendue par eux. Dans tous les échanges le léopard sait se faire la part du lion.

On débarque entre le Trou-Fanfaron et la Tour-des-Blagueurs. On dirait une mauvaise plaisanterie; ce dernier nom a été donné à une vieille bâtisse élevée sur une langue de terre qui s'avance dans le port, parce que les jeunes désœuvrés de l'île, alors qu'un navire allait entrer, s'y donnaient rendez-vous et s'y livraient à de folles causeries sur les qualités du vaisseau voyageur. J'ignore l'étymologie du bassin fermé appelé Trou-Fanfaron et servant aujourd'hui aux radoubs et aux carénages.

En face du débarcadère s'élève le palais du Gouvernement, bâtisse de bois noir, à trois corps de logis, resserrée, étroite, privée d'air et sans élégance. C'est une véritable cage à poules.

Je vous dirai plus tard ce que c'est que la ville nommée Port-Louis; mais je débarque, et, selon mon habitude, je m'arme de mes crayons et je me prépare à parcourir dans la campagne les lieux dont les noms sont dans ma mémoire. Je ne prends jamais de guide, car le vrai plaisir de l'explorateur est dans ces courses sans but, au hasard, au travers des ravins, des sources, des torrents, ne demandant secours à personne, où l'on suit le cours d'un ruisseau qui passe, faisant descendre à coups de pierres de l'arbre qu'elles embellissent les *jam-rosa* aigrelettes, rafraîchissantes, les bananes si moelleuses suspendues en grappes sous les énormes parasols qui les abritent sans les étouffer, et l'ananas suave, et la goyave, et tous ces fruits délicieux des colonies qu'on n'aime d'abord que médiocrement, mais dont on ne peut bientôt se lasser. Voilà la vie errante qui me plaît et que j'ai adoptée dès mon départ, au profit de mes plaisirs et de mon instruction.

Cette fois, pourtant, je me vis forcé de renoncer à mes projets d'excursion, et voici comment : à peine étais-je descendu du canot et eus-je fait quelques pas sur le débarcadère, qu'un colon de fort bonne mine s'approcha de moi d'un air empressé et me salua.

— Monsieur fait partie sans doute de l'état-major de la corvette mouillée sur rade?

— Oui, Monsieur.

— Monsieur n'a pas de correspondant en ce pays?

— Non, Monsieur.

— Ni logement à terre?

— Non, Monsieur ; vous tenez, je le vois, hôtel garni, et table d'hôte?

— Presque.

— Je ne comprends pas.

— Je suis négociant, banquier de l'île : dès qu'un navire français arrive, je viens sur le port et je m'estime heureux quand on veut bien, sur mon invitation et sans cérémonie, accepter un dîner chez moi. Il y a longtemps sans doute que vous ne vous êtes assis à une table ; voulez-vous me faire le plaisir et l'honneur de venir prendre place à la mienne?

— Cette exquise politesse me flatte, et j'y répondrais mal en refusant.

— En ce cas, voici un palanquin et des noirs à vos ordres.

— Si vous le permettez, j'aime mieux aller à pied.

— A la bonne heure ! je vous offre mon bras.

— Que j'accepte.

Nous voilà donc en route, et je remarquais en traversant les rues et les bazars, que marchands à leurs comptoirs, cavaliers et piétons, saluaient mon nouvel ami avec un empressement et un respect qui me donnèrent de lui une haute opinion.

— Votre ville me semble un peu triste, Monsieur.

— Vous y arrivez dans un mauvais moment ; mais ne vous hâtez pas trop de la juger, monsieur Arago.

— Vous savez mon nom ?

— Un matelot l'a prononcé sur la cale, et ce nom est venu plusieurs fois jusqu'à nous.

— Le vôtre, je vous prie ?

— Il est né dans l'île et il y mourra à coup sûr : je m'appelle Tomy Pitot.

Nous arrivâmes.

— Soyez le bienvenu, me dit, en me tendant la main, un vieillard à figure pleine de bienveillance, nous allons nous mettre à table ; mais Tomy aurait dû ne pas vous amener seul.

— J'étais pressé de vous présenter ma conquête ; c'est monsieur Arago.

Dans un salon vaste, frais, élégant, orné de beaux tableaux à l'huile, au milieu d'une famille aimable de peintres, de littérateurs, de poètes, s'échangeaient des saillies spirituelles avec une prodigalité ravissante, et puis de jeunes et fraîches dames et demoiselles, l'une au piano, l'autre à la harpe, une troisième chantait, et tout cela sans afféterie, sans ambition ; avec une gaîté, un laisser-aller, une sorte de bonhomie à effacer toute supériorité personnelle. Pour le coup j'oubliai mes courses aventureuses ; les bois, les rochers, les cascades, les précipices eurent tort, et je me laissai doucement aller aux charmes d'une soirée délicieuse qui se prolongea bien avant dans la nuit.

— Maintenant que la fatigue et le sommeil peuvent vous arriver, me dit M. Tomy, allez vous reposer. Tenez, voici un pavillon isolé tranquille; vous avez là, dans une armoire, un *rechange* du matin et du soir, un lit moelleux, un moustiquaire sans lequel vous ne pourriez dormir. Quand vous y viendrez, vous me rendrez service ; quand vous n'y viendrez pas, vous me fâcherez. Nous déjeunons à dix heures, nous dînons à six; le soir il y a thé et concert ; on vous attendra tous les jours.

— Que de bontés à la fois !

— Vous êtes absurde : c'est de l'égoïsme, nous aimons tant à parler de la France! Puis, voulez-vous être servi par des hommes ou par des femmes ?

— Cela m'est égal.

— Je vois que cela ne vous l'est pas ; je vais donner des ordres; il est tard, bonne nuit ! Demain je vous présenterai à mes meilleurs amis, et vous verrez qu'il n'y a pas, comme on le dit, trois mille cinq cents lieues de Paris à l'île de France.

Plus je voyage, plus les différences morales qui distinguent les hommes me semblent tranchées. Les nuances physiques échappent parfois à l'observateur; mais les mœurs et les habitudes ne peuvent laisser aucun doute sur l'influence que le sol et le climat exercent sur l'espèce humaine.

Il y a, si j'ose parler ainsi, une grande sympathie entre le moral du créole et la richesse de cette végétation parfumée qui le presse et l'endort. Le créole est fier jusqu'à l'insolence, généreux jusqu'à la profusion, brave jusqu'à la témérité. Sa passion dominante, c'est l'indépendance, qu'il rêve à un âge où il peut à peine en comprendre le bonheur et les dangers. Cerclé, pour ainsi dire, dans les limites étroites de son île, il semble étouffer **sous la brise qui le rafraîchit,** et cette mer immense qui le ceint de tous côtés lui paraît une insupportable barrière contre laquelle il est toujours prêt à se mutiner. Toutefois ne lui parlez pas avec dédain de ses belles plantations de café, de ses champs si gais de cannes à sucre, de cette ardente végétation tropicale dont il veut fuir les ombrages, car alors il vous dira que son amour à lui, c'est son île adorée; que son culte, ses dieux, ses joies, ce sont ces cases sous ces allées de lataniers, ses esclaves au travail, ses noirs vigoureux et ruisselants le berçant avec des chants monotones sur la natte soyeuse de son palanquin. Un moment après, si vous lui rappelez les bienfaits et les tourbillons de l'Europe savante et civilisée, il soupire, dédaigne ce qui l'entoure, parle de son départ prochain, mais se hâte d'ajouter que le cœur n'est pour rien dans ses projets d'émigration, et que s'il s'éloigne pour quelque temps, c'est afin de mieux apprécier la terre féconde qu'il appelle seule sa patrie.

En général, la charpente physique du créole est grêle, mince; elle accuse de la souffrance et quelque chose de mou et d'énervé. On dirait des hommes qui se laissent aller doucement à vivre et qui tomberont au premier choc. Les ouragans de leur pays les tiennent en haine des fortes émotions; et même dans leurs passions les plus fougueuses, il y a une certaine couleur d'infortune et de fatalité qui leur a valu bien des triomphes.

Le créole est peu marcheur; la moindre petite course l'épouvante, et sans le palanquin il ne sortirait jamais de ses frais appartements. Il aime la musique, il l'aime par-dessus tous les autres plaisirs; mais il l'aime douce, triste et sentimentale. Il pense que l'harmonie est faite pour amortir la douleur... Il s'irrite contre les refrains joyeux, et s'il ordonne aux esclaves qui le portent de chanter, c'est qu'il s'endort doucement à la monotonie des airs malgaches ou mozambiques.

Les créoles de l'île de France et ceux de Bourbon sont les types les plus curieux à étudier, non pas tant par les vives couleurs qui en font des nations hors ligne que par les imperceptibles nuances qui les distinguent. A la Martinique, à la Guadeloupe, à Saint-Domingue, on est trop rapproché de la métropole ; la France et l'Europe se reflètent pour ainsi dire dans leurs savanes. Mais l'île de France se présente à l'œil du physiologiste avec son caractère primitif ; et je ne fais, moi historien léger et frivole, qu'indiquer la route qu'auront à suivre de plus habiles explorateurs.

Une chose m'a toujours et péniblement frappé dans les colonies : c'est la profonde impassibilité du créole à ordonner une punition au noir qu'il a jugé coupable. Il le condamne à recevoir vingt-cinq ou trente coups de rotin, et cela avec le même flegme que s'il lui disait : *Je suis content de toi*. Puis, lorsque amarré à une grille, le noir crie sous la latte, le créole n'entend pas la douleur et fume tranquillement son cigare.

A cela il me répond que ce que j'appelle cruauté, barbarie, c'est de l'humanité, de l'indulgence.

— Chez vous, me disait un jour M. Pitot, dont le nom m'est si doux à écrire, que feriez-vous à un domestique qui briserait une serrure et volerait du linge ou de l'argent? Vous l'enverriez en prison : puis, le fait avéré, un jury le condamnerait à six ans de réclusion ; et c'est, je crois, pour un pareil délit, le minimum de votre code. Ici, un noir brise un meuble et vole ; atroces dans nos vengeances, nous le recommandons au gardien de nos propriétés, qui le conduit au bazar public, pour l'exemple, ou dans une cour isolée lorsqu'il n'y a pas récidive ; on lui applique sur le derrière quarante ou cinquante coups de rotin, et tout est dit. La punition a duré un quart d'heure au plus.

— Cependant vous pouvez la faire durer plus longtemps et ordonner six cents coups au lieu de cinquante.

— Point ; nous punissons, mais nous ne tuons pas.

— C'est que j'ai vu un pays où l'on tuait les esclaves.

— L'Atlantique est large et nous sépare du Brésil ; et je ne vous dis pas tout, reprit M. Pitot en s'irritant par degrés de l'opinion qu'on a chez nous de la brutalité des colons. Ces hommes, ces noirs qui excitent tant de sympathies, connaissez-vous leurs mœurs, leurs habitudes, les lois de leur pays, dont le souvenir les accompagne dans l'esclavage? Non, sans doute, car ces noirs vous cesseriez de les plaindre dès qu'ils ont mis le pied sur notre île. Le noir qui travaille n'est esclave que pour un temps car ce qu'il fait en plus de la taxe imposée lui est compté en argent. Quand la masse est suffisante, il se rachète et devient libre. Tenez, hier encore, un esclave âgé de cinquante ans, c'est-à-dire un vieillard, est venu à moi :

— Maître, j'ai des piastres, je viens racheter un esclave.
— Qui donc ?
— Mon fils aîné.
— Pourquoi ne te rachètes-tu pas toi-même?
— C'est que je suis vieux, que je ne travaillerai pas longtemps, que vous serez alors tenu de me nourrir, et que mon fils libre viendra me soigner, si je suis malade. Puis, quand j'aurai gagné d'autres piastres, je rachèterai mon fils cadet, et je mourrai entre mes deux enfants.

La tendresse paternelle du vieil esclave fut comprise de M. Pitot, qui, pour le prix d'un seul, lui rendit ses deux enfants.

Il n'est pas de colonie au monde où les noirs soient traités avec plus de douceur et d'humanité. Vous les voyez dans les rues sauter, gambader, fredonner les bizarres refrains de leur pays, sans que les maîtres s'en fâchent; et le samedi de chaque semaine est un jour consacré à la joie dans toutes les plantations comme dans tous les ateliers.

Il est aisé de comprendre, d'après ce que j'ai dit, que les nègres marrons sont en petite quantité dans l'île, quoique sur plusieurs cimes élevées et difficiles ils pussent aisément se mettre à l'abri de toute recherche : mais la bonté et l'indulgence des maîtres sont, sans contredit, les plus sûrs garants de la fidélité des esclaves, qui savent fort bien que les bois et les montagnes ne leur donneraient ni une couche moins dure, ni **une** eau plus limpide, ni un maïs plus pur que ceux qu'ils reçoivent tous les jours dans leurs cases.

D'après un vieil usage qui avait acquis force de loi, un noir saisi marron recevait vingt-cinq coups de rotin ; en cas de récidive cinquante ; et, pour une troisième escapade, on lui en administrait cent, jamais une punition n'allait au-delà. Mais si un noir fugitif était arrêté par les soins d'un autre esclave, celui-ci recevait quatre piastres de récompense. Eh bien! qu'arrivait-il? Deux coquins, s'entendant à merveille, tiraient au sort pour savoir lequel des deux serait le déserteur; quand le châtiment était reçu, ils partageaient l'argent, et pendant quelques jours les liqueurs fortes faisaient oublier l'esclavage et les *steppes* africains ou mozambiques.

Lorsque nous arrivâmes à l'île de France, trois fléaux venaient de la ravager, un incendie, un coup de vent, un gouverneur. En une seule nuit, quinze cent dix-sept maisons du quartier le plus beau et le plus riche devinrent la proie des flammes. Des magasins immenses, de magnifiques collections d'histoire naturelle de tous les pays du globe, la plus belle bibliothèque de l'Inde, de grands et vastes hôtels, plusieurs études de notaires, tout fut anéanti en quelques heures. Mais, dussent encore certains journaux anglais donner un démenti à mes véridiques paroles, je dois affirmer qu'au milieu du désordre général, on vit des soldats de la garnison, sous les ordres de leurs chefs, s'opposer à l'élan généreux de la population, briser les pompes, et menacer de leur vengeance les plus zélés des citoyens. La plus sordide cupidité avait ordonné ces odieuses mesures : car toutes les marchandises que dévoraient les flammes étaient de fabrique française.

Le désastre fut grand sans doute; mais comme si le ciel n'avait point assez frappé la colonie, le coup de vent qui lui succéda peu de temps après eut des suites plus funestes encore.

Un ouragan!... Racontez en Europe les terribles effets d'un ouragan des Antilles, de Saint-Domingue, de l'île de France ou de Bourbon, et vous ne rencontrez que des incrédules. Vous n'osez pourtant dire qu'une partie de la vérité, tant l'autre vous paraît surnaturelle à vous qui avez été témoin de la catastrophe ; à vous qui reculez craintif en présence du chaos qui vous environne après le passage du météore. Si l'on n'a foi à ces désordres, à ces chocs imprévus de tous les éléments que lorsqu'on en a déjà été la victime, lorsque la reproduction du même phénomène est venue vous frapper dans vos richesses anéanties, dans vos affections détruites, comment l'habitant des zones si tranquilles, si monotones, ne vous refuserait-il pas la croyance que vous lui demandez ?

Un bruit sourd et ténébreux se fait d'abord entendre, et pourtant on n'aperçoit nul mouvement encore dans tout l'espace. La mer est tranquille et le ciel azuré. Bientôt les eaux deviennnent clapoteuses, comme si un feu sous-marin les mettait en ébullition, et puis, sans que la moindre vapeur s'empare de l'air, le soleil se montre blafard, vaste, incertain. Le haut feuillage des arbres frémit et siffle, les ruisseaux pétillent, les animaux piétinent dans leurs demeures ou s'arrêtent sur les routes ; une odeur fétide de soufre vous oppresse, il ne fait pas chaud et une sueur brûlante vous inonde, c'est une gêne inexprimable, c'est un malaise dont une douloureuse expérience vous dit la cause. On ne voit plus personne dans les rues silencieuses, sinon quelque mère effrayée qui les traverse pour chercher son enfant au moment où elle vient de le quitter. On ne s'est rien dit dans les maisons attristées, et tout se clôt, se barricade ; on amoncelle les meubles pour opposer une barrière à ce vent impétueux et qui ne connaît pas de barrière, qui enlève, brise, mutile, fait tournoyer les arbres, les maisons, les navires et l'Océan, qu'il pousse et repousse, qu'il chasse et ramène à son gré.

Les mornes se voilent de ténèbres épaisses s'élevant du sol ou descendant du ciel ; ces ténèbres sont sillonnées dans tous les sens par des éclairs rouges, colorant toute la nature d'une teinte cuivrée. Un silence de mort plane sur l'île terrifiée, les familles en pleurs se groupent autour de leurs abris les moins menacés. Pareil à mille coups de tonnerre, le tonnerre éclate alors comme pour annoncer la guerre des éléments. A ce signal, les torrents sortent de leurs lits et bondissent dans la plaine; les arbres plus vigoureux se heurtent dans les airs avec les mâts enlevés, avec les maisons saccagées. L'atmosphère est en feu, la terre tremble, se soulève et retombe; les navires du port sont jetés sur les rochers de la côte; le vent fait en un clin d'œil le tour de la boussole : la rafale est maintenant du nord, elle souffle du sud une minute après, et le tourbillon qui court de l'est à l'ouest change tout-à-coup de route et achève le ravage que la rafale opposée a commencé.

Et que peuvent les descriptions toujours pâles et imparfaites? Les faits ont une toute autre éloquence.

A *Minissi*, campagne de madame Monneron, le toit de la demeure occupée par deux jeunes demoiselles fut enlevé par un tourbillon et jeté à leurs pieds au moment où elles se réfugiaient dans le château. La précipitation d'une négresse leur sauva la vie.

Dans le quartier *Moka*, la famille de M. Suffield, directeur de la poste, sortait de sa maison; au même instant celle-ci est renversée, et les débris écrasent un enfant aux yeux de son père et de sa mère blessés.

Aux *Trois Ilots*, il semble à M. Launay que son logis est enlevé par la rafale; il s'empresse d'en sortir avec sa femme et ses enfants; au même instant la maison est enlevée en effet; son fils aîné et le noir qui le porte sont écrasés et ses deux autres enfants blessés grièvement. La bâtisse tomba à cent pieds de son soubassement; le vent en dispersa les débris; les meubles, les effets, tout disparut; le linge, les vêtements, les matelas, furent retrouvés à plus de six cents toises de distance.

Un habitant qui voulut se hasarder à sortir au milieu de la tempête, se vit saisi par le tourbillon dans le grand bazar de la ville, lancé de pilier en pilier et broyé dans ses mille cascades.

Dans une cour du camp *Malabar*, le vent pénétra avec impétuosité, s'empara une à une d'un tas de planches énormes, les enleva comme un jeu de cartes et les dispersa au loin dans les bois et sur les montagnes.

La salle de spectacle, vaste édifice en forme de croix, chassa à quatre pieds de son soubassement et resta pourtant debout après la tempête, comme pour en attester la violence et le caprice.

Dois-je ajouter, au risque de trouver bien des incrédules, que, dans plusieurs habitations, quelques barreaux des grilles de fer servant de clôture ont été ployés et tordus en spirales? Oh! cela est phénoménal sans doute, cela semble au-dessus de toute croyance; mais le malheur a de la mémoire, et la Pointe-à-Pitre et le Cap-Français vous diront, comme le pays dont je vous parle, s'ils n'ont pas été témoins de catastrophes plus effrayantes, de faits plus inexprimables encore. Il n'est permis de révoquer en doute la vérité d'un récit qu'alors seulement qu'il rapporte gloire au profit du narrateur.

Le mercure du baromètre descendit à huit lignes au-dessous de vingt-sept pouces; jamais à l'île de France on ne l'avait vu si bas.

Mais c'est lorsque le souffle a passé, lorsque la tempête a cessé ses ravages, qu'il faut jeter un coup d'œil sur la campagne dévastée. Chacun sort alors de sa retraite; on se serre la main, on se cherche, on se quitte pour de nouvelles affections, et il est rare que le deuil ne se glisse pas dans le sein d'un grand nombre de familles. De ces belles plantations, rien; de ces immenses et gigantesques allées de palmistes, rien; de ces cannes à sucre si riantes, si fortes, si vivaces, rien. Le vent dans son passage a tout vaincu, tout nivelé. Trois fois malheur au pays sur lequel l'ouragan promène sa puissance!

IX

BOURBON.

Saint-Denis. — Baleine et Espadon. — Saint-Paul. — Volcans.

Il y a trente lieues de l'île de France à Bourbon; il y en a au moins cent cinquante de Bourbon à l'île de France, car les vents alizés qui soufflent constamment de la première de ces deux îles vers la seconde sont contraires pour le retour, et forcent souvent les navires à pousser des bordées jusqu'en vue de Madagascar. Ainsi le veut le caprice des vents et des flots.

D'ici commenceront, à proprement parler, nos curieuses courses d'explorateurs, et dès que nous aurons salué le pavillon qui flotte là-bas sur le palais du gouvernement, peut-être serons-nous bien des années sans entendre parler, non-seulement de la France, mais encore de l'Europe. Le courage a beau se retremper aux périls qui nous attendent et à ceux que nous avons déjà bravés, le cœur joue aussi gros jeu dans cette vie aventureuse, et il ne reste point muet en présence d'un passé qui a toutes ses affections. Le cœur est, je le sais, citoyen de l'univers; mais sa patrie de prédilection est celle où reposent ses souvenirs de bonheur, auxquels on se rattache d'autant plus qu'on est plus près de les perdre.

Nous voici en rade, j'allais dire en pleine mer; de légères pirogues entourent le navire; il n'y a pas de quarantaine à subir : je vais à terre.

C'est une ville singulière que Saint-Denis : grande, immense par son étendue, mais bien petite si l'on ne compte que les maisons. Un quartier seul est assez étroitement resserré pour former de véritables rues, tandis que dans les autres on peut aller, en chassant, faire une visite à son voisin. Au surplus, cette éternelle verdure, ri riche, si variée, planant au-dessus des habitations, contraste d'une façon tout-à-fait pittoresque avec les montagnes âpres qui d'un côté cerclent la ville, et avec les cônes de lave noirâtre dessinés à l'horizon.

Certes la distance de l'île de France à Bourbon est fort légère : eh bien! une grande différence dans le caractère des habitants se fait déjà sentir et n'échappe pas à l'observateur. Ici, même franchise, même urbanité de la part des colons que chez leurs voisins, même empressement à fêter les étrangers ; mais tout cela se dessine avec moins de formes, avec plus de rudesse. Le climat est semblable : c'est une température à peu près égale dans la plaine et dans les vallées; mais à Bourbon, des monts gigantesques s'élèvent au-dessus des nuages et gardent à leurs cimes des neiges éternelles. A Bourbon, un volcan sans cesse en activité jette au loin d'immenses laves par ses vingt bouches de feu, et l'on dirait que le naturel des colons s'est en quelque sorte empreint de ces sauvages couleurs. Un fashionable de Saint-Denis est un rustre de Maurice, mais un rustre à l'allure fière, au langage indépendant.

Cependant la ville me fatigue, soit qu'elle n'ait rien d'assez bizarre pour me retenir, soit qu'elle ne ressemble pas assez à une cité européenne. La corvette, mouillée à quatre encâblures du périlleux débarcadère, m'offrira peut-être plus de distractions, et voilà des des pirogues dont je puis disposer. Je longe la côte et j'en dessine les rudes aspérités : ce sont des remparts de laves diversement nuancées, dans les anfractuosités desquelles surgissent de brillantes couches de verdure que les brisants ne peuvent anéantir.

Le vent m'éloigne enfin de ces imposantes masses : tant mieux, je rejoins le bord.

La nuit était pure, une nuit tropicale, suave par les émanations de la terre et la limpidité du ciel, où scintillaient des milliers d'étoiles, dont l'éclat était affaibli par les opales rayons de la lune en son plein ; on eût dit un vaste ciel noyé dans une légère vapeur.

Nous venions de nous livrer à une de ces douces causeries du bord dont tout le charme est dans la frivolité, et chacun de nous descendait déjà dans sa cabine, quand un roulis assez fort nous fit rapidement interroger l'horizon, d'où nous supposions que soufflait une brise naissante. Tout était silencieux.

Un jet brillant s'élève dans l'air : le dos gigantesque d'une baleine plane à la surface des eaux et disparaît avec la rapidité d'une flèche. Au même instant, un poisson de moyenne grandeur bondit, s'élance et retombe frétillant : c'est l'espadon, le plus mortel ennemi du géant des mers. Dès qu'ils se voient en présence, dès qu'ils se sont une fois rencontrés, ils ne se fuient plus ; c'est un rude combat, un combat à mort qui va s'engager. Il faut que l'un des deux adversaires au moins succombe ; et souvent, après une lutte, deux cadavres servent le lendemain de pâture aux requins et aux goëlands. Le plus fort, c'est la baleine ; le plus brave, c'est l'espadon, car il est sûr, lui, qu'il faut qu'il meure, vainqueur ou vaincu, tandis que, dans le triomphe, la baleine ne perd jamais la vie.

Oh ! nous aurions eu besoin de tout l'éclat du soleil pour jouir du spectacle qui allait nous être offert : toutefois la lune était si belle, que nous n'en perdîmes que peu d'épisodes.

Le roulis ou le tangage du navire auprès duquel le combat s'était engagé nous disait la place occupée par les deux adversaires ; mais qu'on se figure l'espace envahi par la baleine menacée, en songeant que dans quinze jours elle peut faire le tour du monde ! Aussi, pour éviter le choc terrible de sa monstrueuse tête, l'espadon se montrait-il souvent à l'air, et, dans sa colère, retombait-il inutilement sur le dard long et aigu dont il a été armé par la nature. Cependant la lutte durait depuis une demi-heure sans que la victoire se décidât ; mais entre deux ennemis aussi acharnés tout repos est impossible. Quand la baleine se précipite sur l'espadon, si celui-ci est touché, il meurt broyé à l'instant même ; si l'espadon, après son rapide bond hors des flots, trouve sous sa lance dentelée le dos de la baleine, celle-ci n'a que quelques instants à vivre, car la plaie est profonde, et le sang s'en échappe à flots pressés. Cependant l'ardente querelle des deux combattants, qui s'était engagée près de nous, alla expirer loin du bord ; et, le lendemain, de la grande hune on distinguait vers l'horizon une vive couleur de sang qui occupait un vaste espace. L'espadon et la baleine avaient cessé leur lutte.

Toutefois, pour les provisions nécessaires à une de nos plus longues courses, la corvette se vit forcée d'aller mouiller à Saint-Paul. Je profitai de cette seconde relâche pour visiter l'intérieur de l'île et parcourir ces belles rampes que M. de Labourdonnaie fit creuser à travers les ravins et les torrents, sur les flancs des plus rudes montagnes. Oh ! c'est un travail digne des Romains, complété aujourd'hui par le beau pont jeté sur la rivière des Galets, qui devient, aux jours d'orage, un torrent dévastateur.

C'est un spectacle assez curieux, je vous assure, que celui d'une ville qu'on cherche encore alors qu'on l'a déjà traversée. Tel est Saint-Paul, dont les maisons irrégulièrement élevées au milieu de belles touffes de verdure, sont absolument voilées par les enclos qui les emprisonnent. Saint-Paul est une cité naissante et pourtant bâtie sur un sol de sable, au pied du Pays-Brûlé. Elle est toute fière de sa position topographique, et semble dire aux navires voyageurs : « Ici seulement vous trouverez un abri contre les tempêtes. »

Cette île a été baptisée bien des fois. Appelée d'abord Mascareinhas, du nom du capitaine portugais qui la découvrit, elle fut désignée plus tard sous celui de la Réunion, et enfin on la dota de celui qu'elle porte aujourd'hui.

Un volcan très-considérable, séparé du reste de l'île par un vaste enclos de rochers, y est sans cesse en travail. Elevé de quinze cents mètres au-dessus du niveau de l'Océan, trois cratères le couronnent. M. Bory de Saint-Vincent imposa le nom du célèbre Dolomieu à celui qu'il trouva brûlant. Ses compagnons de voyage donnèrent le sien à celui qui est séparé du cratère Dolomieu par le mamelon central, véritable cheminée par laquelle les feux souterrains sont en communication avec les feux du ciel. Un tel hommage était dû à l'explorateur qui mit tant d'activité dans ses recherches, qui gravit dans une île très-habitée des escarpements où nul n'avait encore pénétré, qui, franchissant mille précipices, donna une excellente carte du pays, et, s'exposant à la soif, à la faim et aux intempéries d'un ciel tour à tour ardent et glacial, découvrit, après les Commerson et les Du Petit-Thouars, mille productions nouvelles qui avaient échappé aux recherches de ces grands naturalistes.

Toute située qu'elle est entre les tropiques, l'île Bourbon, dont les rives produisent les mêmes trésors végétaux que l'Inde, n'en a pas moins ses points glacés. Outre le volcan, à la cime duquel le mercure descend fréquemment au point de très-forte congélation, il existe des plateaux extrêmement élevés, où se fait sentir un froid rigoureux ; divers sommets, dont entre autres le Piton-des-Neiges, l'une des Salazes, a plus de dix-neuf cents mètres de hauteur.

Tout est volcanique dans ces imposantes masses, évidemment sorties des entrailles du globe, d'où les arrachèrent de puissantes éruptions. Sur ce Piton-des-Neiges, solitaire, dépouillé, battu des tempêtes, triste dominateur d'un horizon sans bornes, on aperçoit souvent des traces de pieds humains, attestant le courage d'esclaves, qui viennent chercher la liberté jusque dans les dernières limites de l'atmosphère. Là aussi gisent parfois les os blanchis de quelques malheureux qui, préférant l'indépendance dans le désert à l'esclavage dans une société marâtre, viennent terminer leurs infortunes sur le basalte solitaire.

Une riche végétation couvre l'île qui nous occupe et présente à l'œil de l'observateur la plus brillante variété. Sur la côte on admire le caféier, le cotonnier, le muscadier, le giroflier et tous les arbres précieux de l'équateur, offrant à l'homme le nécessaire et le superflu. A mesure qu'on s'en éloigne et qu'on s'élève vers l'intérieur, d'autres végetaux se pressent pour ombrager le sol ; le palmiste succède au cocotier, le vacoi au bananier ; l'ébénier, divers bois de construction, des fougères, qui rivalisent en hauteur avec les plus grands arbres, forment le fond des forêts. Parvenu à sept cents mètres, le chasseur rencontre la zone des calumets, espèce de bambou du port à la fois le plus élégant et le plus majestueux. Ces calumets élancés, hauts de cinquante à soixante pieds, ressemblent à des flèches de verdure. Sur la longueur du chaume ligneux, mais flexible comme des anneaux, sont des verticilles toujours agités, du milieu desquels le souffle du vent fait parfois sortir des sifflements aigus. La zone des calumets dure jusqu'à neuf cents mètres, c'est-à-dire que son épaisseur est de deux cents ; elle semble servir de limites aux grands bois.

Le seul arbre important qu'on trouve au-dessus est cette immense hétérophylle qui, se jouant des formes, porte, mêlées, des feuilles pareilles à celles du saule et des feuilles aussi découpées que celles des plus élégants acacias.

Ici l'aspect du pays est entièrement changé : des buissons seuls y parent les roches anfractueuses ; de rigides graminées, de verdoyantes mousses, quelques humbles bruyères, végètent à leur base.

A travers les forêts imposantes qu'un tel assemblage de productions présente souvent en miniature, saillent d'immenses quartiers de lave antique, bleus, gris, rougeâtres ou couleur de rouille, qui disent à l'homme que son pied repose sur des abîmes, et que cette riche végétation qu'il admire couronne de brûlantes fournaises qui peut-être un jour seront le tombeau de tant de richesses.

On a quitté le domaine de l'homme ; ici se réfugie la chèvre sauvage provenue des chèvres et des boucs que jetèrent anciennement dans l'île les Portugais qui la découvrirent ; et nous pouvons remarquer en passant que ces peuples, ainsi que les Espagnols, ont rarement abordé sur une terre inconnue sans y répandre quelques richesses de leur pays.

Le volcan de Bourbon, toujours en éruption, exerce ses ravages dans un espace qu'on appelle *Pays-Brûlé*. La masse des laves qu'il rejette est extraordinaire ; ses flancs sont couverts de volcans plus petits, qui n'y paraissent que de simples monticules, et ces monticules cependant ne sont pas moins considérables que ce Vésuve qui fait trembler Naples.

L'île Bourbon, d'une forme presque ronde, peut avoir de quinze à dix-sept lieues dans son grand diamètre, allant du nord-ouest au sud-est, et neuf dans le petit, qui traverse l'île du nord-est au sud-ouest. Saint-Paul et les cascades y sont les moins mauvais mouillages. L'homme a vainement tenté de soumettre les éléments afin de s'assurer, par quelque môle, un abri contre l'Océan courroucé. Celui-ci a déjà brisé plus d'une fois les jetées solides qu'on a commencé à élever ; et les roches énormes que lui-même a vomies sont jusqu'à présent les seuls édifices capables de résister à la fureur des lames écumeuses.

Et maintenant que je vais dire adieu à la colonie française, car le canon du bord nous appelle pour le départ, je crois qu'il est de mon devoir de compléter, par les études récentes auxquelles je viens de me livrer, les détails que j'ai donnés sur les diverses castes d'esclaves et de noirs répandus à Bourbon et à l'île de France.

Le créole noir, moins grand en général que le blanc, est assez bien pris dans sa taille, leste, adroit et vigoureux ; il a les traits agréables, l'œil vif et intelligent, et le caractère doux ; il aime les femmes avec passion ; il ne se livre pas à la boisson autant que les autres nègres, et est beaucoup plus recherché dans sa toilette ; il est très-apte aux arts mécaniques, et ses qualités morales le font préférer à tous les esclaves des autres nations.

Les noirs et négresses de Guinée ou Yoloffs sont d'une taille haute et svelte ; leur œil est grand et doux, leur figure agréable, leur air ouvert, leur peau fine et d'un noir d'ébène ; ils ont de belles dents, la bouche grande, les jambes un peu minces et le pied très-fort ; ils ont plus de noblesse dans leur maintien et dans leur démarche que les autres noirs (quelques Malgaches exceptés); ils dansent aussi avec plus de grâce et d'expression que les autres esclaves de la colonie, et les femmes surtout sont passionnées pour la chéga.

Les Malgaches ne sont pas aussi grands que les Yoloffs, mais sont mieux faits qu'eux; leur peau est d'une nuance moins foncée, leurs traits sont agréables, et leurs yeux doux et intelligents; ils sont fort agiles et très-adroits. Ils se divisent en plusieurs castes, dont la couleur, la taille, les formes, les cheveux et le caractère varient singulièrement.

X

NOUVELLE-HOLLANDE.

Sauvages anthropophages. — Départ.

Dès que vous avez dit adieu au géant de Bourbon, le Piton-des-Neiges, pour courir à l'est, vous êtes saisi d'une triste pensée, et vous vous demandez involontairement où vous retrouverez une patrie absente. Dans toutes les mers que nous allons sillonner, chaque peuple qui possède une marine a des points de relâche qui lui appartiennent, et son pavillon debout et flottant sur la cime des monts lui dit qu'il trouvera là, à l'antipode de son pays, des amis, des frères, une protection, une patrie nouvelle. Nous, au contraire, si orgueilleux de nos conquêtes continentales, si justement fiers de la gloire passée et présente de notre marine, nous ne trouvons dans ces périlleux voyages de circumnavigation aucun coin de terre où nous puissions nous reposer chez nous. Que possédons-nous en effet dans le vaste océan Indien, aux îles de la Sonde, aux Moluques? Rien; nous n'avons rien aux Mariannes, rien à l'ouest de la Nouvelle-Hollande, rien aux Carolines, rien encore dans les mers de la Chine ou du Japon; rien aux Sandwich, aux Philippines, aux îles des Amis, à celles de la Société ; rien vers la Nouvelle-Galles du Sud, à la Nouvelle-Zélande, à la terre de Van-Diemen ; rien au Chili, au Pérou, sur la côte de Patagonie; rien du côté du Brésil ou de Rio de la Plata. Et ces îles Malouines, qui doivent leur nom à un habitant de Saint-Malo et non pas à la découverte bâtarde de Falkland, quoi qu'en disent les Anglais ; ces Malouines, où nous devons un jour laisser notre belle corvette entr'ouverte, ces Malouines qui viennent de nous être volées par la Grande-Bretagne, pourquoi n'en avons-nous pas revendiqué hautement notre droit de suzeraineté, alors que les Anglais, il a quelques mois à peine, ont fièrement déclaré qu'ils s'y établissaient en maîtres? Mais notre voix ne serait pas entendue; le léopard flotte aujourd'hui sans doute à côté de la roche où s'arrêta notre *Uranie;* et les marins français occupés de la pêche de la baleine et de la chasse du phoque seront tenus désormais de payer un droit d'entrée dans cette rade nommée française, au fond de laquelle sont encore debout et respectées les humbles bâtisses qu'y éleva le capitaine Bougainville lors de son voyage autour du monde.

Il est triste de mettre ainsi à nu la pauvreté d'un pays qu'on voudrait voir riche, grand et fort parmi tous les autres; mais je l'ai déjà dit, je ne sais pas mentir en présence des faits, et je crois, au surplus, que nous n'avons encore qu'à vouloir pour obtenir. Qu'importe, en effet, que les noms des Laplace, des Berthollet, des Monge, des Cuvier, des Arago, décorent sur toutes les surfaces du globe des anses, des criques, des récifs, des promontoires, si ces noms glorieux sont attachés, comme sur la presqu'île Péron, qui doit être notre première relâche, à une terre décrépite, à un sol sans verdure, à une mer sans abris?

Les vents variables que nous allâmes chercher pour notre longue traversée ne nous firent pas défaut; ils soufflèrent avec une force et une sorte de régularité tout-à-fait courtoise, et c'est à leur constance que nous dûmes de ne pas avoir à déplorer de plus grands malheurs que ceux qui nous frappèrent, car nous perdimes plusieurs de nos plus gais et de nos plus intrépides matelots dans les tortures de la dyssenterie.

Après une cinquantaine de jours de marche, le point nous plaçait déjà presque en vue de la terre d'Edels, quand on s'aperçut que l'eau douce manquait. Par une inconcevable erreur qu'on n'avait point songé à vérifier, et dont nul officier pourtant ne doit porter le blâme, une de nos caisses en fer se trouva remplie d'eau de mer, et peut-être nous fallait-il encore plusieurs jours pour arriver au mouillage. On alluma donc notre grand appareil distillatoire, et deux heures après le feu était à bord.

A ce cri sinistre : Au feu! qui venait de parcourir la batterie, il fallait voir ces bouillants matelots intrépides, silencieux, recevoir les ordres et les exécuter avec une précision qui tenait du prodige. L'alarme fut courte, le feu bientôt maîtrisé, et nous reprimes sur le pont nos promenades habituelles, mais non sans réfléchir pendant quelque temps à l'imminence du danger auquel nous venions d'échapper. Un navire en flammes au milieu de l'Océan est le plus imposant et le plus terrible des drames; nous n'arrivâmes pas jusqu'à la catastrophe, et franchement je me réjouis de n'avoir pas ce nouvel épisode à vous raconter.

Cependant nos regards avides interrogeaient l'horizon silencieux. Tout-à-coup : Terre! s'écrie la vigie; et une heure après se levèrent au-dessus des flots les plateaux éclatants d'Edels et d'Andracht, pareils à deux sœurs attristées, abandonnées au milieu de l'Océan. Après les avoir longés quelque temps, nous mîmes le cap sur la baie des Chiens-Marins, où nous laissâmes tomber l'ancre le soir sur un fond de coquillages brisés. Le navire pesa d'abord sur ses câbles assujétis, frétilla un moment et se reposa enfin, avec l'équipage, d'une course sans repos de plus de deux mille lieues.

Quel effrayant panorama, grand Dieu! Dans la rade incessamment zigzaguée par le mouvement rapide et cadencé d'une immense quantité de chiens marins, surgissait parfois, pareille à une grande voile noire, la queue gigantesque d'une grande baleine arrachant à l'aide de ses fanons tranchants et filandreux, sous les coquillages du fond, les myriades de petits poissons dont elle fait sa nourriture. Les eaux étaient belles et réfléchissaient, sans l'appauvrir, l'azur brillant du ciel. Mais là-bas, à la côte, quel morne silence! quel aspect lugubre! quel deuil! quelle désolation! C'est d'abord un espace de quarante à cinquante pieds de largeur que les hautes marées ne peuvent envahir; puis une falaise, tantôt blanche comme la plus blanche craie, tantôt coupée horizontalement de bandes rouges comme la plus vive sanguine; et au sommet de ces plateaux de quinze à vingt toises de hauteur, se montrent des troncs rabougris, brûlés par le soleil, des arbustes sans feuilles, sans verdure, des ronces, des racines parasites ou meurtrières, et tout cela jeté sur du sable et sur des coquillages pulvérisés. A l'air, pas un oiseau; à terre, pas un cri de bête fauve ou de quadrupède inoffensif, pas le murmure de la plus petite source. Partout le désert avec sa froide solitude qui glace le cœur, avec son immense horizon sans écho. L'âme est oppressée à ce triste et silencieux spectacle d'une nature sans nerf, sans vie, sortie évidemment depuis peu de siècles des profondeurs de l'Océan.

Nous nous couchâmes, inquiets pour l'avenir, tant le présent assombrissait nos pensées. Le lendemain de grand matin, nos alambics furent établis à terre, car, je l'ai dit, nous étions sans eau douce. Pour moi, empressé comme d'habitude, je m'embarquai dans un canot, commandé par le brave Lamarche, qui avait mission de chercher un lieu commode pour nos tentes et notre observatoire. Il ne nous fut pas possible d'accoster, tant les eaux étaient basses, et je me vis contraint de patauger pendant un quart d'heure au moins avant d'arriver à la plage, tandis que M. Lamarche cherchait au loin un facile débarcadère.

Mon costume était des plus étranges. Un vaste chapeau de

paille, pointu, à larges bords, couvrait mon chef ; je portais sur mon dos une grande caisse de fer-blanc, qu'en prudent explorateur j'avais remplie de quelques provisions de bouche ; une gourde pleine d'eau battait mes flancs, en compagnie d'un sabre de dragon ; et, pour compléter mon attirail guerrier, j'avais à ma ceinture deux petits pistolets, et sur mon épaule un excellent fusil de munition avec sa baïonnette. Ajoutez à cela un volumineux calepin qui ne me quittait jamais, et une assez ample provision de colliers, miroirs, couteaux et autres objets d'échange, dont je comptais enrichir les heureux habitants de cette terre de séduction. J'allais bon train sur la plage, en dépit des coquillages et du sable qui entravaient ma marche, et je comptais arriver de bonne heure auprès de mes amis, dont j'avais aperçu de la corvette les feux éclatants.

Le soleil se lève, tout change de face ; naguère pas un insecte ne bourdonnait à l'air ; maintenant des essaims innombrables de petites mouches au dard aigu envahissent l'atmosphère et se glissent sous les vêtements. Ce sont des attaques perpétuelles, c'est un supplice de tous les instants ; si vous vous défendez de la main, c'est la main qui est déchirée ; rien n'a le pouvoir de vous protéger, et la rapidité de vos mouvements excite vos ennemis au lieu de les décourager. Je souffrais horriblement ; mais comme je m'aperçus que les parties de mon corps exposées à l'air étaient plus immédiatement attaquées par ces voraces insectes ailés, je fis volte-face et marchai à reculons, ce qui me donna de temps à autre un peu de répit.

Cependant la fatigue m'accablait, je résolus de m'asseoir et de délester mon petit caisson de quelques provisions, au risque de donner pâture au vol immense de mouches affamées qui me couvraient d'un sombre réseau, et d'avoir à leur disputer mon maigre repas. Je choisissais déjà de l'œil l'endroit le plus commode de la plage, quand j'aperçus sur le sable plusieurs traces de pieds nus. A l'instant Robinson Crusoé me vint à la pensée, et, sans raillerie, je vous jure, je m'attendis à une attaque de sauvages. Je ne déjeunai pas ; je me remis en route le plus bravement possible ; et afin de m'affranchir en partie de la piqûre des mouches, je hissai sur ma tête, à l'aide de mon sabre, un morceau de lard salé qui appelait incessamment leur appétit. Callot eût trouvé là une figure digne de ses pinceaux.

Toutefois, un peu honteux de la frayeur qui m'avait si subitement saisi, je résolus de gravir la falaise, afin de m'assurer, de cette espèce d'observatoire, si je pourrais dans le lointain distinguer quelque cabane ou quelque fumée. Mais je n'en pus venir à bout, car le sable roulait avec rapidité sous mes pieds, et lorsque je cherchais à m'étayer des touffes épineuses qui tapissaient les parois du plateau, l'appui fragile et piquant roulait avec moi jusqu'au sable du rivage.

J'avais encore à doubler une langue de terre à 200 toises de moi, pour me trouver en face du camp, lorsque je vis accourir à ma rencontre mon ami Pellion, élève de marine, qui par ses gestes multipliés semblait m'inviter à hâter le pas. Hélas ! mes forces étaient épuisées et je me laissai tomber à terre. Il arriva enfin avec deux matelots, et il m'apprit que les sauvages, au nombre d'une quinzaine au moins, entouraient les tentes, et par leurs cris et leur menaces essayaient de les forcer à la retraite. Cette nouvelle inattendue me reposa de mes fatigues, et j'arrivai au camp avec des émotions auxquelles nul de nous ne pouvait échapper.

Voilà donc ce qu'on nomme sauvages ! voilà donc ces hommes extraordinaires, vivant sans lois, sans intelligence, sans Dieu ! Il y a là un sol qui ne peut les nourrir, ils y campent ; ils trouvent sous leurs pieds une terre marâtre, ils y meurent, privés même de cet instinct de conservation dont sont douées les bêtes féroces, qu'ils égalent en cruauté sans en avoir ni la force ni la puissance. Voyez-les tous, sur ces dunes qu'ils nomment leur patrie, criant, gesticulant, répondant à nos témoignages de confiance par des cris fauves et des menaces de mort. Oh ! s'ils pouvaient nous anéantir d'un seul coup, nous dévorer en un seul repas! Mais heureusement ils n'ont pas de cœur : rien ne leur dit pourtant encore que nous possédons des armes plus meurtrières cent fois que leurs fragiles casse-têtes et leurs faibles sagaies.

Pellion, Fournier, Adam, quelques autres de nos amis avaient déjà proposé des échanges à ces malheureux, divisés en trois bandes comme pour nous cerner de toutes parts. Je gravis le monticule où hurlaient les plus audacieux, et, quoiqu'ils fussent huit contre moi, ils reculèrent de quelques pas, agitant leurs sagaies et leurs casse-têtes à l'air, et me montrèrent le navire, puis firent retentir l'air de cris éclatants et terminèrent toutes leurs périodes par le mot : *Ahyerkadé!* qui voulait dire évidemment : Allez-vous-en! partez! Je n'étais pas homme à me montrer docile à leur invitation peu courtoise, et, en dépit de leur volonté nettement exprimée, je restai en leur faisant des signes d'amitié et en prononçant à haute voix le mot *tayo*, qui, chez beaucoup de peuplades de la Nouvelle-Hollande, veut dire *ami*. L'*ami* que je leur présentais ne fut pas compris, et les vociférations retentirent plus ardentes. J'avais bien un pistolet à ma ceinture, mais je ne voulus pas même m'assurer s'ils en connaissaient la valeur, tant ces pauvres êtres m'inspiraient de pitié. Et, néanmoins, il fallait à tout prix que cette première entrevue ne demeurât pas sans résultat, afin de nous mettre à l'abri de ces importunes visites pendant toute notre relâche.

Orphée improvisé, je m'armai d'une flûte au lieu d'un pistolet ou d'un sabre, et je jouai un petit air pour savoir s'ils étaient sensibles aux charmes de la musique. Il faut le dire, je ne reçus aucun encouragement, quoique deux d'entre eux se fussent mis à sautiller de la façon la plus étrange, et je doute fort, amour-propre à part, que l'Orphée de la Thrace eût obtenu un plus beau triomphe.

Tout fier de leur avoir ainsi fait oublier un moment leur instinct de férocité, je tirai de ma poche des castagnettes, harmonieux instrument dont je joue un peu mieux que de la flûte; et voilà mes sauvages qui, au claquement cadencé de l'ébène, se mettent à gambader, à tournoyer comme de grands enfants qui voudraient donner de la souplesse à leurs muscles engourdis. J'étais heureux aussi, moi ; car, éloigné d'eux de dix pas au plus, je pus étudier leur charpente et les traits de leur physionomie.

Leur taille est un peu au-dessus de la moyenne ; ils ont des cheveux non pas crépus, non pas lisses, mais noués en mèches, comme les papillotes d'une tête qu'on va friser. Le crâne et le front sont déprimés ; ils ont les yeux petits, étincelants, le nez épaté et aussi large que la bouche, laquelle touche presque à leurs oreilles, qui se dessinent d'une longueur effrayante. Leurs épaules sont étroites et aiguës, leur poitrine velue et retirée, leur abdomen prodigieux, leurs bras, leurs jambes presque invisibles, et leurs pieds et leurs mains d'une dimension énorme. Ajoutez à cela une peau noire, huileuse et puante, sur laquelle, pour s'embellir, ils tracent de larges raies rouges ou blanches, et vous aurez une idée exacte de la tournure, de la grâce, de la charpente et de la coquetterie de ces beaux messieurs, à qui il ne manque qu'un peu d'adresse et d'intelligence pour être au niveau des macaques ou des sagouins. Tout cela est horrible à étudier, tout cela est triste et hideux à l'œil et à l'imagination. Deux de ces infortunés avaient une barbe fort longue comme les cheveux ; et sur la dune supérieure je remarquai une femme absolument nue comme les hommes, portant sur ses hanches un petit enfant qu'elle retenait, tantôt de la main, tantôt d'une lanière de peau couverte de poils. A côté d'elle se montrait un vieillard serré au flanc par une ceinture qui passait dans un coquillage couvrant le nombril.

Le plus leste et le plus intrépide des naturels, las enfin de ses évolutions au son de mes castagnettes, s'arrêta tout court, et me faisant comprendre qu'il désirait les avoir, il m'offrit en échange une petite vessie à demi remplie d'ocre rouge. Je n'acceptai pas le marché, et au lieu de castagnettes, je lui montrai un petit miroir d'un sou que je déposai à terre en m'éloignant de quelques pas et en l'invitant à laisser sa vessie à la même place ; mais mon fripon prit le miroir et ne me donna rien en échange, ce qui parut fort égayer ses honnêtes camarades. La friponnerie est même en-dehors de la civilisation.

Pellion et Adam étaient venus me rejoindre ; et pour ne pas trop nous éloigner des alambics, nous redescendîmes sur le rivage, où une partie des sauvages nous suivit presque sans hésiter. Là fut établi notre principal comptoir ; là le commerce étala ses richesses, et il n'y eut pas de notre faute si nous ne pûmes convaincre nos marchands et nos acquéreurs de notre générosité et de notre franchise. Pour un méchant casse-tête, Fournier, notre chef de timonnerie, donna un caleçon en fort bon état, que les sauvages admirèrent pendant quelques instants et qu'ils déchirèrent ensuite en s'en partageant les lambeaux. Mais ce qui excita surtout leur admiration, ce fut une plaque de fer-blanc poli dont ils firent gracieusement cadeau à la femme, qui parut hautement apprécier ce témoignage de galanterie.

L'un de nous déposa encore sur le tertre où nous allions trafiquer à tour de rôle une bouteille remplie d'eau douce. La bouteille, prise par les sauvages, passa de main en main ; ils la regardèrent avec une curiosité mêlée de crainte ; ils la flairèrent, et pas un d'eux n'eut l'idée de goûter à l'eau potable qu'elle renfermait. Celui qui l'avait acceptée en échange d'une sagaie la plaça enfin sous son aisselle et alla plus tard la mettre en lieu de sûreté.

Cependant, comme l'aspect du pays nous donnait la quasi-certitude de l'absence totale d'eau douce, j'imaginai une petite épreuve qui ne fut pas comprise par les naturels, ou plutôt qui dut nous prouver que nos conjectures étaient une triste réalité.

Je demandai à un de nos matelots une bouteille semblable à celle qu'on avait donnée au jeune sauvage. Je m'approchai de lui à la distance de sept ou huit pas, je lui montrai l'eau que contenait le vase, et j'en bus en l'invitant à faire comme moi. Il interrogea ses camarades, et le résultat de la délibération fut qu'ils ne comprenaient pas pourquoi je leur proposais cette boisson. Mes amis riaient de l'impuissance où j'étais de me faire entendre, et je riais plus fort, moi, de la stupidité des êtres à qui je m'adressais. Mais enfin, comme les gestes parlaient mieux à leurs yeux que la parole, je les invitai avec des grimaces à ne pas me perdre de vue et à suivre tous mes mouvements, ce qu'ils firent, ma foi, comme des personnes sensées. Je m'approchai alors du rivage, je pris de l'eau de mer dans mes deux mains, je fis semblant de boire quelques gorgées et je les interrogeai du regard. Ils n'étaient nullement surpris de mon action, qui leur semblait toute naturelle, et ils parurent trouver étrange que je les eusse occupés de quelque chose d'aussi simple.

Ainsi donc le grand problème vainement cherché par Pierre le Grand, qui ne reculait devant aucune cruauté utile, le problème dont la solution est de savoir si l'homme peut vivre avec de l'eau de mer, me semble résolu par la présence de cette peuplade sur le sol inhospitalier de la presqu'île Péron ; car, je le répète, il n'y a pas, il ne peut pas y avoir une seule source d'eau douce dans cet immense désert, et rien ne dit que ces êtres infortunés qui y ont établi leur domicile aient pu se procurer les moyens de conserver les rares eaux du ciel, qui sont à l'instant absorbées par une terre mobile et spongieuse.

La nuit vint mettre un terme à ces scènes curieuses dont nous ne pouvions nous lasser. Les sauvages alors se réunirent sur la dune la plus élevée, poussèrent un grand cri et disparurent en nous faisant comprendre que nous aurions leur visite au lever du soleil.

Le lendemain, en effet, je m'acheminai vers une anse voisine de la nôtre, mais séparée de toutes pas une langue de sable assez élevée, qui plongeait dans la baie. Je pris avec moi mon intrépide matelot Marchais, et sans mesurer les conséquences probables de notre excursion, nous côtoyâmes le rivage. Huit ou dix sauvages de la veille, qui nous guettaient sans doute, se ruèrent sur nous avec des cris et des menaces de mort. Tout notre sang-froid nous devint nécessaire.

— Ne dégaine pas, dis-je à Marchais, dont la main calleuse pressait déjà la poignée de son briquet ; ne dégaine pas, et avançons toujours ; une embarcation fait voile vers la côte : c'est un secours qui nous arrive ; profitons-en avec sagesse ; il serait trop dangereux d'essayer de retourner au camp ; nous aurions l'air de fuir.

Marchais suivit mes instructions, et nous avançâmes d'un pas ferme, serrés et presque à reculons, pour veiller à notre défense. Le langage des naturels était haut, précipité, violent, et leur terrible *Ahyerkadé!* terminait chacune de leurs phrases, entremêlées de gestes pleins d'irritation. A toutes ces attaques nous ne répondions absolument rien ; mais nous visitions fréquemment l'amorce de nos pistolets et de nos fusils, car nous étions partis armés jusqu'aux dents.

Les sauvages continuèrent de brandir leurs casse-têtes, et, enhardis peut-être par notre inaction, ils nous harcelaient de si près, que nous pouvions parfois les atteindre de la baïonnette. L'un d'eux effleura l'épaule de Marchais, qui allait répondre par un vigoureux coup de sabre à fendre un mât, si je ne l'eusse arrêté. Un instant après nous fûmes si étroitement serrés, que nous vîmes bien qu'il fallait enfin leur apprendre ce que c'était que des balles et de la poudre. J'en mis un en joue ; mon mouvement l'étonna, mais ne l'effraya pas.

— Un coup de doigt, me dit Marchais, et tombons sur eux comme la misère sur le matelot.

— Pas encore, répondis-je ; épargnons le sang.

— Merci, et tout-à-l'heure ils vont boire le nôtre : gare à celui qui m'approche à longueur de gaffe !

— Je t'en prie, n'engageons pas le combat.

— Si nous engageons, nous couperons l'artimon et nous laisserons porter.

Cependant, en proie à de sérieuses inquiétudes, je ne voulais pas, en cas de retour, que mon imprudence fût perdue pour mon devoir et mes souvenirs. Quand les sauvages nous laissaient un peu respirer et semblaient méditer une attaque générale, je prenais mes crayons et je dessinais aussi bien que possible ceux d'entre eux qui demeuraient le plus immobiles.

Mais l'embarcation approchait toujours; en nous hâtant, nous pouvions joindre nos amis en moins d'une demi-heure. Les sauvages s'en aperçurent aussi, et dès lors leurs menaces devinrent plus ardentes, leurs paroles plus rapides, leurs mouvements plus précipités : tantôt les uns nous dépassaient et semblaient vouloir nous forcer à rétrograder, tantôt deux ou trois insulaires se cachaient pour nous frapper par derrière ; je vis qu'il fallait en finir.

— Tiens-toi à quelques pas de moi, dis-je à Marchais : je vais faire semblant de tirer sur toi ; tu tomberas, et nous agirons selon la circonstance.

— F... répliqua-t-il, tirez à côté.

— Sois tranquille.

Marchais s'arrêta : *Ahyerkadé !* lui criai-je en lui montrant la corvette. A ces mots, les sauvages surpris firent halte et se parlèrent à voix basse en répétant entre eux avec un air de satisfaction : *Ahyerkadé ! Ahyerkadé !* Mon pistolet dirigé vers Marchais, le coup partit. Le matelot tomba, sans perdre de vue les insulaires, qui, effrayés de la terrible détonation, s'étaient éloignés comme d'un seul bond à la distance d'une centaine de pas, tremblants, respirant à peine...

Heureux de mon stratagème, je dis à Marchais de se traîner sur ses genoux le long de la grève et derrière les sables amoncelés, ce qu'il fit en pouffant de rire et en se disant tout bas :

— Quelles ganaches ! quels parias ! quels fahi-chiens ! J'ai envie d'en manger une douzaine à mon déjeuner.

Quand nous fûmes à peu de distance de l'embarcation qui abordait, nous regardâmes derrière nous, et nous vîmes les naturels, un peu plus rassurés, s'avancer avec précaution vers l'endroit où ils croyaient voir un cadavre pour le dévorer sans doute ; mais ils n'y trouvèrent qu'une blague à tabac et le restant d'une chique que le brave Marchais avait légués à nos ennemis.

De ce moment les sauvages se montrèrent plus circonspects, ils ne dansèrent plus, ils ne hurlèrent plus leurs menaces, ils nous laissèrent tranquillement ouvrir quelques huîtres du rivage, et nous arrivâmes enfin auprès de la yole, qui venait d'aborder.

Le lendemain, les naturels parurent de nouveau, mais sans oser descendre sur la plage. Cependant, comme nous tenions à cœur de ne plus nous arrêter à de simples conjectures sur leurs mœurs et leurs usages, M. Requin et moi nous allâmes à leur rencontre, sans armes, presque sans vêtements, et munis d'une grande quantité de bagatelles qui pouvaient tenter leur cupidité. A notre confiance ils ne répondirent que par des vociférations, à nos témoignages d'amitié que par des cris et des menaces. Poussés à bout, nous nous décidâmes à nous élancer sur l'un d'eux et à le garder comme otage.

— Vous à droite, dis-je à Requin, moi à gauche... En avant !

Nous nous précipitâmes ; et comme si la terre venait de s'ouvrir sous leurs pas, les sauvages disparurent en courant à quatre pattes à travers les bruyères épineuses, et ils s'éloignèrent pour ne plus se montrer.

Ce fut une douleur si vive au cœur de la plupart de nos camarades, que deux d'entre eux, plus affligés et plus curieux encore que les autres, Gaimard et Gabert, s'enfoncèrent dans les terres et s'égarèrent à travers les dunes de sable et les étangs salés. Deux jours se passèrent sans que nous les revissions au camp. Nos alarmes furent grandes, et on se prépara à une excursion lointaine. Je demandai à en faire partie, et nous nous mîmes en route, le visage et les mains couverts d'une gaze assez épaisse pour nous garantir de l'ardente piqûre des mouches. Après avoir couru à l'est toute la journée et traversé deux étangs desséchés, nous fîmes halte la nuit au pied d'un plateau crayeux et au bord d'un étang qui nous sembla légèrement monter avec le flot. Nous allumâmes un grand feu et campâmes au milieu du désert, peut-être à quelques pas des sauvages.

A peine le jour nous eut-il éclairés, que mon ami Ferrand et moi allâmes de nouveau à la découverte, après avoir glissé nos noms dans une bouteille vide et de l'eau dans une autre, en indiquant sur un morceau de parchemin la route qu'il fallait tenir pour retrouver la baie. Quel ne fut pas notre effroi en apercevant à demi enterré sous le sable un pantalon que nous reconnûmes appartenir à Gaimard! Mais comme la terre était tranquille autour de la dépouille et qu'elle ne portait aucune trace de sang, nous nous rassurâmes et poursuivîmes nos recherches.

Je vis encore au bord d'un étang un trou d'une douzaine de pieds de profondeur, au fond duquel régnait un banc circulaire d'une hauteur de deux pieds. Qui a creusé ce trou? à quel usage? Toute raisonnable conjecture à ce sujet est impossible, et Péron ne peut pas dire vrai quand il avance que ces trous sont creusés par les sauvages pour se mettre à l'abri des eaux du ciel.

Las enfin de nos courses, épuisés par une chaleur dévorante, nous reprîmes le chemin du camp, où nous n'arrivâmes que le soir, bien heureux d'apprendre que Gaimard et Gabert s'y étaient traînés quelques heures avant nous, dans un état vraiment déplorable et sans avoir vu un seul sauvage.

Après une relâche lourde et accablante de dix-sept jours, nous levâmes l'ancre et fîmes voile vers les Moluques.

En quittant cette presqu'île de misère, nous abandonnâmes sur la plage, au profit des naturels, quelques douzaines de petits couteaux, quatre scies, trois haches, et plusieurs lambeaux de toile à voile.

XI

TIMOR.

Chasse aux crocodiles. — Malais. — Chinois.

Nous levâmes l'ancre et fîmes voile vers Timor, une des plus grandes îles jetées sur les océans.

La première nuit de notre départ fut une nuit d'émotions et de travail; car, après avoir plusieurs fois talonné dans la baie, nous nous vîmes arrêtés tout-à-coup et forcés d'aller mouiller des ancres pour nous remettre à flot. Au point du jour nous reprîmes notre route, et tant que la côte fut en vue, elle se dessina avec ses étroites zones tranchées de craie blanche et de cinabre, pelée, morne, silencieuse, menaçante. M. Duperrey, un des officiers les plus instruits de notre marine, avait déjà puisé, dans une course périlleuse le long de la terre et à travers mille difficultés, des documents précieux, et tracé une excellente carte des criques et des anses où les navires peuvent s'assurer un mouillage à côté de ce sol inhospitalier.

Nous longeâmes de nouveau la terre d'Edels, que nous avions saluée à notre arrivée, et dont le morne aspect glace le cœur. Nous côtoyâmes l'île d'Irck-Hatighs jusqu'au cap de Lovillain, et nous laissâmes à notre droite les îles de Dorre et de Bernier, où se trouvent en familles assez nombreuses les kanguroos à bandes longitudinales, si jolis, si coquets, si lestes.

Jamais navigation plus paisible n'a été faite, même sous les zones tropicales ; nous étions doucement poussés, grand largue, par une brise fraîche et soutenue, et, pendant dix-sept jours que dura notre traversée jusqu'à Timor, les matelots, délassés et joyeux, n'eurent pas une seule voile à orienter.

Cependant, à l'horizon toujours pur s'éleva une terre : c'était l'île Rottie, aux mamelons réguliers, couronnés d'une belle végétation; puis se déroula aux yeux la riante Simao, véritable jardin, où la nature a semé ses plus riches trésors, où de larges allées naturelles ont tant de régularité qu'on les dirait tracées par la main des hommes; puis encore Kéra, lieu de délices, séjour de prédilection des riches habitants de Timor, qui viennent aux sèches saisons de l'année y chercher dans de gracieux et bizarres kiosques le repos et la brise de la mer.

Enfin Timor se leva, Timor la sauvage, la torréfiée, avec ses imposantes montagnes de deux mille mètres de hauteur; Timor, où deux pavillons européens sont hissés sur deux villes rivales, peuplées d'êtres farouches, obéissant parce qu'ils ne veulent pas commander, mais toujours prêts à la révolte afin qu'on les apaise par des caresses.

Koupang se dessina bientôt avec son temple chinois, planant sur une hauteur à gauche de la ville, et le fort Concordia à droite.

Nous mouillâmes à une demi-lieue de Koupang, sur un excellent fond, abrités d'un côté par Simao et de l'autre par les sommets de Timor, où au-dessus des nuages, la végétation n'a rien perdu de ses belles couleurs.

La rade est sûre, large; les flots toujours tempérés; mais là aussi un nombre immense de crocodiles ont établi leur empire et vont chaque matin sécher leurs dures écailles au soleil ardent de la plage, sur laquelle ils font leurs repas des imprudents qui oublient un voisinage si dangereux.

Le fort Concordia, ai-je dit, est bâti sur une hauteur; cette hauteur est un roc de difficile accès. M. Thilmann, secrétaire du gouvernement, nous avait assuré que, bien souvent, la nuit, les crocodiles assoupis s'y reposaient de leurs courses gloutonnes, et pouvaient être tués par des balles bien dirigées. Armé d'un excellent fusil et suivi de mon ami Bérard et d'un matelot, je m'y rendais souvent pour tâcher d'atteindre quelqu'un de ces amphibies; mais deux fois seulement un crocodile poussa sa hideuse tête sur le roc et se retira comme s'il prévoyait le danger qui le menaçait. Lassé enfin de tant d'infructueuses courses, je demandai à M. Thilmann s'il ne pouvait pas m'indiquer un lieu où il me fût aisé de voir de près ces tyrans redoutables. — Allez à Boni, me dit-il, puisque vous êtes si curieux, et je vous réponds que vous serez satisfait. La partie fut fixée au lendemain; le grand canot du bord fit voile pour Boni. Nous étions neuf hommes bien armés, et nous avions pour guide un Malais, qui se fit fort de ne pas nous laisser revenir à bord sans nous avoir donné pleine satisfaction.

Boni est à trois lieues de Koupang : c'est une plage sablonneuse, solitaire, de quatre cents pas de largeur, et bordée par de belles plantations de cocotiers et de tamariniers. La brise nous poussa par petites bouffées; mais enfin nous arrivâmes sans que la présence importune d'un seul crocodile autour de l'embarcation nous contraignît à faire usage des haches dont nous étions prudemment armés. Nous n'avions plus qu'un trajet d'une trentaine de toises à parcourir, quand le Malais, attentif, se leva, et nous montrant du doigt un corps noir étendu sur le sable :

— *Kaillou-méra, kaillou-méra*, nous dit-il.

Nous savions la signification de ce mot, et nous rebroussâmes chemin, afin que le bruissement des avirons ne réveillât pas l'amphibie. Nous prîmes terre, et armés de bons fusils dans lesquels chacun de nous avait glissé deux balles, nous marchâmes accroupis vers la bête monstrueuse, cachés par un monticule de sable.

Arrivés à quinze pas environ, nous fîmes halte. Bérard, le plus adroit tireur, devait viser à la tête, un autre au cou, un troisième un peu plus bas, ainsi de suite, et les quatre derniers au milieu du corps. Il nous paraissait impossible que le monstre nous échappât, et peu s'en fallut que nous ne chantassions notre triomphe avant l'attaque. Nos cœurs battaient de plaisir plus que de crainte; chacun se disposait à dire comme dans *Cendrillon :*

« C'est moi qui ai tué la bête, » et nous délibérions en nous-mêmes sur le meilleur moyen d'emporter la lourde carcasse à bord. Quinze à dix-huit balles sur un ennemi dans le sommeil ! la victoire ne pouvait être douteuse. Nous nous levons en même temps; Bérard compte à voix basse : une, deux, trois! tous les coups partent, la détonation est portée au loin par les échos.

Le crocodile se réveille, tourne tranquillement la tête à droite et à gauche, sans doute pour voir l'importun qui venait de troubler son repos, et s'en va doucement dans les flots, comme si l'on avait éternué à ses côtés.

Je ne vous dirai pas la triste figure que nous faisions ; à peine osions-nous nous regarder en face, et pourtant nous nous vantions sans pudeur d'avoir parfaitement visé. Celui dont le fusil avait raté fut le seul coupable : il aurait tué le monstre.

La place marquée par le crocodile sur le sable occupait une longueur de vingt-deux pieds. L'insolent ne voulut pas nous permettre de constater sa taille d'une façon plus précise. Cependant nous tenions à réparer notre échec, et le Malais nous indiquant du doigt une petite crique où nous devions trouver de nouveaux ennemis, nous poursuivîmes notre route.

Comme la chaleur était accablante et que pour arriver à l'endroit désigné nous avions à faire un grand circuit, nous résolûmes, afin d'abréger le trajet, de nous hasarder dans un petit marais d'un demi-quart de lieue de largeur, en faisant la chaîne à l'aide de nos fusils, au bout desquels nous tenions notre baïonnette : c'était téméraire, sans doute ; mais à quoi ne s'expose-t-on pas de gaieté de cœur pour fraterniser plus vite avec les crocodiles, et surtout pour éviter les rayons verticaux d'un soleil de plomb ! Hugues, mon domestique, ouvrait la marche en tremblant de tous ses membres, et nous le suivions hardiment sans que notre courage parvînt à le rassurer ; il faisait un effort d'héroïsme qu'il comprenait à peine et dont il ne se sera sans doute jamais vanté, car le brave, le pauvre et fidèle garçon était le type le plus pur de l'idiotisme avec une dose d'orgueil tout-à-fait bouffonne.

Hugues est à peine au milieu de la mare, qu'il pousse un cri lugubre et dit : — Crocodiles!... je suis mort!... Et le voilà barbotant dans la fange.

Qu'eussiez-vous fait à notre place? dites-le-moi; mais point de vanterie... Vous auriez fait ce que nous fîmes tous. Surpris par ce cri d'effroi, nous laissâmes l'infortuné Hugues se tirer d'affaire comme il pourrait; et, jouant des mains et des pieds avec une vitesse inaccoutumée, nous regagnâmes notre première station. Toutefois, étonné de se sentir si longtemps intact, mon domestique se redressa, plongea le bras dans l'eau, et arracha du sol une racine parasite qui lui avait mordu le talon et le tenait encore emprisonné. Pâle, mais heureux, il arriva près de nous, et sans égard pour son maître, je crois qu'il l'appela poltron, cependant assez à voix basse pour n'être pas entendu. C'est la première et la seule fois de sa vie qu'il avait montré quelque logique.

Quand tout le monde a été lâche, tout le monde a été brave. L'armée de héros reprit son train de conquêtes et attaqua inutilement un autre crocodile beaucoup plus petit que le premier; mais cette fois du moins elle eut pour excuse l'énorme distance qui nous séparait.

Le lendemain de notre course à Boni, course si flatteuse pour notre vanité, j'eus un tout autre courage : celui d'avouer à M. Thilmann notre frayeur et notre maladresse.

— Vous avez tort, me répondit-il; vous avez été braves en essayant le passage de cette lagune où souvent les crocodiles vont se divertir; et quant à votre maladresse, il n'est pas probable que toutes vos balles aient frappé à côté du monstre. Quelques-unes auront atteint les écailles et glissé dessus comme sur une table de fer. Si les Malais n'avaient que des fusils à opposer aux crocodiles, ils les regarderaient encore comme les dieux tout-puissants de ces contrées, ou comme les gardiens fidèles des âmes de leurs premiers rajahs; mais la superstition qui leur faisait respecter ces hôtes dangereux n'a plus de force que sur certaines parties de la côte, habitées par des hommes féroces fuyant toute civilisation. A Koupang, lorsqu'un crocodile remonte la rivière et vient chercher pâture jusque dans les habitations, il y a lutte ardente entre lui et les Malais, et rarement le redoutable amphibie regagne son domaine de prédilection. Souvent même, lorsqu'un navire mouille dans notre rade et veut emporter la carcasse d'un de ces monstrueux animaux, j'ordonne une expédition à Boni, et l'on ne revient jamais à Koupang sans le cadavre d'un ennemi.

— Si je l'osais, dis-je à M. Thilmann, je vous demanderais quelques renseignements sur cette façon de combattre les crocodiles; ce doit être un spectacle bien curieux et bien terrible à la fois!

— Oh! qu'à cela ne tienne, me répondit-il; nous allons prendre le thé ; je vous communiquerai les détails que vous me demandez, en présence de ma femme, qui me les fait raconter deux fois par semaine afin de se donner assez de courage pour être témoin, avant son départ de la colonie, d'un de ces combats où la vie de tant d'hommes est en jeu. — Vous avez dû remarquer, poursuivit M. Thilmann, que dès qu'une idée superstitieuse a frappé un peuple, il en reste toujours quelque levain, alors même que la raison en a montré tout le ridicule. Les Malais ont longtemps adoré les crocodiles, et, de nos jours encore, un sentiment de frayeur religieuse se glisse dans leurs âmes, même au moment où ils préparent une expédition contre ces redoutables amphibies. Ce n'est que lorsqu'ils se trouvent en présence de leur ennemi ou que leur intérêt personnel les y oblige, qu'ils le combattent, et redeviennent ce qu'ils sont, c'est-à-dire forts, audacieux, pleins d'adresse, indomptables.

Ils choisissent pour la lutte un endroit sec, égal, ouvert, où cependant par intervalles ils échelonnent quelques troncs d'arbres; puis ils se tiennent à l'écart, loin du rivage, cachés et silencieux. Sitôt que l'amphibie sort de la mer, les Malais s'éloignent doucement à quatre pattes, pour se rapprocher et l'attaquer plus tard en flanc, à l'aide de leurs crics et de leurs flèches empoisonnées. Un seul d'entre eux demeure isolé au centre du champ de bataille, pousse alors de sa voix, qu'il cherche à rendre flûtée, un gémissement douloureux, pareil à celui d'un enfant qui pleure. Le crocodile écoute d'abord attentif, et ne tarde pas à se diriger vers une proie qu'il croit facile. Le Malais, presque caché par le tronc d'arbre qu'il a choisi, se traîne sur le ventre jusqu'à une seconde station, tandis que ses compagnons se rapprochent et rétrécissent le cercle. Le cri plaintif recommence et le crocodile s'éloigne de plus en plus du rivage. Arrivé au dernier tronc d'arbre, le Malais agite sous ses pieds un tas de feuilles sèches, dont le frôlement empêche le crocodile d'entendre le bruit des pas de ceux qui le pressent déjà par derrière, et c'est au moment où la bête féroce se prépare à s'élancer sur sa victime, qu'un de ses ennemis se précipite sur son corps presque à califourchon. Le monstre ouvre la gueule ; une énorme barre de fer y pénètre comme un frein, et tandis que cavalier et monture luttent avec ardeur, les autres Malais accourent, frappent l'amphibie de leurs armes empoisonnées et ne lui laissent guère le temps d'atteindre le rivage.

J'écoutais sans trop de confiance le récit de M. Thilmann; mais enfin :

— Avez-vous assisté à une de ces luttes ? lui dis-je avec un air de doute que je ne pus déguiser.

— J'y ai assisté trois fois.

— Et vous avez vu, bien vu ce que vous me racontez ?

— Si vous êtes encore ici quand nos meilleurs soldats reviendront de l'intérieur de l'île, vous pourrez vous procurer un plaisir pareil à celui que vous semblez si fort désirer.

— Plaise au ciel que ce soit bientôt !

La guerre intérieure se prolongea, et je n'offre pour garantie du récit de M. Thilmann que la bonhomie et la sincérité des autres renseignements que nous devons à sa complaisance.

Au surplus, l'aspect d'un Malais vous frappe, vous impose, et sa physionomie sombre et féroce vous dit, avant que vous sachiez ses mœurs, tout ce qu'il y a de cruauté dans son âme vide de toute passion généreuse.

Le Malais de Timor est jaune, petit, musculeux, fort ; sa chevelure est magnifique, et il la jette sur ses larges épaules de la façon la plus pittoresque. Ses yeux, un peu fendus à la chinoise, ont une expression satanique alors même que rien ne les occupe; son front est large, ses sourcils très-fournis, son nez légèrement épaté ; quelques-uns l'ont aquilin et même à la Bourbon. Il a la bouche grande, les lèvres peu fortes ; mais la hideuse habitude qu'il a contractée de fourrer entre la lèvre supérieure et la gencive une volumineuse pincée de tabac assaisonnée de bétel et de noix d'arec saupoudrée de chaux vive, le défigure de la manière la plus dégoûtante. En effet, cette chique lui brûle la bouche, le force à saliver constamment, et cette salive n'est autre chose qu'une mousse onctueuse, rouge comme du sang. Cela fait mal à voir ; cela vous donne des nausées.

Son costume est admirable; il se coiffe parfois à l'aide d'un chapeau tantôt long ou pointu, tantôt carré ou triangulaire, mais toujours d'une forme bizarre, artistement tressée avec la feuille souple du vacoi ou de quelque autre palmiste. Ce sont des colliers de feuilles, de fruits ou de pierres au cou, des bracelets aux poignets. Un manteau jeté sur ses épaules et toujours drapé comme si un peintre de goût en eût étudié les plis ; une autre pièce d'étoffe fabriquée comme la première dans le pays, est nouée aux flancs, et descend négligemment sur la cuisse et au-dessous du genou. Ajoutez à cela un air martial, des poses toujours graves et menaçantes, un énorme fusil sur l'épaule, le cric bizarre et redoutable où flottent encore à la poignée triangulaire des touffes de crins ou de cheveux des victimes égorgées, et vous accepterez tout ce qu'on vous dira d'étrange de ces hommes de fer, moitié civilisés, moitié sauvages, dont la première passion est la vengeance.

La ville est divisée en deux parties à peu près égales par une espèce de rue assez large, bordée de vacois et de tamariniers. Ici sont les Malais dans des cases recouvertes de feuilles de cocotiers, et dont les murs très-serrés sont façonnés à l'aide d'arêtes de palmistes étroitement liées entre elles. Il n'y a dans ces maisons presque aucun meuble; les Malais ne couchent que sur des nattes.

Le quartier des Chinois est le plus opulent; un de nos riches magasins de chrysocale de second ordre a plus de prix que toutes les prétendues richesses entassées sur les comptoirs. Vous ne pouvez vous faire idée de la fourberie de ces misérables brocanteurs patentés, assez adroits pour s'établir en maîtres partout où ils trouvent des niais à dévaliser. Lâches et fripons, ils reçoivent les corrections qu'on leur inflige avec une sorte de soumission qui fait l'éloge de leur mansuétude; mais ne vous laissez pas prendre à leur feinte humilité, car le pardon qu'ils implorent maintenant à deux genoux est une ruse nouvelle à l'aide de laquelle ils surprendront tout-à-l'heure votre bonne foi. Leur adresse à voler est inconcevable, et nos escrocs de premier mérite ne sont que des écoliers auprès d'eux. Cinq ou six Chinois vous entourent, vous montrent quelques-unes de ces bagatelles qu'ils façonnent avec tant de patience et de délicatesse; vous leur présentez à votre tour les objets que vous voulez troquer; et tandis que celui à qui vous parlez les examine avec attention, un autre vient vous frapper sur l'épaule et vous proposer un nouveau marché. Si vous tournez la tête un seul instant de son côté, votre marchandise est perdue. Bague, épingle, bouton ou dé est à peine tombé, qu'il est saisi par les doigts du pied de votre voisin; il passe sans que vous vous en aperceviez à un pied plus éloigné, et va enfin loin de vous se cacher sous une pierre ou sous une touffe épaisse de gazon. Après cela, frappez fort sur une joue ou sur une épaule : qu'importe au Chinois? il ne garde aucune rancune de semblables privautés. Quant à moi, qu'ils ont si lâchement et si souvent trompé, sans doute parce que je leur témoignais une confiance sans bornes, je vous assure que je ne suis pas en reste avec eux, et que je leur ai bien des fois appris ce que pesait une main européenne poussée par un besoin de correction.

Comme dans tous les pays où se sont établis ces riches mendiants, les Chinois de Koupang ont imposé des lois à leurs maîtres, et ils se sont donné un chef de leur nation pour les faire respecter.

Le commerce de Timor consiste en bois de sandal et en cire. Deux petits navires de trois cents tonneaux suffisent pour l'exportation de ces deux denrées, et l'on assure que depuis quelque temps les armateurs préfèrent aller jusqu'aux îles Sandwich, où le bois est d'une qualité supérieure et se vend beaucoup moins cher.

Les animaux sauvages de l'île sont les cerfs, les buffles, les sangliers et les singes; les animaux domestiques sont les chevaux, les chèvres, les chiens, les porcs, et surtout les coqs et les poules. Pour quelques épingles on peut acheter une belle volaille; un buffle coûte quatre piastres; pour un mauvais couteau, on se procure un petit cochon. En général, il est rare qu'un échange ne soit pas accepté lorsqu'on offre un objet de curiosité venu d'Europe. Dans toutes les campagnes, vous pourrez vous procurer des cocos, des mangues, des pamplemousses et une infinité d'autres fruits délicieux, si vous présentez quelques petits clous, des boutons ou une aiguille. Ces bagatelles sont la monnaie des voyageurs.

Il y a trois cents Chinois à Timor; parmi eux on compte un honnête homme, et encore est-ce, dit-on, une exagération de voyageur. Ils ont conservé ici leur costume national, et ils vivent avec autant de frugalité qu'à Macao ou à Canton, c'est-à-dire qu'une de tasse thé, une poignée de riz et quelques petites pipes d'un tabac fort doux suffisent pour leur consommation quotidienne. A l'aide de deux baguettes d'ivoire qu'ils agitent avec une extrême vélocité, ils saisissent dans leur assiette les miettes les plus menues. On dirait des jongleurs à côté de leur table d'escamotage.

Nul peuple sur la terre n'a un caractère de physionomie plus particulier, plus uniforme. Rien ne ressemble plus à un Chinois de Canton qu'un Chinois de Pékin ; rien ne ressemble plus à un Chinois de Koupang qu'un Chinois de paravent. Si vous avez vu un véritable paravent de Nankin, vous connaissez la Chine... à peu de chose près.

Ils ont la figure douce, ronde, les yeux petits, baissés vers le point lacrymal, le nez épaté, les lèvres grosses, la bouche très-peu allongée ; ils se rasent la tête et ne gardent qu'une mèche qui, du sinciput, descend en queue sur le dos ; leurs ongles ont quelquefois un pouce de longueur, et c'est chez eux de la coquetterie et du luxe que de les conserver propres et bien taillés. Il sont fort délicats, ne marchent presque jamais. Un Européen, d'une force moyenne, ne devrait pas craindre de se mesurer avec cinq ou six de leurs plus vigoureux athlètes. Leur physionomie est au niveau de leur caractère : leur dégradation est complète.

Ils font deux repas par jour, jamais avec leurs femmes. Lâches par naturel et par calcul, ils se sont déclarés neutres dans toutes les guerres que les Malais pourraient entreprendre.

XII

TIMOR.

Chinois. — Rajahs. — L'empereur Pierre. — Mœurs.

Je croyais en avoir fini avec ce peuple magot, si avancé et si stationnaire à la fois, si philosophe et si dévotement attaché à des puérilités religieuses et morales, si plein de mépris pour toutes les autres nations et si bien fait pour ramper aux pieds de quiconque voudra l'assujétir ; mais voilà qu'il faut encore que je vous parle de lui pour ne pas mériter le reproche de partialité, si souvent et si justement fait aux voyageurs.

Si dans leurs chétives maisons où tout est propre, original, bien ordonné, rien ne dénote le luxe, puisque les cloisons qui séparent les appartements sont en tiges de bambous étroitement serrées, il n'en est pas de même des fastueuses demeures qu'ils se sont données après la mort. Ici tout est grave, solennel ; rien n'y accuse l'avarice ou la mesquinerie ; on dirait une éclatante réparation faite à une vie de privations et de gêne. On a voulu que le cadavre fût à l'aise dans son éternelle couche, et les accessoires du lieu, qui vous apprennent que la douleur a duré plus d'un jour, vous disent aussi le respect du fils pour son père ou la tendresse du père pour son fils.

Une description exacte d'un tombeau chinois est impossible ; le dessin seul peut en reproduire l'élégance et le grandiose. C'est d'abord une pierre tumulaire haute de trois pieds au moins, quelquefois aussi de quatre, sur un pied d'épaisseur, debout, taillée avec grâce en ogive, encadrée dans des moulures fort soignées, et au milieu de laquelle est un écusson en marbre ou en granit, tantôt en relief, tantôt creusé, où sont gravés le nom et probablement les qualités morales de celui à qui est consacré le monument. Ces caractères sont noirs, rouges, et le plus souvent en or. De chaque côté de cette pierre sépulcrale, au pied de laquelle s'élèvent deux gradins de marbre ou de stuc, s'échappent, à dix pas de distance l'un de l'autre, deux perrons hauts de quatre pieds au moins, descendant par échelons et venant se joindre, à l'aide d'une ellipse, à une trentaine de pas de la pierre principale et au niveau du sol. L'espace enfermé dans cette vaste courbe est admirablement pavé en dalles polies ou en mosaïques, et c'est dans cet enclos réservé que les Chinois, à genoux, viennent rendre un hommage de chaque jour à celui qui n'est plus. En arrière de la pierre tumulaire est un espace clos par un mur de stuc ou de maçonnerie, légèrement voûté, où repose le cadavre, et autour duquel poussent des fleurs et des plantes odorantes ; çà et là des arbres soigneusement taillés portent sur leurs branches des vêtements, des porcelaines et des cabas en feuilles de lataniers renfermant des offrandes faites à l'âme du mort. J'ai hâte d'ajouter que ces offrandes sont souvent renouvelées, au profit sans doute de quelque habile profanateur de ces lieux de repos consacrés au deuil et à la prière.

N'y a-t-il pas dans ce respect des Chinois pour les restes des morts un motif de pardon pour toutes les iniquités de leur vie de friponnerie et de paresse ?

Tous les tombeaux chinois n'ont ni la même majesté, ni le même grandiose, ni la même richesse de détails ; mais tous, jusqu'aux plus mesquins, ont cela de remarquable, que chaque jour de généreuses offrandes viennent les décorer, et que les crevasses et les dégâts occasionnés par les outrages du temps sont à l'instant réparés avec une inquiète et pieuse sollicitude ; en sorte qu'il est vrai de dire que, chez ce peuple si bizarre dans ses goûts et dans ses mœurs, on pense d'autant plus à ses amis ou à ses parents qu'il y a longtemps qu'on les a perdus.

C'est surtout au lever du soleil que les **Chinois** vont prier à leur cimetière, c'est-à-dire aux plus belles heures de la journée. Est-ce que la chaleur ardente du jour étoufferait la piété dans leur âme ? Est-ce qu'ils feraient à la fois de leur hommage de respect et d'adoration un délassement et une affaire de conscience ? Je ne sais, mais, en vérité, il en coûte trop à ma sincérité de narrateur de juger favorablement ceux dont j'ai si attentivement étudié la vie parasite, pour que je ne leur garde pas une sorte de rancune de cette piété dont je viens de vous parler, et qui me semble un véritable contre-sens. O jaunes et fidèles sujets de Tao-kou-ang ! je crains bien de n'avoir à louer chez vous aucun sentiment de noblesse ou de générosité ! Vous êtes **trop réguliè-**

rement avides et fripons avec les vivants pour que les morts aient le pouvoir de changer votre âme.

Cependant il faut achever. Je suivis un jour deux Chinois qui se rendaient au cimetière ; en route, ils parlaient avec une extrême volubilité, et, contre leur usage, leurs gestes étaient rapides et multipliés. Arrivés en présence du champ de deuil, ils se turent, ralentirent leur marche et s'arrêtèrent ensuite dos à dos comme pour se recueillir ; puis, côte à côte et d'un pas grave, ils s'avancèrent vers une tombe de moyenne grandeur, au bord de laquelle ils s'agenouillèrent pour prier. Ils restèrent un quart d'heure au moins dans cette humble posture, et, après s'être regardés de nouveau, ils se levèrent et allèrent, l'un derrière l'autre, baiser avec respect la pierre tutélaire. Cela fait, ils se regardèrent une troisième fois, frappèrent du pied en cadence, agitèrent convulsivement à droite et à gauche, et de haut en bas, leur tête chauve, et reprirent le chemin de la ville. Je les saluai en passant auprès d'eux ; ils me rendirent froidement ma politesse, et semblèrent craindre que je n'eusse assisté à leur prière quotidienne.

Ce cimetière chinois, fort curieux et très-bien tenu, est situé sur une colline au sud de Koupang ; et, à vrai dire, ces tombeaux sont les seuls édifices remarquables de toute l'île.

Les Malais n'ont pas de cimetière ; les cadavres sont portés tantôt dans un champ de tabac, tantôt sur le haut de quelque monticule, et le plus souvent sur le bord d'un chemin. La place est marquée par un tas de petits cailloux que les pieds des passants ont bientôt dispersés.

Ils en usent envers les morts avec cet amour et cette tendresse qu'ils accordent aux vivants, et je ne crois pas qu'un seul de ces hommes qui m'entourent chaque jour, et passent et repassent à mes côtés, ait jamais senti son cœur bondir d'amitié ou de reconnaissance.

La nourriture des Malais consiste en riz, poissons salés, buffles, poules et quelques fruits ; ils n'ont point d'heure fixe pour leurs repas, et les femmes ne mangent jamais avec eux, car elles sont traitées en véritables esclaves.

Les femmes malaises sont grandes, admirablement taillées; leur démarche a quelque chose de noble, d'imposant et d'indépendant qui leur sied à ravir, et on lit dans leurs regards une fierté native dont on est soudainement frappé. Leur chevelure est de toute beauté, et rien n'égale les soins minutieux qu'elles lui donnent.

Le matin, que vous assistiez ou non à leur toilette, elles se jettent à l'eau à quelques pas de la ville, inondent leur tête de cendres fines, les laissant à demi enlever par le courant, puis avec un citron ouvert, en guise de pommade ou d'essence, elles donnent un lustre éclatant aux cheveux, et à l'aide d'un immense peigne de bois, à trois ou quatre dents au plus, d'une forme courbe et originale, elles achèvent ce que l'eau, la cendre et le citron ont commencé. Nulle statue antique de Rome et d'Athènes n'est harmonieusement coiffée comme la moins habile des femmes de Timor.

La détestable habitude que les hommes ont contractée de se fourrer sous la lèvre supérieure une énorme pincée de tabac assaisonné de chaux est encore plus en faveur chez les femmes, de sorte qu'à seize ou dix-huit ans elles n'ont plus de dents, ou les ont noires comme du charbon. Elles se prétendent plus belles ainsi, soit; mais en Europe nous avons d'autres goûts : l'ivoire est plus appréciée que l'ébène. Le malheur est d'autant plus grand, que celles qui n'emploient ni le bétel ni le tabac ont des dents d'une blancheur éclatante.

Les rois de ces pays se disent insolemment les descendants des dieux et gouvernent en véritables despotes. Ils ont droit de vie et de mort. Dans un moment d'humeur querelleuse ou sur un simple caprice, ils font trancher la tête à qui leur déplaît, et le plus souvent ils la tranchent eux-mêmes sans autre forme de procès, sans que personne ose y trouver à redire. C'est un jeu pourtant qui pourrait avoir un jour de graves conséquences, surtout si le vent civilisateur d'Europe arrive plus pur jusqu'en ces climats.

Il est cependant à remarquer que, parmi ces princes si farouches, si cruels, si sanguinaires, on en trouve parfois quelques-uns qui donnent des exemples de désintéressement et de dignité que l'on comprendrait à peine chez nous. Bao, par exemple, roi de Rottie, étant dans sa jeunesse d'un caractère violent et emporté, abdiqua volontairement la souveraineté en faveur de son frère, dans la crainte que de semblables penchants ne lui fissent commettre de grandes injustices. Mais voyez où le fanatisme et la stupidité peuvent entraîner la puissance :

Un jour que, dans un accès de violente colère, Bao venait de décapiter un de ses sujets, furieux et désespéré après l'exécution, il coupa à l'instant même la tête à deux de ses principaux et de ses plus chers officiers, « en expiation, dit-il, du crime atroce qu'il venait de commettre. » Bao, n'ayant pas été heureux dans le choix de son successeur, qui faisait trembler ses sujets sous son sceptre de fer, le gouverneur de Timor rétablit Bao, et depuis ce jour ce prince est parvenu à maîtriser les premiers penchants de son âme.

Appelé à Koupang pour fournir aux Hollandais son contingent de soldats dans la guerre qu'ils avaient à soutenir contre Louis, monarque révolté, il s'est vu forcé, pour cause de maladie, de confier le commandement de ses troupes à ses premiers officiers et d'attendre, inactif, le résultat de la lutte. On nous en avait fait de si pompeux éloges, que nous résolûmes de lui rendre nos hommages, espérant que nous recueillerions auprès de lui une foule de détails précieux sur les mœurs et les institutions des peuples soumis aux rajahs ses frères, comme on dit ici, ou aux rois ses cousins, comme on dirait en Europe.

Les visites aux princes se font ici sans cérémonie, sans introducteur, sans suisses, ni valets, ni maréchaux aux portes; on va chez eux comme chez un voisin; on cause, on se serre la main, on s'assied côte à côte et l'on se dit adieu. J'étais en veste de toile blanche et en chemise de matelot ; le roi Bao pouvait bien se mettre à l'aise, et je ne lui en voulus pas de son négligé tout-à-fait sans façon.

Evalé-Tetti, roi de Dao, était avec le roi de Rottie. Ce dernier avait pour sceptre une canne de jonc à pomme d'or. Il est âgé de cinquante ans ; il est grand, bien fait, et paraît jouir d'une vigoureuse santé. Ses traits respirent la bonté ; son œil est doux, sa bouche petite et riante. Il est vêtu d'une espèce de manteau dans le genre de nos rideaux d'indienne à grandes fleurs en couleur. Sa ceinture est un cahen-slimout absolument conforme à celui de ses sujets ; il avait les pieds et les jambes nus.

Le roi Evalé-Tetti est âgé d'une soixantaine d'années ; il est escorté de quelques guerriers et d'un de ses grands officiers qu'on nous a dit être son premier ministre ; ceux-ci ont l'air de deux sapajous et sont mis comme deux mendiants.

Le sceptre des rajahs est héréditaire : c'est le frère aîné qui succède au gouvernement.

Lorsque tous les frères sont morts ou qu'il n'en a pas existé, le fils aîné du premier rajah ou l'aîné des frères est l'héritier de la couronne. Les femmes n'ont aucun droit à la succession au trône.

Les rajahs ont sous leurs ordres des officiers nommés toumoukouns, seuls dignitaires qui séparent le souverain de son peuple. Le nombre de ces officiers est relatif à la puissance du rajah. Celui de l'île de Dao en a sept ; Bao, roi de Rottie, en a dix-huit.

Parmi les peuples appelés à défendre les Hollandais dans la guerre qu'ils ont à soutenir, on remarque les guerriers de Savu et de Solor, qui presque tous servent volontairement. Ceux de Solor surtout donnent dans les combats des exemples d'une cruauté repoussante. On assure que, dès qu'ils ont fait tomber un ennemi, ils se jettent sur lui et l'achèvent avec leurs dents. En général leurs combats sont très-meurtriers, et il suffit d'une bataille pour décider de l'issue de la campagne.

L'île est aujourd'hui un vaste théâtre de rapines, de meurtres et de cruautés. Le gouverneur hollandais Hazaart, ancien officier de marine, s'est, à la tête de dix mille hommes, campé dans l'intérieur pour s'opposer à la levée de boucliers du rajah Louis, dont on dit tant de merveilles.

Louis est chrétien, fils de Tobony, roi d'Amanoébang, pays situé à cinq jours de marche à l'est de Koupang, au milieu des possessions hollandaises. Il fut élevé dans la religion catholique, et las enfin des tributs onéreux que lui imposaient les Hollandais, il résolut de se déclarer libre et indépendant. Voilà dix ans qu'il parcourt Timor à la tête de sa redoutable armée, assujétissant les rois ses voisins, qui viennent tous à l'envi implorer le secours du résident.

Chef d'une poignée de soldats dévoués à ses intérêts, Louis d'Amanoébang paraît ne pas redouter les efforts de tant d'ennemis coalisés. Déjà il a su les forcer une fois à lui proposer une paix glorieuse, pendant laquelle sa protection et ses encouragements ont appelé dans ses Etats un grand nombre de personnes distinguées et d'ouvriers habiles qui, avec le goût des arts, y ont fait naître le commerce et l'industrie.

Déjà encore ses armes victorieuses l'ont conduit, il y a sept années, aux portes de Koupang, où il répandit la terreur après avoir brûlé quelques édifices et la maison même du gouverneur. Aujourd'hui qu'on a voulu lui imposer un joug honteux, il s'est déclaré indépendant, et, à la tête d'une armée de six mille hommes, dont les deux tiers sont armés de fusils et montés sur des chevaux, il ose se flatter d'un succès qui peut affranchir cette colonie d'un pouvoir despotique et détrôner quatorze souverains.

Les armes de ses soldats sont des fusils, des massues, des sagaies, des crics, une audace étonnante et le génie de leur chef.

Louis est adroit; il a déjà tenté heureusement de semer la désunion dans l'armée ennemie. Louis est affranchi de préjugés; il combattrait à l'ombre si les flèches de ses adversaires obscurcissaient le soleil. Louis est encouragé par ses premiers triomphes ; il a déjà forcé les Hollandais à bâtir un fort à Dao, qu'il a jadis saccagé. Louis est prudent ; il a fait construire dans ses Etats des fortifications qui étonneront les Hollandais, et plus encore leurs alliés. Louis, en un mot, combat pour l'indépendance ; quatorze rajahs combattent pour l'esclavage. Les soldats de Louis mourront auprès de leur chef : il est à craindre que les insulaires réunis sous le pavillon européen ne l'abandonnent avant de combattre ou après le premier échec. Les guerriers de Louis lui sont attachés par la reconnaissance ; la crainte seule a rallié les autres insulaires sous la domination hollandaise.

Les Anglais ont fait deux expéditions contre le roi Louis, la première en 1815 et la deuxième en 1816, sans pouvoir le vaincre. Il est grand, vif, impétueux, son courage étonnant, mais réfléchi ; ses projets sont hardis, mais non impossibles ; il récompense dignement le mérite et il punit cruellement toute désobéissance. Il ne manque peut-être à la gloire de cet homme extraordinaire qu'un historien qui dise ses exploits.

Rival redoutable, révéré des Timoriens, l'empereur Pierre, mort aujourd'hui à toute idée d'ambition, ne s'est point agité au choc des cris qui retentissent autour de ses domaines ; et sur son lit de douleur, il attend paisiblement sa dernière heure.

C'était un nouveau monarque à visiter. Nous nous décidâmes promptement et nous nous mîmes gaiement en route.

La route, après avoir dépassé Koupang, est un sentier délicieux ombragé par une riche végétation, et bordé d'un côté par le lit d'un torrent qu'on passe souvent à gué. Après une heure de marche, peu à peu on s'élève et l'on gravit une petite colline au sommet de laquelle est le tombeau de Taybeno, ancien rajah de cette partie de l'île. Un arbre mort le dominait, et sur deux branches de cet arbre sont deux crânes de Malais, encore revêtus de leur belle chevelure. A la bonne heure, de pareils hommages rendus aux morts ! Nous demandâmes à deux naturels qui nous accompagnaient depuis quelques instants la permission de les détacher de l'arbre : *Pamali,* nous répondirent-ils d'un air effrayé, et nous poursuivîmes notre route après avoir dessiné le tombeau, qui n'offre rien de remarquable.

Cependant nous arrivâmes bientôt sur le territoire de l'empereur. Des troupeaux de buffles, une végétation vigoureuse et quelques terres labourées nous donnèrent d'abord du souverain une idée avantageuse qui s'accrut encore lorsque nous arrivâmes auprès de sa demeure. Nous y fûmes introduits.

Son palais est une case en vacoi, goëmon, arêtes de palmistes, le tout lié fortement et recouvert de feuilles de latanier à plusieurs couches. Il se compose d'une seule pièce noire, profonde, ne recevant le jour que de la porte, qui est basse et très-étroite. Là, point de meubles, si ce n'est un coffre chinois orné de riches incrustations, dans lequel sont probablement enfermés les trésors du monarque; plus un vaste fauteuil en bois d'ébène, bien travaillé, que je soupçonnai de fabrique japonaise. Çà et là, à terre, des nattes tressées aux Philippines et plusieurs vases grossiers pour la boisson et la nourriture. Une douzaine de fusils, une vingtaine de crics et un grand nombre de piques et de sagaies tapissaient les murailles.

L'empereur était assis dans son fauteuil à bras. A notre arrivée, il se leva à demi, nous tendit la main et nous présenta des nattes sur lesquelles nous nous accroupîmes. A ses côtés étaient deux de ses principaux officiers, debout, à l'air farouche, au regard menaçant, le fusil d'une main, le cric de l'autre, drapés avec leur pittoresque cahen-slimout, et prêts sans doute à enlever nos têtes sur un signe du chef. Mais celui-ci était trop courtois et trop bienveillant pour en user avec cette familiarité. Un petit enfant de sept à huit ans, absolument nu et taillé en athlète, s'appuyait sur l'empereur : c'était son fils, à qui je m'empressai d'offrir un étui, des aiguilles, un paquet d'épingles, des ciseaux et un miroir. Il reçut mes cadeaux avec une grande joie et me permit de l'embrasser ; puis, le priant de rester immobile, je fis son portrait ainsi que celui du monarque, et je leur en donnai une copie, que l'un des deux Malais porta avec soin sur le coffre chinois. En échange je reçus deux sagaies et un cric magnifique, encore tout paré des touffes de cheveux des ennemis vaincus.

Pierre portait sur sa figure décharnée les caractères de la décrépitude la plus avancée ; on l'aurait cru centenaire, quoiqu'il n'eût que soixante ans au plus ; mais ici la nature est si active, si puissante, qu'elle pousse bien vite les hommes dans la tombe. Pierre tenait dans la main sa canne à pomme d'or ; il était coiffé d'un bonnet de coton blanc, vêtu d'une robe de chambre à grands ramages, et sur ses flancs osseux flottait un cahen-slimout plus fin et plus beau que ceux que j'avais tant admirés à Koupang.

Notre visite fut courte : nous serrâmes affectueusement la main au patriarche de l'île, nous revîmes en passant ces belliqueux soldats dont l'allure guerrière est si imposante, et nous arrivâmes à Koupang, escortés par un violent orage auquel les solitudes que nous parcourions donnaient un caractère de lugubre majesté. La voix de la foudre dans le désert est à la fois chose terrible et solennelle : vous croiriez que c'est pour vous seul que jaillit l'éclair et que retentit la menace.

L'aspect général de Timor, dominant en souveraine ce groupe nombreux de petites îles qui l'entourent comme d'humbles tributaires, attriste et impose à la fois. Ce sont sur la plage de vastes réseaux de lataniers, de vacois, de cocotiers aux couronnes si élégantes et si flexibles ; puis vient le rima ou arbre à pain, puis encore le pandanus, qui de chaque branche laisse tomber des jets nouveaux auxquels la terre donne de nouvelles racines, le pandanus qui à lui seul forme une forêt, et l'ébénier au sombre feuillage, et l'odorant sandal, dont les ciseaux et les burins chinois font de si admirables colifichets, et tous ces géants tropicaux se pressant sur ce sol vivace, auquel les volcans intérieurs ne peuvent arracher ni sa vigueur ni sa sève ; et au sein de tant de richesses surgissent, comme des menaces de mort, d'immenses blocs de lave diversement colorée selon la nature des éruptions volcaniques : c'est la destruction à côté de la force, c'est la jeunesse à côté de la caducité, c'est la vie et le néant côte à côte, en lutte perpétuelle, sans être vaincus ni l'un ni l'autre, ou plutôt vainqueurs et vaincus tour à tour. Timor est sans contredit un des lieux de la terre où la botanique, la minéralogie, la zoologie, recueilleraient le plus de richesses.

Les Hollandais conquirent Koupang sur les Portugais, qui s'y étaient établis en 1688; les Anglais l'occupèrent par capitulation en 1797. Les rajahs se liguèrent de nouveau, les forcèrent à la retraite et dévorèrent ceux qui n'eurent pas le temps de s'embarquer. En 1810, les Anglais s'en emparèrent encore avec une frégate; mais, enhardis par le souvenir de leurs premiers succès, les naturels les obligèrent une seconde fois à se retirer, après avoir mis à leur tête le premier gouverneur de Koupang, qui dès lors avait le titre de résident. Après la prise de Java en 1811, les Anglais s'emparèrent pour la troisième fois de cette ville, qu'ils rendirent aux Hollandais en 1816, par suite de la paix générale de 1814.

XIII

OMBAY.

Anthropophages. — Escamoteur. — Drame.

Y a-t-il encore des anthropophages? c'est une question qu'on se fait tous les jours en Europe, et qui est diversement résolue. Les uns disent que la civilisation, en pénétrant dans les lointains archipels où l'anthropophagie était dans les mœurs, a détruit cet usage barbare, tandis que d'autres, allant plus loin, ne craignent pas d'avancer qu'il n'y a jamais eu de véritables anthropophages, c'est-à-dire des mangeurs d'hommes, sans y être contraints par la faim ou l'ardeur de la vengeance.

Je craignais d'achever mon grand voyage sans documents précis à ce sujet, et maintenant, grâce à ma bonne étoile, je puis hautement répondre : *Oui, il y a encore des anthropophages!*

L'anthropophagie, après la chaleur d'une bataille, alors que l'homme est violemment agité par la soif de la vengeance, existe toujours dans une partie des îles de l'océan Indien, ou de la mer Pacifique. Elle se révèle souvent dans de terribles catastrophes, à Timor, à Waiggiou, aux Sandwich, à la Nouvelle-Hollande, et surtout à la Nouvelle-Zélande, tant visitée par les navires, à deux pas du Port-Jackson, cité florissante et tout-à-fait européenne. Mais l'anthropophagie sans colères, sans fureurs frénétiques, sans haines, l'anthropophagie dans les mœurs, peut-être même dans la religion, je vous assure qu'elle existe au moins à Ombay, et je m'estime fort heureux qu'un autre à ma place ne vienne pas vous le certifier aujourd'hui en me citant au nombre des victimes qu'elle aurait faites. Qu'est-ce qui a donc sauvé quelques-uns de mes amis et moi des plus grands périls qu'un homme ait jamais courus ? c'est notre gaieté. Un seul geste menaçant de notre part, un seul cri, un seul mouvement d'impatience, un seul regard d'inquiétude, et nous étions massacrés, et nous étions dévorés.

Ombay est une île grande et montagneuse, âpre, volcanique, pelée, excepté dans les ravins où les eaux, tombant des hauteurs, apportent un peu de fraîcheur et de vie. Les côtes de Timor, que nous avions longées avant d'arriver au détroit qui les sépare, se dessinent à l'œil sous les formes les plus bizarres et les plus sauvages. Dans l'éloignement et à travers un réseau de nuages fantastiques, se montrent les sommets aigus de Lifao. Koussy, Goula-Batou, disparurent, et nous louvoyâmes enfin, drossés par les courants, en face de Batouguédé, sol si singulièrement taillé qu'on dirait un amas immense de noirs et gigantesques pains de sucre échelonnés jusqu'à une hauteur de plus de douze cents mètres. Tous ces cônes réguliers et rapides sont à coup sûr d'anciens cratères de volcans : les **laves profondes** ont envahi le rivage.

Mais un soleil vertical nous brûlait de ses rayons les plus ardents ; nos matelots épuisés tombaient frappés à mort sous les coups d'une dyssenterie horrible, et l'eau douce manquait, car depuis vingt-quatre jours nous avions quitté Koupang ; et c'était là, selon toutes nos prévisions, le plus long terme que nous avions assigné à notre traversée jusqu'à Waiggiou. Le matin, une légère brise nous poussait insensiblement ; le calme de la nuit nous laissait dans un repos parfait ; et le lendemain, grâce aux courants, nous nous retrouvions en face des mornes silencieux que nous avions cru fuir pour toujours.

Oh ! c'est une vie bien triste que celle des hommes de mer, dont le courage et la persévérance échouent devant les puissants obstacles que les vents et les calmes leur opposent obstinément, et mille fois déjà, depuis notre départ, nous avions appelé de nos vœux les plus fervents les jours tumultueux des ouragans et des tempêtes.

Cependant l'équipage avait soif. Mais là, à droite, Timor avec ses laves et ses galets roulés ; ici, à gauche, Ombay et ses naturels anthropophages ; nous le savions, et toutefois il fallait tenter une descente, car les besoins de tous voulaient que quelques-uns se dévouassent seuls avec courage.

Le commandant ordonna une expédition ; le grand canot fut mis à la mer ; dix matelots l'armèrent sous les ordres de Bérard. Gaudichaud, Gaimard et moi nous demandâmes et obtînmes la permission d'accompagner notre ami. Toutes les mesures prises pour les signaux d'usage en cas de péril imminent, nous débordâmes et mîmes le cap sur un village bâti aux flancs d'une montagne déchirée par de profondes rigoles.

Cependant nous approchions du rivage et notre cœur battait de désir et de crainte à la fois. Nous jugions du danger que nous allions courir par l'impassibilité peu flatteuse des naturels accroupis au pied d'un gigantesque multipliant ; et, toutefois, sans nous décourager, nous cherchâmes de l'œil un mouillage et un débarcadère commodes, mais en nous invitant mutuellement à la prudence.

Les matelots attentifs nageaient avec moins de vigueur, et nous faisaient remarquer la grande quantité d'armes dont chaque insulaire était pour ainsi dire bardé.

— L'affaire sera chaude, disait Petit en mâchant sa pincée de tabac; vous verrez que nous serons tous *cuits*, et que lorsque nous l'écrirons à nos pères et mères, nous ne serons pas *crus*.

— Tais-toi, poltron, et reste à bord du grand canot, puisque tu as peur.

— C'est ça, pour que la sauce ne manque pas au poisson. Tenez, voilà un de ces gredins qui dérape d'auprès de ses camarades; je parie que c'est le plus goulu de la bande, et qu'il va me prendre pour un vrai rouget. Cré coquin! s'il venait à bord, quelle danse!

— Allons, allons, paix! et veillons bien. Deux hommes resteront dans le canot, prêts à donner un signal à la corvette; les autres porteront les barils à terre, et nous, nous occuperons les naturels. Ils semblent délibérer; ne leur donnons pas le temps de conclure, et allons franchement à eux.

— Oui, mais sans arrogance, nous dit Anderson, qui avait longtemps navigué dans l'archipel des Moluques; laissons-leur l'idée de leur force, cela pourra les engager à la générosité. Je connais les Malais; si vous voulez leur persuader que vous ne les craignez pas, ils vous poignardent, ne fût-ce que pour vous prouver que vous avez tort.

— Il serait donc sage de montrer qu'on a peur?

— Peut-être.

— Moi, répliqua le facétieux Petit, je voudrais leur montrer... autre chose... les talons.

— Au large! dit Bérard lorsque nous fûmes à quelques brasses, et mouille! Le grappin à fond, nous descendons ayant de l'eau jusqu'à la ceinture, et nous arrivons à terre.

Comme en présence des sauvages de la presqu'île Péron, je

voulus d'abord essayer la puissance de ma flûte. Hélas! comme là-bas, mes doubles croches eurent tort, et peu s'en fallut que je ne fusse sifflé par le premier Ombayen accouru auprès de nous et par deux autres de ses camarades qui l'avaient rejoint. Tous trois nous invitèrent à hisser le canot sur la plage ; mais nous feignîmes de ne pas les comprendre, et nous nous avançâmes, armés jusqu'aux dents, vers le groupe nombreux composé d'au moins soixante insulaires, demeurés immobiles auprès de l'arbre.

En route, j'essayai mes castagnettes ; les trois Ombayens s'approchèrent de moi avec empressement, examinèrent l'instrument d'un œil curieux et me le demandèrent, comme pour payer ma bienvenue. C'eût été commencer trop tôt nos générosités, et je refusai malgré les instantes prières qui m'étaient adressées et qui ressemblaient parfaitement à des menaces. Mes trois mécontents firent entendre des grognements sourds, agitèrent leurs bras avec violence, poussèrent un grand cri, firent retentir l'air d'un sifflement aigu, et jetèrent un farouche regard sur les flèches nombreuses dont leur ceinture était garnie. Au sifflet des naturels répondit un sifflet pareil, parti du groupe principal, et Petit nous dit en ricanant :

— C'est la musique du bal qui se prépare ; la contredanse sera courte. C'est égal, n'y allons pas de main morte, Messieurs, et tapons dur.

A peine avait-il achevé sa phrase qu'un des trois Ombayens s'approcha de moi en articulant quelques sons rapides et saccadés, et, comme pour engager le combat, me porta sur le derrière de la tête un violent coup de poing qui fit tomber mon chapeau. J'allais faire sauter la cervelle à l'insolent agresseur ; je m'armais déjà de mes pistolets, lorsque Anderson, témoin de la scène, me cria de loin :

— Si vous tirez, nous sommes morts!

Je compris, en effet, l'imminence du péril ; et, sans écouter les prières ardentes de Petit, qui me pressait de riposter, je résolus de me montrer prudent jusqu'au bout en feignant de ne pas avoir compris la brutalité de l'attaque dont j'avais été l'objet. Aussi, m'approchant du chapeau qui était encore à terre, je le retournai avec le pied, le lançai en l'air et le fis retomber sur ma tête, ce que j'exécute, soit dit sans vanité, avec une adresse au moins égale à celle du jongleur le plus habile. A ce mouvement, mon adversaire, qui allait renouveler son agression, s'arrêta tout court, parla à ses camarades, et tous trois me prièrent de recommencer.

— Ne vous faites pas tirer l'oreille, me cria Anderson, recommencez vite, et tâchez de les amuser ; nos matelots font de l'eau ; retenons ici les insulaires.

— A la bonne heure! dis-je; j'aime mieux escamoter que combattre.

Je replaçai donc le chapeau une seconde fois sur le gazon, je l'enlevai comme je l'avais déjà fait, et pour la seconde fois aussi il tomba sur ma tête. J'obtins les bravos des insulaires, qui me prirent par le bras et me conduisirent sous l'ombrage du multipliant avec les témoignages les moins équivoques de leur gaieté et de leur étonnement.

— Nous sommes sauvés, poursuivit Anderson, si le rajah s'amuse; sinon, nous ne retournerons plus à la corvette. Vous n'ignorez pas que je comprends quelque peu le malais ; notre perte est jurée ; ce vieillard vient de donner à ce sujet des ordres précis aux guerriers qui l'entourent.

— Eh bien! dis-je, amusons-les, ou du moins essayons; il vaut mieux encore mourir en riant que de mourir la rage au cœur. Vite, ma petite table, mes boules, mes anneaux, mes couteaux, mes boîtes, et soyons escamoteur (dans mes courses périlleuses, ces instruments sauveurs ne me quittaient jamais). Place maintenant !

Petit, paillasse improvisé, traça un grand cercle, fit comprendre aux sauvages que j'étais un dieu ou un démon à volonté, les traita de butors, de ganaches, s'agenouilla auprès de moi pour me servir de compère au besoin, et s'écria de sa voix rauque :

— Prrrenez vos places, Messieurs et Mesdames! il n'en coûte rien aux premières; mais aux secondes, c'est gratis!

C'est à coup sûr la première fois qu'on a osé, en présence d'une mort atroce et sans miséricorde, essayer de pareilles jongleries; et cependant cela seul pouvait nous sauver, cela seul était notre défense. Nous étions six, que pouvions-nous contre une soixantaine d'hommes farouches et cruels, sans compter ceux qui, sans doute, étaient cachés derrière les haies et les rochers voisins?

Tous les yeux étaient tournés vers moi avec une curiosité stupide; tous suivaient les mouvements de mes mains et le passage rapide des boules et des anneaux, le cou tendu, la bouche béante, poussant des exclamations de surprise qui, à la rigueur, auraient dû m'épouvanter, car j'avais à craindre que, trop émerveillés de ma dextérité, ils ne voulussent à toute force me garder auprès d'eux, au départ de mes amis. Mais je ne me laissai pas aller à ces terreurs passagères et je continuai bravement mes curieux exercices. Les pauvres insulaires tombaient dans de véritables convulsions, et le paillasse Petit cherchait à les imiter de la façon la plus amusante et la plus grotesque. Pendant ces jeux, Gaudichaud herborisait aux alentours, Gaimard enrichissait son vocabulaire, Bérard donnait des ordres aux matelots, et les barils étaient roulés au canot.

Aussi tout allait bien jusque-là, mais nous n'étions pas pleinement satisfaits. Le premier pas une fois franchi, nous voulûmes pousser à bout nos imprudentes et curieuses investigations, et nous demandâmes la route du village que nous avions aperçu de la corvette. A cette question on nous répondit:

— Pamali (c'est sacré).
— Rajah?
— Pamali.
— Porampouam (des femmes)?
— Pamali.

— Il paraît que tout s'appelle *pamali*, dans ce pays de loups, disait Petit en riant jusqu'aux oreilles; c'est comme le goldam des Anglais; ils ne savent pas dire autre chose. Parole d'honneur, on devrait les conserver dans un bocal, comme des objets *pamalis*...

Toutefois, ayant remarqué que les hommages les plus empressés des insulaires s'adressaient toujours au vieillard dont j'ai parlé, je répétai ma question, je demandai une seconde fois si ce n'était pas là le rajah, et seulement alors on me répondit que oui.

Aussitôt, bien convaincu que je ne le trouverais pas inaccessible à la tentation, je lui montrai plusieurs bagatelles et curiosités européennes, qu'il me demanda en effet. Je feignis d'abord d'y attacher un grand prix, mais je lui fis comprendre enfin que je n'avais rien à refuser à la haute protection qu'il m'accordait. Je m'accroupis donc à ses côtés; je suspendis à ses oreilles deux pendants de cuivre; je plaçai à son cou un grand collier en cailloux du Rhin; j'entourai ses poignets de deux bracelets assez proprement façonnés, et, cela fait, je lui demandai la permission de l'embrasser en frère, ce à quoi il consentit en se faisant un peu prier. Face à face, il appuya fortement ses deux lourdes mains sur mes épaules; j'en fis autant de mon côté; puis, avec un sérieux toujours prêt à m'échapper, malgré le péril de notre position, j'approchai mon nez du sien avec assez de violence. Nous reniflâmes tous deux en même temps et nous trouvâmes liés d'une si parfaite amitié, que peu s'en fallut, je crois, qu'il n'ordonnât à l'instant même mon supplice, autant que je pus en juger d'après ses rapides paroles et ses regards courroucés.

Mais là ne s'arrêtèrent pas les effets de ma générosité forcée. Le petit sac contenant mes trésors, évalués à huit ou dix francs, était un objet de convoitise pour les autres insulaires, qui tendaient tous la main et aspiraient aussi à l'honneur de renifler contre mon nez. Leurs importunités devinrent si menaçantes, qu'il n'y eut plus moyen de refuser.

D'abord, au plus grand, car on n'est considéré ici qu'en raison de la haute stature, je donnai une paire de ciseaux; à un autre, des mouchoirs; à un troisième, un miroir et des clous; à un quatrième, des hameçons... Le sac fut bientôt vide, et cependant les quêteurs insistaient encore; j'étais ballotté de l'un à l'autre; on me faisait tourner comme une toupie. Les gestes devenaient violents; mes vêtements en lambeaux commençaient à leur appartenir, et, ma foi, j'allais peut-être user de mes armes, quand le rajah s'approcha, traça du bout de son arc un grand cercle autour de moi et prononça d'une voix forte le mot sacramentel :

— Pamali !

Au même instant, les naturels bondirent comme frappés par une commotion électrique, et je me trouvai seul dans le lieu saint. Il était temps, car je respirais à peine, et mes camarades se disposaient à une attaque générale.

Après une courte mercuriale du rajah, les Ombayens parurent se calmer, et, malgré leur volonté bien arrêtée, nous résolûmes d'aller visiter le village appelé Bitoka. Là était l'imprudence, puisque tous les barils, pleins d'une eau excellente, se trouvaient arrimés déjà dans le grand canot, et que des amorces parties du navire nous invitaient à la retraite.

Mais, dans ces périlleuses excursions, la curiosité est si vivement excitée par tout ce que vous voyez, que c'est surtout ce que l'on vous cache que vous tenez le plus à savoir.

Anderson eut beau nous inviter à la retraite, ses paroles n'eurent pas plus de puissance que les menaces des Ombayens, et nous nous mîmes à gravir la montagne par un sentier difficile et rocailleux, en dépit des naturels qui, évidemment pour nous égarer, nous en montraient un autre plus large et plus uni. Marchant côte à côte, et toujours en alerte, nous vîmes bientôt sur nos têtes les cases de Bitoka, bâties sur pilotis, élevées de trois à quatre pieds au-dessus du sol, bien construites, séparées les unes des autres, et au nombre d'une quarantaine.

Plusieurs insulaires nous avaient suivis et précédés au village; là surtout leurs demandes devinrent importunes et pressantes;

là surtout les menaces retentirent avec éclat, en dépit de mes jongleries qui les étonnaient toujours, mais ne les calmaient plus; et tandis que nous disposions en leur faveur de nos petits trésors, ils nous donnaient parfois en échange des arcs et des flèches.

Gaimard, qui avait pour habitude de se faufiler dans les plus petits recoins, vint nous dire qu'il avait vu, suspendues aux murs d'une case voisine, sans doute de Rouma-Pamali de Bitoka, une quinzaine de mâchoires sanglantes. En effet, je m'y rendis à l'instant même, comme pour regagner le rivage, et je ne pus faire qu'une courte halte devant ces hideux trophées, sur lesquels nous n'osions interroger personne.

Au milieu de l'agitation que causait une pareille découverte, une fusée, partie du bord afin de nous rappeler, éclata dans l'air. A ce signal, qu'ils regardèrent comme un prélude de guerre, les Ombayens se divisèrent en plusieurs groupes, s'interrogèrent et se répondirent à l'aide de sifflets aigus et perçants, s'échelonnèrent sur la route que nous avions à parcourir, s'armèrent de leurs arcs, garnirent leurs larges poitrines d'un grand nombre de flèches acérées, que la plupart d'entre eux trempaient dans un tube de bambou rempli d'une eau jaunâtre et gluante, et semblèrent attendre un dernier signal de leur rajah pour nous massacrer. Ici commença le drame.

— Nous voilà donc flambés! dit Petit, qui voulait déjà dégainer; faut-il couper des flûtes ou des têtes?

— Il faut te taire et nous suivre, lui dis-je.

— C'est égal, je m'abonnerais volontiers à deux flèches dans les... hanches.

— Et moi aussi.

— Et moi aussi...

Mais il n'était pas probable que nous en fussions quittes à si bon compte; et nous pensions involontairement aux mâchoires suspendues dans le Rouma-Pamali.

Cependant nous faisions toujours bonne contenance, et je

poussais même l'attention jusqu'à montrer aux insulaires qui m'entouraient les secrets d'une partie de mes tours, afin de les distraire de leur férocité. Je leur avais déjà donné, ainsi que mes camarades l'avaient fait, une veste, une chemise de matelot, une cravate, un mouchoir, un gilet; et, à très-peu de chose près, j'étais vêtu comme eux. La rapine étant le premier besoin de ces peuples farouches, nous pensions que, dès qu'ils n'auraient plus rien à nous demander, ils se montreraient moins cruels. Mais ce n'était pas assez pour eux : il leur fallut des promesses, et, en effet, je leur fis entendre que le lendemain, au lever du soleil, nous reviendrions leur apporter de nouveaux et de plus précieux présents... Ils nous attendent toujours.

Toutefois, comme nous craignions encore qu'ils ne nous demandassent des otages en garantie de notre parole, je dis à Bérard qu'il serait peut-être sage de les épouvanter à l'aide de nos armes à feu.

— Essayons toujours, me répondit-il; ce moyen peut se tenter. Peut-être ignorent-ils la puissance de la poudre et des fusils.

Un perroquet poussait son cri perçant dans les larges feuilles d'un rima.

— *Bourou* (oiseau), dis-je au plus plus irrité des Malais en le lui montrant du doigt, *bourou-mati* (tué).

Bérard, dont le coup d'œil était presque infaillible, visa; le coup partit, l'oiseau tomba. Nous regardâmes, triomphants, les insulaires attentifs; pas un n'avait bougé, pas un ne semblait étonné le moins du monde; mais celui à qui j'avais d'abord adressé la parole, me prenant rudement par le bras, me montra une perruche qui venait de se poser dans les branches flexibles d'un cocotier.

— *Bourou*, me dit-il à son tour, *bourou-mati*.

Il posa la flèche sur la corde de son arc, poussa un cri, fit entendre un brrr éclatant qui effraya l'oiseau; celui-ci prit la volée, la flèche siffla, et la perruche tomba de branche en branche sur le sol. Aussitôt, sans nous donner le temps de la réflexion, en nous faisant bien comprendre que, pendant que nous chargions nos fusils, il pouvait, lui, atteindre trente victimes, le même insulaire nous montra un petit arbre dont le tronc n'était pas plus gros que le bras et à plus de cinquante pas de distance, sans presque viser :

— *Miri, miri* (regardez), nous dit-il, et la flèche partit, pénétra profondément dans l'arbre, et nous ne pûmes l'en arracher sans y laisser l'os dentelé dont elle était armée.

— C'en est fait, dit tout bas Anderson, nous sommes perdus !

— Pas encore, répliquai-je ; je vais leur donner mes boîtes à double fond ; escamotons leur fureur comme nous avons escamoté les muscades. Vous, mes amis, donnez tous vos vêtements. Ainsi fut fait.

Mais nous approchions du rivage, et quoique la nuit commençât à tomber du haut des arbres, je m'arrêtai encore pour dessiner un trophée d'armes admirables suspendu aux branches d'un petit pandanus. Plus complaisant que je ne l'aurais imaginé, un Ombayen s'en revêtit et se posa audacieusement devant moi en modèle d'atelier.

Ici nouveau frottement de nez en remercîment de sa courtoisie ; mais lui, enchanté de se voir reproduire sur le papier, voulut me donner un spectacle plus curieux et plus dramatique. Il s'adressa à un des siens, qui s'arma de son redoutable cric, et les voilà tous deux se menaçant du regard et de la voix, se courbant, se redressant, bondissant comme des panthères affamées, se cachant derrière un tronc d'arbre, se montrant plus terribles, plus acharnés : puis faisant tournoyer leurs glaives, se couvrant de leurs boucliers de buffle, ils s'attaquèrent de près avec des hurlements frénétiques, vomissant une écume blanche au milieu des plus énergiques imprécations, et ne s'arrêtèrent que lorsque l'un des deux athlètes eut mordu la poussière. Cette scène terrible dura plus d'un quart d'heure, pendant lequel nous respirions à peine.

Oh! jamais plus chaud et plus effrayant épisode n'arrêta voyageur dans ses imprudentes excursions! Ce n'était pas un jeu, un spectacle frivole offert à notre curiosité : c'était un drame complet, avec ses craintes, ses douleurs, ses angoisses et son délire ; c'était un combat à outrance, comme en veulent deux adversaires à qui il importe fort peu de vivre pourvu qu'ils tuent. Une sueur ardente ruisselait sur les flancs des deux jouteurs, leurs lèvres tremblaient, leurs narines étaient ouvertes, et leurs prunelles fauves lançaient des éclairs. Dans la chaleur de l'action, l'un des deux avait reçu à la cuisse une assez forte entaille d'où le sang s'échappait en abondance, et l'intrépide Ombayen n'avait pas seulement l'air de s'en apercevoir. De pareils hommes ne doivent pas connaître la douleur.

J'ai dit à peu près la scène ; mais ces cris farouches au milieu de la lutte, cette joie de tigre au moment du triomphe, que chacun des deux combattants exprimait tour à tour; ces yeux fauves, ces mouvements rapides du glaive acéré qui feint de trancher une tête, et cette avidité du vainqueur à boire le sang dans le crâne, à mâcher les membres du mort, exprimés par une pantomime infernale, quelle plume pourra jamais les rendre? quel pinceau pourra jamais en rappeler le hideux caractère? C'est là un de ces lugubres épisodes sur lesquels passent les années sans en affaiblir le moindre détail ; et jusqu'à présent nous seuls avons pu donner des documents exacts et précis sur ce peuple ombayen, contre lequel la civilisation devrait armer quelques vaisseaux, afin d'en effacer tout vestige. On ne voit jamais bien lorsqu'on ne voit qu'avec les yeux, et tant de choses échappent à celui qui est sans émotion en présence des tableaux sombres ou riants qui se déroulent devant lui. Pour bien voir, il faut sentir.

Petit, placé à mon côté, ne riait plus, ne mâchait plus son tabac ; mais il lançait toujours ses quolibets, et, stupéfait, il me dit à voix basse :

— Quels gabiers que ces gaillards! Vial, Lévêque et Barthe

plieraient bagage devant eux. Où diable ont-ils donc appris à se taper et à faire le moulinot? Ce doivent êtres les bâtonnistes de l'endroit. Je parie que d'un seul coup de leur briquet ils couperaient un homme en quatre... Vous avez été bien inspiré de leur faire des tours d'escamotage ; sans ça, nous étions frits comme des goujons.

Quant aux insulaires, ils se sentaient fiers de notre surprise, ou plutôt de nos terreurs, et, en ce moment, je crois qu'ils auraient eu vraiment trop beau jeu à nous chercher noise, ce qu'ils se proposèrent pour le lendemain.

Le sol sur lequel s'exécuta ce terrible combat était bordé de fosses assez profondes et de plusieurs monticules recouverts de galets symétriquement posés et protégés encore par une double couche de feuilles de palmier. C'était le cimetière de Bitoka, et j'avais remarqué que les naturels s'étaient souvent détournés pour ne pas fouler aux pieds cette demeure des morts ; nous avions suivi leur exemple, et ils s'étaient montrés sensibles à cet hommage de pieuse vénération. Que de contrastes dans le cœur humain !

Jamais hommes ne furent mieux taillés pour les guerres, même parmi les nations féroces qui ne vivent que de rapine et de meurtre : car ils ont l'agilité de la panthère, la souplesse du reptile, l'astuce de l'hyène et un courage à l'épreuve des tortures. Les Ombayens sont de la race des Malais, mais on dirait une race pure et privilégiée, une nature primitive, une émigration d'hommes puissants et forts qui doivent peut-être aussi cette supériorité si tranchée au caractère du sol abrupt où ils sont venus s'établir en maîtres.

Ils ont le front développé, les yeux vifs, pénétrants ; le nez un peu aplati, quoique plusieurs l'aient aquilin ; le teint ocre rouge, les lèvres grosses, la bouche grande, accentuée, et chez aucun je n'ai trouvé la détestable habitude du bétel et de la chaux, si fort en usage chez leurs voisins. Leur abdomen a le volume voulu, sans être prononcé comme celui de presque tous les insulaires de ces contrées, et la vigueur de leurs bras se dessine par des muscles en saillie admirablement articulés.

Tous les naturels d'Ombay, même les enfants de cinq à six ans, étaient armés d'arcs et de flèches; la plus grande partie portaient le terrible cric, dont la poignée et le fourreau étaient parés de touffes de cheveux. Les arcs sont en bambou; la corde est un intestin de quadrupède. Nous avions peine à tendre à moitié ces arcs, dont les bambins de huit ans se servaient avec une extrême facilité; et ce n'est pas chez les plus jeunes individus du village que nous trouvâmes moins d'hostilité : c'était à qui d'entre eux se montrerait plus imprudent dans ses demandes et plus irrité de nos refus. Il n'y a pas encore à espérer que la race des Ombayens s'améliore.

Les flèches sont en roseau de la grosseur de l'index, sans pennes, armées d'os ou de fer dentelé; l'œil ne peut pas les suivre jusqu'au bout de leur course, et un cuir de deux pouces d'épaisseur ne serait pas une assez solide cuirasse contre leur atteinte. Le bouclier sous lequel le guerrier ombayen se met à l'abri des coups de ses adversaires est taillé comme les plus gracieux boucliers grecs et romains, et se passe au bras gauche de la même manière; il était orné de débris de chevelures, de coquillages éclatants appelés *porcelaine*, de feuilles sèches de palmistes, et de petits grelots dont le tintement anime peut-être les combattants. La cuirasse est un plastron également en peau de buffle, qui part des clavicules et descend jusqu'au bas-ventre; une large courroie la retient sur les épaules et supporte aussi une cuirasse à peu près pareille, qui garantit le dos et le derrière de la tête. Je ne peux mieux comparer cette armure qu'aux chasubles de nos prêtres, mais un peu moins longue. Les coquillages et les ornements sont placés avec goût et forment des dessins bizarres, pleins d'élégance et d'originalité. C'est chose admirable, en vérité, qu'un Ombayen revêtu de sa cuirasse, armé de son arc, la poitrine parée de ses flèches meurtrières, placées en éventail, et se préparant au combat. Leurs cheveux tombent flottants sur les épaules; quelques-uns en ont une si prodigieuse quantité, que leur tête en devient monstrueuse; mais la plupart les relèvent à l'aide d'un bâton de six lignes de diamètre, les tressent avec une lanière de peau, et placent au sommet quelques plumes de coq ondoyantes comme d'élégants panaches. Ils ont un goût très-prononcé pour les ornements; leurs oreilles supportent des pendants en os, en pierre ou en coquillages; leurs bras et leurs jambes sont surchargés de cercles dont plusieurs en or, et des bracelets d'os et de feuilles de vacois.

Nos observations une fois achevées et notre provision d'eau à bord, nous nous dirigeâmes avec plus de précipitation qu'auparavant vers le rivage; mais c'était là surtout que les difficultés du départ s'offrirent à nous d'une façon menaçante. Les insulaires cherchaient encore à nous retenir en nous assurant de leur protection pendant la nuit; mais, plus habiles qu'eux, nous leur fîmes entendre que nous reviendrions le lendemain avec une grande quantité de curiosités, et que, pour les remercier de la généreuse hospitalité qu'ils nous avaient accordée, nous leur rapporterions des haches, des scies et plusieurs beaux vêtements. Sur la foi de ces trompeuses promesses, mais non sans s'être longtemps concertés entre eux, ils nous permirent de reprendre la mer. Dans leurs perfides regards nous vîmes de nouvelles menaces, dans leurs adieux le sentiment de la haute faveur dont ils nous honoraient, et bien certainement nul de nous n'aurait rejoint le navire si nous ne leur avions donné, pour le lendemain, l'espoir d'un plus riche butin et d'un carnage plus facile.

La nuit était sombre, mais calme; nous courûmes au large, guidés par les amorces que la corvette brûlait de temps à autre, et nous y arrivâmes à une heure du matin, heureux d'avoir échappé à un danger si imminent, d'avoir visité le peuple le plus curieux de la terre; et cependant nous ne savions pas encore la grandeur du danger auquel nous venions si miraculeusement d'échapper.

Nous apprîmes le lendemain par un baleinier, retenu comme nous dans le détroit, que quinze hommes qui montaient une chaloupe anglaise, descendus à Ombay pour faire du bois, avaient été horriblement massacrés et dévorés quelques jours avant notre descente à Bitoka ; qu'à une petite lieue de cette peuplade, les débris de cet épouvantable repas gisaient sur le rivage ; que nul Européen débarqué à Ombay n'avait encore échappé à la férocité de ses habitants ; qu'ils se font la guerre de village en village, boivent le sang dans le crâne des ennemis vaincus, et que c'était par une faveur spéciale du ciel qu'un retour nous avait été permis. Qu'on dise après cela que la science des Comus, des Comte, des Balp, des Bosco, est une science stérile ! Sans mes tours de gobelets, je ne vous aurais pas parlé aujourd'hui d'Ombay et de ses anthropophages habitants.

XIV

MOLUQUES.

Attaque nocturne. — Le roi de Guébé.

Nous naviguions au milieu d'un groupe d'îles admirables par leur végétation.

Nous glissâmes devant Amboine, poussés par une brise imperceptible, et pourtant nous appelions de nos vœux les vents et les orages, car nous éprouvions les cruelles atteintes de ce climat dévorateur. La mousson nous était contraire, les courants nous drossaient, et nous perdions, la nuit, le peu de chemin que nous avions fait le jour. Le soleil brûlait notre équipage, les maladies enchaînaient les forces des matelots, et nous eûmes besoin de toute notre constance, de tout notre courage, pour ne pas nous laisser aller au désespoir.

Nous naviguâmes ainsi pendant une quinzaine de jours au milieu d'un archipel riche et fécond. Partout la verdure couvrait le rivage, partout aussi le silence et la solitude. Toutefois un vent favorable se leva enfin avec le soleil et nous poussa de l'avant ; bientôt nous nous trouvâmes dans une sorte de détroit ravissant, au milieu duquel le navire cinglait avec majesté. Nous étions occupés à admirer ce magique spectacle, quand un grand nombre de pirogues, détachées de toutes les parties de l'archipel, mirent le cap sur notre corvette. Loin de craindre leur approche, nous la désirions ; nous savions bien ce que nous avions à redouter des Malais si nous étions vaincus ; nous n'ignorions pas que leurs triomphes, c'est la mort et la torture de leurs ennemis ; mais la monotonie de notre navigation nous pesait à l'âme : nous voulions des épisodes à nos risques et périls.

Cependant à l'horizon un point noir se dessina ; bientôt il grandit, s'allongea, prit des formes bizarres, étendit les bras et envahit l'espace. De ses flancs ouverts s'échappèrent des rafales terribles auxquelles se mêlaient des gouttes de pluies larges et rapides. Le navire fut entraîné un moment, et les prudentes pirogues, à l'approche du grain, s'abritèrent dans leurs criques étroites et profondes. A cet orage succéda, comme de coutume, le calme plat de tous les jours, et la nuit nous retrouva à peu près dans les mêmes eaux.

Je vous ai parlé d'un matelot anglais, nommé Anderson, que le commandant avait enrôlé dans l'une de nos précédentes relâches. Il était agile, fort, robuste, patient, adroit : aussi l'employait-on souvent à la timonerie. Par suite de cette préférence méritée que lui accordait l'état-major dans les moments difficiles, Anderson était souvent le but des railleries amères des gabiers les plus habiles, et Marchais surtout, dont vous connaissez le caractère irritable, ne manquait jamais de dire quelques énergiques paroles sur les épaules de l'Anglais. Le soir de cette petite alerte qui nous fut donnée par les Malais, Anderson, quoique son quart fût achevé, resta sur le pont quand la nuit fut venue et se hissa à l'extrémité du beaupré.

— Holà, hé! English! lui cria Marchais, que fais-tu là, accroupi comme un crapaud?

— Je regarde.

— Que regardes-tu? les marsouins, tes cousins?

— Je regarde plus loin que ça; car, vois-tu, Marchais, cette nuit il y aura bourrasque, et tu me diras merci, toi le premier.

— Ne croirait-on pas qu'il fixe le point, qu'il sait où nous sommes, et qu'il est le maître de faire venir la brise?

— Ce n'est pas du ciel que viendra la rafale, c'est de la terre.

— Qui t'a dit ça?

— Personne, mais je le sais.

Anderson avait été mousse sur un des navires anglais en croisière devant Toulon pendant les guerres de l'Empire. Depuis lors il avait toujours navigué, et dans les Moluques surtout il avait fait de fréquentes campagnes. La vue de cet homme était si prodigieuse, qu'il distinguait à l'œil nu les mâts d'un navire au-delà de l'horizon, beaucoup mieux que nous à l'aide de nos lunettes d'approche. Il connaissait les mœurs des Malais, dont il parlait assez bien la langue, et il était étonné que depuis notre séjour dans ces parages on ne nous eût pas encore attaqués. La démonstration du matin, dont sans doute le grain avait empêché l'exécution, lui paraissait un acte hostile qui lui avait inspiré des craintes pour la nuit. Aussi ne voulut-il pas se coucher, dans la prévision d'une affaire sérieuse. Anderson avait du cœur, et ses craintes ne naissaient que de la juste opinion qu'il avait du caractère malais.

La nuit était calme et lourde; le soleil s'était couché rouge comme du sang, et la corvette roulait silencieuse sur sa quille. Marchais, Petit et leurs camarades poursuivaient sans cesse Anderson de railleries, tandis que celui-ci se contentait de leur répondre :

— Nous verrons bientôt.

Tout-à-coup l'Anglais, attentif, se dresse à demi sur le mât avancé ; son œil plonge dans les ténèbres, et d'une voix calme et forte il s'écrie :

— Pirogues de l'avant !

L'officier de quart s'élance, regarde, ne voit et n'entend rien. Mais Anderson interroge de nouveau l'espace, et dit d'une voix plus ferme :

— Pirogues de l'avant ! pirogues à bâbord ! pirogues à tribord ! pirogues de l'arrière !

— Combien ? dit le brave Lamarche.

— Un grand nombre...

Marchais et Petit ne riaient plus, ne goguenardaient plus, et se mordaient les lèvres d'impatience et de dépit.

Sur les avertissements du matelot anglais, des ordres rapides sont donnés, chacun est à son poste. Les canons se chargent, les pistolets pendent aux ceintures, les briquets aux flancs. Le commandant a l'œil à tout et se prépare bravement à l'attaque ; le branle-bas de combat est ordonné, et nous attendons l'ennemi sans le voir encore.

Le voilà pourtant ; il nous entoure, il vient à nous lentement et en silence ; ses courtes pagaies font à peine frémir les flots paisibles. Il pense sans doute que nos sabords sont peints ; que, semblable à celle des navires marchands, notre batterie n'a guère que des canons de bois, et les Malais avides s'attendent à un facile triomphe. Les mèches sont allumées, les glaives hors du fourreau, les crocs en arrêt.

— Ouvre les sabords !...

La lumière de la corvette se projette au loin et éclaire la flotte des pirates. Ils ont vu les bouches béantes de nos canons, et ils s'arrêtent avec prudence devant la fête que nous leur avons préparée.

Ils réfléchissent encore ; ils restent un instant en panne. Mais bientôt la sagesse leur donne conseil, ils virent de bord et s'éloignent comme des voleurs désappointés.

Les courants continuaient de jouer un grand rôle dans cette

navigation au milieu d'un groupe nombreux d'îles et de récifs dangereux, surtout dans certaines saisons de l'année. La route se faisait selon leurs caprices ; et, deux jours après cette rencontre des Malais, si heureusement évitée, nous nous trouvâmes comme par enchantement engagés au milieu d'un grand nombre de rochers que la nuit nous avait dérobés et où nous courions risque d'être brisés à chaque instant. Nous mouillâmes par un fond de trois brasses ; le soleil se leva radieux, et je ne saurais dire l'admirable spectacle qui s'offrit à nous. Là, à notre côté, plus loin à droite, là-bas aussi sur notre gauche, des roches, les unes tapissées de verdure, les autres nues et découpées, s'élançant des eaux comme des clochers, diversement colorées par les feux plus ou moins obliques du jour naissant. Le courant se glissait entre elles, tantôt tranquille, tantôt rapide ; les cris aigus des oiseaux marins qui venaient chercher là un abri paisible, se faisaient entendre au-dessus du bruissement des brisants. J'appelai dans mes albums cette rade la Baie des Clochers, quoiqu'elle soit connue, je pense, sous le nom de Boula-Boula.

Il fallait pourtant sortir de ce labyrinthe ; une embarcation fut mise à flot pour sonder la route, et M. Ferrand, un de nos jeunes aspirants, chargé de cette difficile opération, s'en acquitta avec tout le succès que le commandant attendait de son zèle et de son expérience.

Une compensation dans nos longues fatigues nous était réservée. Les vents nous poussèrent jusqu'en vue de Pissang, sommet élevé de quelques centaines de toises et à qui je dois quelques lignes.

Savez-vous ce que c'est que cette île? Une masse serrée et compacte de verdure impénétrable qui arrête au passage tout rayon de soleil. Des feuilles larges comme de vastes parasols s'entrelacent à des folioles imperceptibles, découpées, ciselées, de couleurs variées à l'infini ; des troncs noueux disputent l'espace à des troncs lisses, et jettent côte à côte avec eux leurs têtes vers le ciel et leurs racines au fond des eaux : des branches effilées, épineuses, polies, droites ou tortues, se croisent, se mêlent, sans que vous puissiez dire à quel pied elles appartiennent ; un silence religieux règne dans cet amas de verdure et de feuillage. L'île entière n'est qu'un arbre gigantesque, éternel, qui dispute sa place aux flots et descend avec eux jusqu'au fond des abîmes.

La corvette était mouillée au large, le calme venait de nous saisir de nouveau, et dans l'espérance de nouvelles conquêtes botaniques ou zoologiques, le commandant fit armer un canot sous les ordres de Bérard pour aller visiter Pissang. MM. Quoy, Gaudichaud et moi, nous accompagnâmes notre ami, et retournâmes à bord sans avoir pu faire plus de trois pas sur cette île impénétrable. Seulement, au pied d'un rima, nous trouvâmes quelques débris de coquillages et la trace de feux récemment éteints ; le roi de Guébé avait probablement passé par là, et il faut que je vous fasse le portrait de ce roi de Guébé.

Vous avez remarqué sans doute de ces vieilles figures de renards empaillés que les fourreurs placent debout derrière les vitres de leur magasin ? Eh bien ! à l'immobilité près, le roi de Guébé est le renard dont je vous parle.

Il était petit, vif, sautillant, piétinant ; il voulait tout voir, tout savoir ; il pressait la main de celui-ci, il frappait sur l'épaule de celui-là ; il rudoyait le matelot, il caressait l'officier ; il s'élançait d'un seul bond vers le gaillard d'avant et revenait en caracolant au gaillard d'arrière ; et puis, riant, chantant, parlant haut avec une volubilité à vous étourdir, il paraissait fort surpris de ne pas vous voir sourire à ses paroles d'ami ou de protecteur.

Il entra chez le commandant, demanda une plume, de l'encre, du papier ; il griffonna en arabe un compliment pour cet officier, pour sa dame et pour le navire. Puis il nous pria, ou plutôt il nous ordonna d'aller mouiller dans son île ; il nous jura que nous y serions reçus avec distinction et que les vivres ne nous feraient pas défaut. Il parut contrarié de notre refus, et s'en consola pourtant par l'assurance qu'il nous donna de nous accompagner jusqu'à Rawack.

Ce monarque si singulier se faisait appeler *capitan Guébé*. Il était maigre, étique; il avait les pommettes saillantes, le front développé, les yeux vifs, scintillants, petits, privés de cils. Son nez se dessinait aigu, pointu et court; sa bouche ne s'arrêtait qu'aux oreilles, et les quatre ou cinq dents qui lui restaient avaient une teinte toute coquette de jaune tirant sur le vert; quelques poils gris pendaient à son menton à fossette; ses bras étaient grêles ainsi que ses jambes, ses mains et ses pieds osseux et biscornus, ses épaules anguleuses et sa poitrine rétrécie. A tout prendre, il aurait pu passer pour un *babouin* assez bien taillé.

Son chef sans cheveux était couvert d'un turban qui n'avait pas dû être lavé depuis bien des années. Un large pantalon, noué autour des reins et descendant jusqu'à la place du mollet, couvrait ses cuisses décharnées, et il avait acheté, à Amboine sans doute, une robe de chambre à grands ramages, qui lui donnait une ressemblance parfaite avec ces singes savants que les Savoyards promènent chez nous de ville en ville. (Les singes m'en voudraient de la comparaison.)

La flottille du roi de Guébé se composait de trois *carracores*, montées par un grand nombre de guerriers qui paraissaient lui obéir en esclaves. De la première de ces embarcations qui nous accosta sortit une voix humble implorant comme une grâce spéciale la permission de laisser monter à notre bord deux des principaux officiers du roi de Guébé. Nous étions trop courtois pour ne pas accueillir avec bienveillance une demande ainsi formulée, et les deux lieutenants du monarque furent bientôt près de nous. Notre brave matelot Petit ne contenait plus sa joie; il se sentait heureux de voir à ses côtés des hommes plus hideux que lui; il se pavanait gravement en montrant du doigt à ses camarades les *Guébéens* visiteurs, et peu s'en fallut qu'il ne se crût un Apollon, ou tout au moins un Antinoüs.

Quand la carracore montée par le roi fut arrivée bord contre bord, le monarque indien s'amarra à la corvette; puis il monta sans en demander la permission, et défendit impérieusement à ses officiers de le suivre. Dès lors s'établirent des échanges entre ses équipages et le nôtre. Nous donnions des foulards, des couteaux, des ciseaux, des rasoirs, des aiguilles; on nous offrait en échange des arcs, des boucliers, des flèches artistement travaillées, des chapeaux de paille d'une forme très-originale, et des perles d'une assez belle eau, que les Guébéens tenaient enfermées dans de petits étuis de bambou.

Cependant la corvette filait toujours, et les carracores à la remorque paraissaient vouloir faire route avec nous. Le commandant ne jugea pas prudent de naviguer avec un tel voisinage, et souhaita le bonsoir au roi de Guébé, qui comprit à merveille cette *impolitesse*. Celui-ci nous salua donc à son tour, et nous promit de venir nous rejoindre à la terre des Papous, où nous allions mouiller. Petit était sur l'échelle lorsque le roi de Guébé descendit; il le regarda en face et lui dit, comme s'il pouvait en être compris :

— Marsouin, tu es un brave gabier et je t'estime, parce que tu viens de me détrôner.

Le roi de Guébé croyant qu'on lui adressait un compliment, prononça quelques paroles inintelligibles en arabe ou en malais sans doute, et Petit, tout rayonnant de cette réponse, lui répliqua :

— *Cré coquin!* que tu es laid !...

Là-dessus ils se saluèrent à la musulmane; le capitan sauta dans une de ses embarcations dont je vais vous parler en détail, et notre brave matelot remonta à bord, où il dîna avec un appétit inaccoutumé. Son succès l'avait enorgueilli.

Il était temps qu'une brise soutenue nous poussât jusqu'à notre première relâche, car depuis plus de deux mois notre pauvre équipage épuisé se traînait à peine sur le pont et dans la batterie; la dyssenterie et le scorbut ne cessaient pas leurs ravages. Rawack, où nous allions mouiller, pointait à l'horizon avec ses dômes de verdure dessinés déjà sur un ciel bleu, et la gaieté se glissa encore dans nos causeries du soir.

Les carracores de Guébé avaient fui loin de nous : c'étaient à coup sûr les pirates les plus effrontés et les plus téméraires de ces mers à moitié inconnues, si nous en jugions par la hardiesse et l'insolence de leur visite.

Rien n'égale la dextérité avec laquelle les Guébéens manœuvrent ces curieuses embarcations longues de quarante à soixante pieds. Elles sont étroites; leur poupe et leur proue s'élèvent à une hauteur prodigieuse; les extrémités en sont terminées en croissant ou en boule, et sont destinées à recevoir le pavillon; les bancs sur lesquels s'assied l'équipage sont protégés contre le soleil par une toiture charpentée, recouverte de feuilles de vacoi, de cocotier et de bananier. Je doute fort que les Guébéens emploient la voile dans leurs navigations; mais à bâbord et à tribord de chacune d'elles, les courbes légères, solidement amarrées et échelonnées sur les flots, portent des *pagayeurs* en grand nombre qui font ainsi contre-poids et maintiennent l'embarcation dans un équilibre parfait. Des magasins ou armoires fermées contiennent les armes et les provisions de l'équipage, et je ne saurais dire le nombre immense de flèches qui nous furent offertes lors de notre première entrevue près de Pissang. Au surplus, toute description écrite de ces belles carracores n'en donnerait qu'une imparfaite idée, et je me hâte d'ajouter que, seulement après les avoir vues, j'ai pu me représenter les galères à double et à triple rang de rames dont parlent les anciens.

Rawack venait d'étaler devant nous ses richesses tropicales; chacun de nous, sur le pont, dévorait de l'œil le fond d'une rade où nous allions bientôt nous délasser de tant de fatigues. Les malades dans leurs hamacs savouraient doucement un air terrestre après lequel ils avaient tant soupiré; mais la nuit nous surprit au milieu de notre allégresse, et nous louvoyâmes devant l'île jusqu'au lendemain matin. L'élève Guérin fut chargé d'aller sonder la rade, et la mission fut remplie avec cette haute intelligence qui distinguait le jeune officier dont le courage, depuis cette époque, est sorti vainqueur d'un grand nombre de rudes épreuves.

XV

RAWACK.

Le paysage que nous avions sous les yeux était ravissant. Placés au milieu de la vaste rade comme au centre d'un magnifique panorama, nous pouvions d'un seul coup d'œil en admirer l'harmonie. A droite se dresse un cap chevelu sur lequel sont étalées de la façon la plus variée toutes les richesses botaniques des zones brûlantes ; puis le cap, s'abaissant par une pente insensible et une courbe régulière, se repose à une lieue de là, sur la plage. Ici sont des maisons groupées, bâties sur pilotis ; des feuilles de latanier et de bananier servent de toiture à ces demeures, élevées de sept à huit pieds au-dessus du sol sablonneux, et tout alentour se montrent épars quelques tombeaux protégés par leurs idoles hideuses, les crânes blanchis et les pieuses offrandes des amis et des parents. Un vide vaporeux, à travers les flèches élancées d'un admirable bouquet de cocotiers, laisse voir au loin un large ruban vert, canal tranquille qui sépare deux terres voisines. A gauche, le terrain reprend sa courbure et s'élève peu à peu, comme pour rivaliser de grâce et d'élégance avec le paysage du côté opposé. Sur la base de cette petite hauteur, le flot se brise avec violence et reflète au loin mille arcs-en-ciel. Enfin, dans un lointain violâtre se groupent les hautes et solitaires montagnes de Waigiou, dominant la terre silencieuse du pays des Papous ; et, pour raviver le tableau, des ombres ou plutôt des fantômes noirs, agités par la peur et la curiosité, sautillent au fond de la rade ainsi que ferait une bande de babouins. Enfin, des lames joyeuses courant les unes après les autres, reflétant un ciel d'azur et un soleil large et brûlant, complètent le paysage.

A la mer basse, un navire de moyenne grandeur peut toucher sur un roc à une encâblure de terre ; mais M. Guérin n'était pas homme à remplir la mission dont on l'avait chargé le matin sans signaler la position de ce dangereux récif.

Le lendemain de notre arrivée, Rawack fut désert ; notre présence avait fait fuir les naturels.

Nos tentes dressées à terre protégeaient nos instruments astronomiques ; les embarcations cherchaient des mouillages commodes ; les chasseurs parcouraient les bois, les botanistes fouillaient partout, et les pauvres malades, appuyés sur leurs amis, cherchaient à ressaisir une vie près de leur échapper.

Cependant les indigènes ne se montraient pas encore ; leurs agiles pirogues glissaient bien la nuit dans le canal qui sépare Rawack de Waigiou, et comme nous n'avions pas l'air de nous apercevoir de ces rondes nocturnes et mystérieuses, les journées étaient paisibles, sans incidents, monotones et étouffantes. Peu à peu les pirogues s'approchèrent davantage ; les plus téméraires de ceux qui les montaient descendirent sur la plage ; et, tout tremblants d'abord, ensuite audacieux jusqu'à l'impertinence, ils s'établirent près de nous ; puis ils s'assirent familièrement à nos côtés, goûtèrent de nos mets, voulurent essayer la commodité de quelques-uns de nos vêtements, et finirent par commettre quelques larcins que nous eûmes la prudence de ne pas punir, de crainte que, par notre faute, il ne nous fût plus permis d'étudier leurs mœurs, leurs usages, leur caractère, et c'eût été une grande perte pour notre curiosité.

Lassés enfin de leurs courses nocturnes, dont ils ne tiraient aucun profit, rassurés aussi par notre attitude paisible, les insulaires échappés de Boni et de Waigiou se décidèrent à débarquer en plein jour en face de nous, sans armes, avec une sorte de bravoure où il y avait plus de fanfaronnade que de vrai courage, et il ne dépendit pas de nous que nous devinssions pour eux de véritables amis. Je dois ici un utile conseil aux explorateurs que le hasard ou les devoirs de leur mission appellent au milieu de ces peuplades les plus farouches du globe : c'est que, à moins d'y être forcés par les plus graves circonstances, ils ne doivent se montrer les agresseurs dans aucune occasion.

L'opulence est en tous lieux un excellent passe-port, et au milieu de ces archipels indiens on est riche avec si peu de chose, que la générosité ne coûte aucun regret, alors même que l'on est dupe de sa confiance. A Rawack, nous ne tardâmes pas à comprendre que nos comptoirs seraient bientôt appauvris par les exigences des naturels que nous ne voulions pas éloigner ; mais, à tout prendre, nous aimions mieux encore perdre quelques bagatelles que de laisser concevoir de notre grandeur une opinion défavorable ; aussi continuâmes-nous nos prodigalités, sauf à nous payer plus tard en fouillant dans les tombeaux élevés sur la plage.

Notre exemple devint contagieux ; les naturels se piquèrent d'honneur à leur tour. Chaque matin un grand nombre de pirogues venaient voltiger autour de la corvette et nous apportaient des coquillages rares, de très-jolis insectes, des papillons précieux, et surtout d'énormes lézards vivants, fortement liés sur le dos à un gros bâton. Ces lézards monstrueux sont, à ce qu'il paraît, très-nombreux à Boni et à Waigiou, où pourtant on leur déclare une guerre à outrance. Les indigènes, pour s'en saisir, emploient un moyen qui n'est pas sans quelque danger, quoique la morsure de ces reptiles ne soit pas très-venimeuse. Toutefois Bérard, un de nos élèves, qui en fut mordu un jour, en éprouva, malgré une prompte cautérisation, une fièvre qui dura près d'une semaine. Voici le moyen employé par les sauvages : ils se placent doucement à genoux sur la terre molle où le lézard a établi son gîte. Ils ont en main une palette tranchante en forme de battoir, et tiennent captifs au-dessus de l'orifice du trou plusieurs insectes bourdonnants dont le frôlement attire le reptile. Dès que celui-ci a montré sa tête à l'air, le chasseur plonge vivement sa palette dans le sol léger et mobile, et il est rare que le lézard ne soit pas arrêté par le milieu du corps. Si pourtant cela arrive, la première retraite du reptile lui est à l'instant fermée, et les insulaires apostés près de là punissent, par une amende consistant en poissons ou en cocos, le chasseur désappointé.

La présence de ces monstrueux lézards dans tout cet archipel ferait supposer que de gros serpents y ont aussi établi leur demeure; mais, quoiqu'ils y soient en effet très-communs, nous n'en avons guère vu qui eussent plus de quatre à cinq pieds de longueur. Ici, comme dans presque tous les pays du globe, ils craignent le bruit et fuient à l'aspect de l'homme. Cependant je me hâte de prévenir les capitaines que sur les bords de l'aiguade, située à quelque vingtaine de pas du fond de la rade de Rawack, on trouve fréquemment un grand nombre de ces reptiles. Ils paraissent attendre, roulés en spirale sous des touffes d'arbrisseaux, une agression qui les force à la défense. La meilleure arme contre de pareils ennemis est une baguette de fusil, dont un coup, bien appliqué sur les flancs de l'animal dressé, brise un de ses anneaux, et arrête tous ses mouvements. Cependant il faut de l'adresse et du sang-froid pour une pareille chasse.

Rawack est une île taillée en forme de pilon courbe; les deux extrémités sont larges, hautes, raboteuses; le centre est uni, resserré; elle n'a guère qu'une petite demi-lieue dans sa moindre largeur, et on la traverse en suivant un joli sentier sans cesse ombragé par les arbres les plus riches et les plus variés.

C'était ma promenade favorite de chaque matin, alors que le soleil, à son lever, réveillait les myriades d'oiseaux qui inondaient, pour ainsi dire, la cime touffue des arbres.

La nourriture des habitants de Rawack et de Waigiou consiste en poissons, en volailles, en coquillages et en fruits. Pour boisson ils n'ont que de l'eau pure ou du lait de coco; pour ustensiles de service, des vases grossiers, et pour unique assaisonnement, l'appétit qu'ils savent se donner par un continuel exercice.

En général, les voyageurs qui publient le résultat de leurs observations dans les pays lointains croient avoir rempli leur tâche dès qu'ils nous ont tout simplement signalé un fait. Par exemple, ils ont dit, et la chose est vraie, que les sauvages faisaient du feu en frottant un morceau de bois sec contre un morceau de bois vert. Et voilà tout. Eh bien ! cela ne m'apprenait presque rien, et je ne savais pas exactement comment on faisait du feu chez les sauvages. Voici leur procédé ; c'est par les détails seuls qu'on traduit fidèlement.

Un homme s'accroupit, tenant dans sa main deux morceaux de bois, l'un long de douze à quinze pouces, gros comme une baguette de tambour, et terminé en cône peu aigu ; l'autre est un parallélogramme de la hauteur de cinq ou six pouces et de trois ou quatre de largeur, sur un des côtés duquel est pratiqué, vers le milieu, un petit trou profond de six lignes; de ce trou part une rigole de trois ou quatre lignes de profondeur allant jusqu'au bout de la pièce de bois. Celle-ci est verte, la baguette est sèche. L'homme accroupi retient entre la plante de ses deux pieds la grosse pièce, glisse quelques herbes et folioles à demi calcinées dans la rigole, jusqu'au petit trou, y place la baguette qu'il tient entre ses deux mains ouvertes, et la tourne et retourne ainsi qu'on prépare chez nous le chocolat. C'est par ce frottement rapide, qui dure toujours une demi-minute au moins, que la chaleur se développe et met le feu aux herbes sèches, que l'on attise ensuite avec le souffle. Cela est simple, j'en conviens, mais cela devait être dit. Et maintenant, dans la crainte de l'oublier plus tard, je me hâte de constater ici trois observations bien frivoles, sans doute, mais qui m'ont paru assez singulières. La science les expliquerait peut-être par des études physiologiques ou psychologiques; moi, je ne me jette pas dans les profondeurs et je n'interroge que les surfaces.

J'ai donc remarqué que, depuis le cap de Bonne-Espérance jusqu'au cap Horn, c'est-à-dire dans un espace à peu près égal aux cinq sixièmes de la circonférence de la terre, pas un peuple sauvage ne mange un mets quelconque assaisonné. Point de sauces, point de *fournitures;* tout se cuit sur la braise à une fumée ardente, ou dans des fours qu'on étouffe quand la victime y est jetée quelquefois en vie. L'art culinaire n'est guère investigateur.

Pour dire *non*, tous les peuples de la terre font avec la tête le signe en usage chez nous, quelques-uns ajoutent à ce signe une parole, d'autres un mouvement de la main, mais toujours le signe de tête existe. Eh bien! pour dire *oui*, tous les peuples de la terre, dans le vaste espace dont je viens de vous parler, *lèvent* la tête en reniflant au lieu de la baisser comme nous. C'est futile à observer, j'en conviens, mais j'ai fouillé dans tant de petits secrets! j'ai voulu si bien voir!

La troisième de mes observations est, je crois, plus singulière encore : c'est que, chez tous ces peuples, on dort couché presque continuellement sur le ventre. La médecine nous expliquera cela. Me pardonnera-t-on d'indiquer ces légères différences, ces usages généraux? C'est par un faisceau de minutieux détails qu'on arrive à des conséquences générales.

Si les lourds et trapus indigènes de ces contrées ont souvent l'intelligence trop épaisse pour qu'ils puissent surmonter certaines difficultés, il faut convenir aussi que le ciel les a doués d'une sorte d'instinct vraiment merveilleux, à l'aide duquel ils parviennent à maîtriser le caprice des éléments et la volonté hostile et opiniâtre du sol où le destin les a jetés. Le besoin, ce premier et redoutable ennemi des hommes, leur a dit comment il fallait que leurs demeures fussent construites pour échapper au courroux des flots ou aux rafales des ouragans; il leur a appris à grimper comme des chats sauvages sur les arbres les plus élevés, au sommet des tiges les plus lisses ; sans doute aussi il leur a indiqué de puissants remèdes contre la piqûre incessante et douloureuse des insectes qui assombrissent l'atmosphère, et contre la dangereuse morsure des serpents qui rampent autour d'eux et partagent parfois la même couche.

Il nous arrivait souvent, à nous gens si fiers de notre supériorité sur les sauvages, de pénétrer dans un bois et de chercher inutilement pendant des heures entières, sur les plus hautes branches, un fruit rafraîchissant. Eh bien! dès que nous faisions entendre à un indigène que nous lui donnerions quelque bagatelle en échange d'une jam-rosa aigrelette, d'une banane ou d'une pastèque, nous étions sûrs de le voir revenir peu d'instants après, apportant dans ses mains ou sur sa tête les objets que nous avions désirés. Pas un de nos pilotes garde-côtes, habitués aux signes atmosphériques indiquant d'une manière assez précise les variations d'une température ou les approches d'un coup de vent, ne pourrait lutter avec les naturels de Rawack dans l'art de prédire la veille le temps du lendemain, et dès que vous les voyez ici abritant leurs pros loin du rivage, soyez sûrs qu'il y aura bientôt bourrasque à l'air ou sur les flots.

Ce peuple est casanier, apathique, silencieux ; il naît, il vit, il multiplie, et son existence ne sort des limites qu'il s'est tracées qu'alors qu'un navire européen vient relâcher dans ces parages, ce qui, je crois, ne lui arrive guère qu'une fois chaque quatre ou cinq ans.

Voyez ces individus, assis là sur le sable, aux rayons d'un soleil dévorant, insensibles à ses flèches aigües.

Ils sont tous, ou presque tous, courts, trapus, d'un noir sale ; leur front est déprimé, leurs yeux petits, sans feu, sans animation ; sur leur tête grosse et lourde pousse une si prodigieuse quantité de cheveux longs et crépus qu'on dirait un échafaudage de monstrueuses perruques, paisible refuge de myriades d'insectes qu'il n'est pas nécessaire que je vous nomme. Les joues des naturels de Rawack sont larges et pendantes, quelques poils épars et inégaux les *ornent* d'une façon peu gracieuse, et leur lèvre supérieure, pareille à celle des nègres d'Angole et de Mozambique, est ombragée d'une moustache, mais d'une seule moustache qui ne couvre que la moitié de la bouche, car l'usage du pays, ou peut-être un fanatisme religieux, défend d'en porter des deux côtés. Maintenant ajoutez à ces charmes séduisants une poitrine large et velue, des épaules charnues et rondes, des bras courts, potelés, taillés en boudins sans formes dessinées, sans muscles ; des cuisses comme des troncs d'arbres, des pieds et des mains énormes, une démarche pénible et écrasée, des dents sales et une odeur de bouc qui s'exhale au loin, et vous aurez une idée assez complète de cette population rare, triste, curieuse et insolente, qui ne craint plus de venir se frotter à nous tous les matins, et qui ose même parfois nous regarder avec un certain mépris facile à discerner.

Et cependant il y a parmi tous ces hommes si grossièrement bâtis une adresse telle pour certains exercices, qu'on a peine à y croire même alors qu'on en a été mille fois témoin.

Je veux parler de leur pêche vraiment merveilleuse, et tellement amusante, que nous ne pouvions nous lasser d'y assister matin et soir. Placé debout sur l'avant d'une pirogue, un homme est là, Neptune parodié ou plutôt Silène en goguette, tenant en main une longue perche armée de deux pointes de fer en fourchette ; il plane sur l'eau et cherche de l'œil le poisson qui fuit et glisse à peu de profondeur ; dès qu'il le voit, il fait signe à ses camarades et leur indique d'un geste de la main gauche le côté vers lequel ils doivent diriger l'embarcation. Ceux-ci obéissent et pagayent doucement pour ne pas effrayer le poisson. Halte maintenant ! Le *chasseur* a mesuré la distance, il a levé le bras, calculé la courbe que le trait va décrire. La fourchette est lancée, et il est rare qu'elle ne frétille pas sur l'eau, aux mouvements de l'animal qu'on voulait atteindre. Sur vingt-cinq coups lancés, parfois au milieu d'une mer peu calme, deux coups à peine sont sans résultat.

C'est une chose vraiment digne de remarque et dont la civilisation devrait rougir, que le respect qu'ont pour les cendres des morts tous les peuples de la terre, même les plus stupides et les plus farouches. Ici, comme à Koupang, comme à Ombay, il est aisé de voir que les hommes, dans leur religion bizarre, ridicule ou cruelle, croient à une autre vie, car, sans cette foi, le culte qu'ils professent en faveur de ceux qui ont pour toujours disparu de cette terre ne serait qu'un absurde contre-sens.

Remarquez ces tombeaux dont toute l'île de Rawack est semée. Nulle herbe parasite ne croît autour du terrain qui environne cette demeure sacrée, terrain plane enjolivé d'un sable fin et blanc; les parois du monument sont parfaitement entretenues et ne laissent aucune issue au vent, à la pluie ou aux insectes.

Ce sont des cases basses, carrées, avec charpente au plafond, bâties en tiges de bambou et en feuilles de palmistes : une porte étroite est pratiquée à la façade ; un homme accroupi peut aisément y passer et visiter l'intérieur, où sont placés et renouvelés des *ex-voto*, pieux garants d'une tendresse qui survit à la tombe. Dans le principal de ces édifices nous avons trouvé des bandelettes en laine et soie de diverses couleurs, fixées sur des bâtons debout; un énorme coquillage, de la classe des bénitiers, plusieurs armes brisées, un grossier escabeau et une assiette en porcelaine chinoise ; sur le devant et en-dehors étaient placés, par rang de taille, cinq crânes fort propres et fort bien conservés, et le tout se trouvant, pour ainsi dire, abrité sous une pirogue renversée, image peut-être de la vie qui venait de s'éteindre. Quelques figures grossièrement taillées, probablement les divinités du lieu, se faisaient remarquer auprès des tombeaux et au-dedans; mais ces figurines, tantôt debout à cheval sur un morceau de bois aigu, tantôt couchées sur la terre ou le gazon, paraissaient avoir été presque toutes mutilées.

Cependant les échanges devenaient chaque jour plus actifs; nos bagatelles acquéraient plus de valeur ; mais nous avions assez de lézards, de sagaies ou d'arcs, et nous demandions avec instance des papillons, des insectes ou des oiseaux. Nous ne tardâmes pas à être satisfaits : les pirogues arrivèrent en nombre considérable à notre camp, et nos collections s'enrichirent de plusieurs familles et espèces très-curieuses. Les oiseaux de paradis eurent leur tour ; les insulaires nous en apportèrent une assez grande quantité, proprement enveloppés dans des feuilles de bananier, et empaillés d'une façon si admirable, qu'on a longtemps cru en Europe qu'ils n'avaient point de pattes et qu'ils perchaient à l'aide du bec et de leurs ailes. Pour deux mouchoirs, un couteau de cuisine, un vieux drap de lit et quelques hameçons, j'obtins de prime-abord cinq magnifiques oiseaux de paradis, un *six-filets* noir, si rare, si beau, si éclatant de mille reflets !...

Le chef de la pirogue avec qui je fis cet échange me parut si enchanté de son marché, qu'il me donna à entendre qu'à son retour de Waigiou il m'apporterait une plus grande quantité de ces oiseaux, et qu'il voulait profiter d'une brise favorable pour partir, afin de me revoir plus tôt. Comme les embarcations n'étaient jamais manœuvrées qu'à la pagaie, je ne compris pas d'abord le motif de ce brusque départ, et je le lui dis en montrant les voiles de la corvette étendues à l'air ; mais lui, me faisant signe d'attendre, grimpa en quelques instants sur l'un des cocotiers du rivage, en descendit une jeune branche avec toutes ses folioles, et s'élançant joyeux dans sa fragile pirogue, planta sur le banc du milieu l'élégante dépouille de l'arbre. Le vent la courba d'une manière gracieuse, et le pilote, fier de ma surprise, disparut sur les flots d'un air triomphant. O industrie ! que de miracles n'as-tu pas semés sur toutes les parties du globe !

Cependant, nos travaux étant achevés, nous levâmes l'ancre, et dîmes adieu à cette terre si féconde dont on pourrait tirer de si précieux avantages.

Bientôt parurent à l'horizon les *Anachorètes* entourées de récifs dangereux; puis devant nous les mille îles découvertes par Bougainville, puis encore les Carolines, les bienheureuses Carolines, basses, riantes, paisibles, jetées comme un bienfait, comme une pensée céleste au milieu de ce vaste océan peuplé de tant de farouches naturels. Voyez, voyez! les pros-volants fendent l'air; ils nous suivent, nous atteignent, nous accostent, nous entourent.

— Loulou! loulou! (du fer) nous crie-t-on de toutes parts; et les insulaires montent à bord, inquiets, mais impatients de tout voir, de toucher à tout. Ces peuples navigateurs dont je vous parlerai bientôt, car je dois voyager avec eux, vivent là, sous ces belles plantations, sans querelles au dedans, sans guerres au dehors; braves, humains, généreux, beaux par le corps et par l'âme, souriant à une caresse, à un témoignage d'affection; sautant comme des enfants à qui l'on vient de donner des joujoux; acceptant une bagatelle avec la plus vive reconnaissance, la nouant au cartilage allongé de leurs oreilles, qui leur servent de poches; mais vous offrant toujours en échange des pagnes élégants, des hameçons en os, des coquillages magnifiques, craignant de se montrer moins généreux que vous, non par orgueil, mais par bonté.

J'avais souvent entendu dire que les pros-volants des Carolines étaient des embarcations taillées de telle sorte qu'à l'aide d'une voile triangulaire en pagne, deux balanciers et un pilote gouvernant avec le pied, on coupait, pour ainsi dire, le vent. Eh bien! ce qui me paraissait alors une ridicule exagération des voyageurs, devint à mes yeux une éclatante vérité, et c'est un des phénomènes nautiques les plus curieux à observer que ces hardis insulaires, debout ou accroupis sur leur pros plein d'élégance, se jouant des vents, triomphant de la violence des moussons, et passant, comme de rapides hirondelles, au milieu des courants et des récifs les plus dangereux et le plus étroitement resserrés. Que leur importe à eux qu'une embarcation chavire! ils sont là pour la relever, ainsi qu'on le ferait chez nous dans un bassin tranquille et à l'aide de nos palans et de nos grues. Quant à ces hommes aussi intrépides qu'intelligents, ne craignez rien pour leur vie; la mer est leur élément, le courroux des tempêtes leur délassement le plus désiré; et l'on ne comprend pas tant de souplesse et d'agilité au milieu d'obstacles si multipliés et si imprévus. Le Carolin est un homme, un poisson et un oiseau à la fois.

Tous les individus qui montèrent à bord se faisaient remarquer par une taille gracieuse et des mouvements pleins de liberté. Il y avait de la noblesse dans leur démarche, de l'expression dans leurs gestes, du vrai rire dans leur gaieté d'enfant. Pourtant il était aisé de reconnaître, même dans leur empressement à venir à nous, qu'un douloureux souvenir leur commandait une grande défiance. Braves gens, qu'un capitaine sans foi ni pitié aura trompés et poursuivis au milieu de leurs joies! Deux des insulaires qui nous firent visite, et pour lesquels les autres semblaient montrer quelque déférence, avaient sur les cuisses et sur les jambes des tatouages ravissants dessinés avec une régularité parfaite : c'étaient deux demi-chefs, deux demi-rois, et ils n'eussent pas eu cet ornement en usage chez tant de peuples, qu'il eût encore été facile de reconnaître leur supériorité à la noblesse de leurs manières, à leur haute stature et à leur force musculaire. Un pagne étroit couvrait les reins de chaque individu, et tout le reste du corps était sans vêtement. Quelques-uns avaient aussi des colliers faits avec les folioles de cocotier, et des bracelets coquets tressés avec un art infini.

Un groupe de cinq ou six naturels, sans doute pour payer leur bienvenue et notre bon accueil, se mit à danser, et je ne saurais vous dire tout ce qu'il y avait d'amusant et de curieux dans cette petite fête si courtoisement improvisée.

Cependant nous naviguions à l'aide de petites bouffées presque imperceptibles; mais un un grain à l'horizon nous annonça de la pluie. Nous manquions d'eau, et, afin d'en ramasser au moment de l'averse, nous dressâmes nos tentes, et allâmes chercher dans la batterie quelques boulets pour jeter sur la toile et faire entonnoir. A l'aspect de ces projectiles portés par les matelots, les Carolins, effrayés, poussèrent des cris sinistres et semblèrent nous accuser de trahison. Nous eûmes beau leur prodiguer de nouvelles et ferventes caresses, ils bondirent sur le bastingage, s'élancèrent dans les flots comme des plongeons, et rejoignirent à la nage leurs embarcations au large.

L'archipel des Carolines s'effaça bientôt à l'horizon, je le perdis de vue avec un serrement de cœur qui m'accompagna bien avant dans la traversée, et cependant je ne savais pas encore tout ce que je devrais de reconnaissance dans l'avenir à l'un des plus puissants rois de ces îles, où vit en paix jusqu'à présent le peuple le plus beau, le plus doux, le plus généreux de la terre.

XVI

ILES MARIANNES.

Guham. — Humata. — La Lèpre.

Une voix crie : « Terre! » Ce sont les Mariannes, les îles des Larrons, soit; mais on trouve là, du moins, si nous en croyons les navigateurs, de belles et suaves forêts, au travers desquelles l'air glisse pur et rafraîchissant ; il y a là des eaux limpides et calmes, de l'espérance, presque du bonheur. Voyez sur le navire comme les fronts se dérident, comme les bouches sourient, comme les paroles s'échappent moins graves. Dans la batterie ouverte au souffle de terre, les malades cherchent d'un œil faible les montagnes à l'horizon, et la corvette, poussée par une forte brise, s'élance majestueusement vers la principale île de cet archipel.

L'exagération de certains navigateurs est patente, ou le pays a perdu de sa fertilité et de ses richesses, car les cimes qui se dessinent imposantes au milieu des nuages sont nues, âpres, couronnées d'énormes blocs de roches noires et volcaniques. A leur base pourtant, et à mesure que nous approchons, nos regards se reposent sur quelques touffes de verdure assez riches; mais dès que le sol monte, avec lui se déploie, comme pour pavoiser le rivage, un vaste et admirable rideau de palmiers, de cocotiers, de rimas, de bananiers, si beaux, si éclatants de leurs jeunes couleurs, que tous mes souvenirs perdent de leur richesse.

Après avoir longé la côte de Guham pendant une demi-journée et touché presque de la main l'île des Cocos, qui ferme d'un côté la rade d'Humata, nous laissâmes tomber l'ancre à deux encâblures à peu près du rivage, et non loin d'un navire espagnol arrivé la veille de Manille.

La rade, dont le fond est délicieux, est défendue par trois forts appelés l'un *la Vierge des Douleurs*, l'autre *Saint-Ange*, et le troisième *Saint-Vincent*.

Le gouverneur de la colonie, venu à Humata pour recevoir les nouvelles que le trois-mâts *la Paz* lui apportait, nous reçut avec une cordialité si franche, il donna un emplacement si propre, si bien aéré à nos pauvres écloppés, il nous témoigna tant d'égards, que nous ne crûmes pas devoir l'affliger par une étiquette qu'il aurait peut-être prise pour une réserve offensante. Une heure après, nous nous promenions dans les salons de son palais.

Le village d'Humata se compose d'une vingtaine de mauvaises cases en arêtes de cocotiers assez bien liées entre elles et bâties sur pilotis. Le palais du gouvernement est long, large, *imposant*, à un seul étage, orné d'un balcon de bois, avec cuisine et chambre à coucher. Cela ressemble admirablement à ces cages carrées et glissantes jetées sur la Seine à l'usage des blanchisseuses de la capitale. Patience, nous verrons beaucoup mieux plus tard, et Guham nous réserve d'autres merveilles.

Quant aux spectres hideux qui peuplent les maisons, c'est chose horrible à voir. Voici les femmes vêtues d'un lambeau d'étoffe sale, puante, nouée à la ceinture et descendant jusqu'au genou. Le reste du corps est absolument nu ; leurs cheveux sont mêlés et crasseux, leurs yeux ternes, vitrifiés ; leurs dents jaunes comme leur peau ; leurs épaules, leur cou, rongés de lèpre, traçant tantôt de larges rigoles, tantôt creusant la chair, le plus souvent dessinant partout des écailles serrées de poissons ou des étoffes moirées ; on recule d'horreur et de pitié.

Les hommes font plus mal à voir encore et l'on serait tenté de frapper de verges ces larges et robustes charpentes que la douleur et les maladies rongent sans les abattre, et qui meurent enfin, parce que la mort dévore tout. Autour d'eux sont de vastes et belles forêts ; sous leurs pieds une terre puissante ; l'air qu'ils respirent est parfumé ; l'eau qu'ils boivent est pure et limpide ; les fruits, les poissons dont ils se nourrissent sont délicats et abondants ; mais la paresse est là à leur porte ; elle se couche avec eux dans les hamacs, la paresse honteuse qui les abandonne dans des haillons fangeux, qui les inonde de vermine, qui les abrutit, les énerve, les dissèque. Oh ! je vous l'ai dit, Humata soulève le cœur.

M. Médinilla, gouverneur omnipotent de cet archipel isolé, M. Médinilla, dont je vous parlerai plus tard, et envers lequel j'ai un tort grave à me reprocher, me répondit, quand je lui parlai de ces êtres misérables qu'on voyait çà et là étaler au soleil leurs plaies livides :

— C'est une population condamnée.

— Pourquoi donc ?

— Elle est toute lépreuse ; ma capitale offre un bien autre aspect.

— Mais les gens de votre capitale viennent jusqu'ici, et j'ai vu plusieurs de vos serviteurs serrer la main à ces malheureux ; la lèpre n'est-elle donc pas contagieuse ?

— Elle l'est ; mais si l'un de mes gens devient lépreux à son tour, je le chasserai et le reléguerai à Humata.

— Pourquoi ne pas empêcher ce dangereux contact ? pourquoi

ne pas prévenir un malheur? pourquoi ne pas forcer ces hommes au travail, qui donne de la force, de la souplesse aux muscles? Ce qui les tue, c'est la paresse.

— Non, c'est la malpropreté, et je suis sans puissance contre cet horrible fléau qui pèse ici sur toutes les familles vivant loin de ma capitale.

— Vous parlez avec bien de l'intérêt de votre capitale ; est-ce qu'elle ressemble effectivement à une ville?

— Oui, mais à une ville à part, à une ville unique en son genre : c'est une cité ou une forêt, comme vous voudrez.

— Y a-t-il un palais aussi brillant que celui d'Humata?

— J'espère que vous me ferez l'honneur d'y venir; vous déciderez ensuite s'il mérite vos épigrammes.

— Hélas! Humata m'épouvante.

Cependant nos malades se rétablissaient à vue d'œil; leurs forces renaissaient comme par enchantement, et nous fûmes bientôt en état de repartir pour nous rendre près du mouillage d'Agagna, capitale de l'île de Guham. La côte, sous quelque aspect qu'elle se présente, est riche et variée ; mais de nombreux récifs, sur lesquels le flot mugit et bouillonne, en défendent les approches, et le mouillage même où nous jetâmes l'ancre est difficile et tellement périlleux, qu'on ne peut guère y stationner que dans les belles saisons.

Les vents violents du nord ne soufflent que rarement dans la rade de Saint-Louis, protégée par l'île aux Chèvres et le morne d'Oroté, sur lequel on a élevé une inutile batterie. Au reste, j'engage fort les capitaines de navires à mouiller à Humata plutôt qu'ici, car les hauts-fonds y sont très-nombreux et restent souvent à sec dans les basses marées. Sur une de ces roches madréporiques, une citadelle bâtie à grands frais présente quelque apparence de sécurité contre une attaque extérieure ; mais quel navire viendra jamais s'embosser là pour essayer une tentative sur Guham!

Quand nous nous vîmes condamnés à ne pas sortir de quelque

temps de cette rade si belle pour le paysagiste, si effrayante pour le marin, nous nous rappelâmes que le gouverneur nous avait parlé à Guham d'une de ces îles, célèbre par le séjour que l'amiral Anson y fit lors de son grand voyage, et où, d'après M. Médinilla, nous devions trouver de curieux monuments antiques. Nous en parlâmes alors au commandant, qui nous autorisa, MM. Gaudichaud, Bérard et moi, à entreprendre, dans de frêles embarcations, ce périlleux voyage. Témérité, soit; mais *voir, c'est avoir*, a dit le poète, et nous voulions posséder. Et puis on meurt si bien en compagnie !

Ainsi donc, laissant nos amis à bord de la corvette, nous nous embarquâmes dans un canot, et mîmes le cap sur Agagna, notre véritable point de départ. Il va sans dire que Petit et Marchais furent choisis par nous pour nous accompagner dans cette première course, fort affligés qu'ils étaient déjà de ne pas nous escorter jusqu'à Tinian.

Le canal entre Guham et l'île aux Chèvres n'a pas plus de six milles dans sa plus grande largeur, ni moins de trois dans sa plus petite. Cette île est couverte d'arbustes, pour la plupart assez inutiles, mais parmi lesquels cependant on trouve le sicas, appelé dans le pays fédérico, dont les habitants de cet archipel font leur principale nourriture. Il n'y a pas d'eau douce, excepté celle qu'on recueille parfois dans un réservoir de plus de quatre cents pieds de diamètre, alimenté par les pluies et creusé sans doute par les premiers conquérants des Mariannes. Mais, en revanche, la côte de Guham offre de toutes parts l'aspect le plus riche et le plus varié. Les récifs poursuivent leur cours jusqu'à Agagna, et laissent à peine trois passages fort difficiles, même pour les embarcations. Le premier est vis-à-vis de Toupoungan, village d'une quinzaine de maisons que Marchais nous proposa d'aller prendre d'assaut à lui tout seul, armé d'une des jambes de Petit. A cette plaisanterie, celui-ci, dont le soleil avait probablement échauffé le cerveau, riposta par un quolibet plus innocent encore; mais Marchais fit un mouvement du coude; Petit voulut parer, et, perdant l'équilibre, il tomba à l'eau.

Oubliant que son adversaire nageait comme un marsouin, Marchais, dont le cœur n'était jamais en défaut pour rendre un service, l'y suivit afin de lui porter secours, et c'est ce que voulait le rusé Petit, qui, plus fort dans cet élément, avait enfin trouvé l'occasion de se venger des mille et un coups de pied vigoureux dont Marchais l'avait généreusement gratifié. Jamais combat ne fut plus amusant, plus rempli d'épisodes. Marchais était furieux et avalait, en écumant de rage, gorgées sur gorgées d'une eau salée et boueuse, tandis que Petit, dans ses rapides évolutions, échappait à toutes les manœuvres de son antagoniste.

Nous mîmes trêve enfin à cet acharnement des deux combattants qui arrêtait notre marche; mais Petit ne consentit à monter à bord qu'après que nous eûmes obtenu de Marchais sa parole d'honneur qu'il ne garderait aucune rancune de cette lutte d'amis, où, pour la première fois, la victoire lui avait échappé.

Le second passage est par le travers d'Anigua, bourg aussi misérable que Toupoungan, et où la lèpre n'est ni moins dangereuse ni moins répandue.

La route nous paraissant belle par terre, mes deux compagnons et moi résolûmes de la parcourir à pied jusqu'à Agagna, distant encore de six milles. Partout une terre riche et belle, partout les arbres les plus élégants et les plus majestueux à la fois; mais point de culture, point de travaux utiles pour diriger les eaux des torrents descendant des montagnes.

Enfin nous trouvâmes un hôpital de lépreux. J'y entrai, puisque mon devoir m'y appelait; j'y dessinai quelques-uns des malheureux qui erraient çà et là, comme des fantômes, le long des murailles décrépites, et vingt fois je fus tenté de m'échapper de ce séjour de misère et de malédiction. Toutes les parties saillantes des infortunés qu'il renfermait étaient attaquées avec une violence extrême; pas un n'avait de nez, et la plupart perdaient leur langue tombant en lambeaux.

La lèpre est ici l'hôte fatal de chaque demeure ; elle croît avec l'enfant qui vient de naître ; timide, elle l'escorte encore dans son adolescence, elle grandit et se fortifie avec lui, elle l'écrase dans un âge avancé, elle le pousse à la tombe... et nous allons, nous, hommes sains et forts, cœurs bons et généreux, l'étudier dans ses ravages, visiter le malheureux qui en est vaincu, comme si c'était là un spectacle doux à l'âme, un tableau consolant, une image de paix et de bonheur !

Sentinelle toujours debout, la lèpre est permanente à Humata, je vous l'ai déjà dit, et cependant quelques individus encore n'en sont point atteints. Patience, elle a les bras longs et les ongles aigus, l'horrible maladie dont je vous parle ; lorsqu'elle laisse passer auprès d'elle un corps sans le tordre et le creuser, c'est que Dieu, dont la force est plus grande, a étendu la main et a dit : *Assez!*

XVII

ILES MARIANNES.

Guham. — Agagna. — Fêtes. — Mœurs.

Effrayé de l'aspect des lépreux, je pris la fuite et rejoignis mes camarades qui m'attendaient à Assan.

Ceci est véritablement un bourg, mais un bourg propre et bien bâti ; on s'aperçoit qu'on approche de la capitale, dont on n'est éloigné que d'un quart de lieue, et les environs, plantés d'arbres odoriférants, sont un jardin délicieux où l'on a hâte de se reposer. J'y fis une remarque assez singulière. Dans tous les lieux où s'était montré le cocotier, nous l'avions trouvé droit, élégant, majestueux. Ici il change de nature et garde sa nouvelle forme jusqu'à Agagna. Sa tige, d'abord verticale, fait un coude à une hauteur de vingt à vingt-cinq pieds, et parcourt ensuite presque horizontalement une grande distance sans perdre de sa force et de la richesse de son feuillage, et se redresse enfin, comme un superbe panache, à deux brasses à peu près de sa brillante chevelure. L'aspect de ces arbres capricieux est vraiment fort curieux à observer, et de loin on croirait voir une vaste forêt à demi vaincue par les ouragans.

Je ne vous dirai pas la beauté, la variété, la richesse des paysages qui se dessinent aux yeux, d'Assan jusqu'à Agagna : nul pinceau, nulle plume ne pourrait en donner l'idée; on se tait, on admire.

Ceci est une ville, une ville véritable avec rues larges et droites, avec carrefours, une place publique, une église, un palais. Ceci ne vous rapproche point de l'Europe, car rien ne ressemble à ce que vous avez vu jusqu'à présent, mais vous dit pourtant une conquête récente d'une civilisation bâtarde. Ce n'est encore qu'un reflet, c'est, pour ainsi dire, la parodie de nos mœurs, de nos lois, de nos usages, de nos vices même et de nos ridicules ; mais c'est un progrès en tout, bien et mal, c'est un premier pas, une espérance; viennent maintenant ici, pour gouverner cet archipel, un homme qui comprenne la morale, un réformateur philanthrope, un esprit droit, une volonté ferme, et vous aurez aux Mariannes des citoyens comme vous et moi, un code protecteur de tous les intérêts, une religion guide de toutes les consciences.

Il y a cinq cent soixante-dix maisons à Agagna, dont cinquante seulement en maçonnerie ; les autres sont en bambou, arêtes de palmier et feuilles très-artistement serrées et liées. Toutes sont sur pilotis, à quatre ou cinq pieds du sol, ayant sur la façade, et derrière, un jardin avec enclos planté de tabac et quelques fleurs. Tout cela est fort gai, fort curieux à étudier. Ces maisons sont séparées les unes des autres ; on y monte par une échelle extérieure qu'on retire la nuit, et qu'on pourrait laisser en toute sécurité. Elles n'ont jamais plus de deux pièces ; dans l'une dorment les maîtres du logis ; dans l'autre en face de la porte, les enfants, les poules, les porcs, hôtes de chaque jour, et les étrangers visiteurs, constamment bien accueillis. Les meubles consistent en petits escabeaux, hamacs, ardoises pour tourner la feuille de tabac, et mortiers pour réduire en poudre le sicas. Ajoutez à cela trois ou quatre images de saint, de christ, de martyr ; des vases en coco, des fourchettes en bois de sandal, des rosaires, et des galettes qu'on fait sécher à l'air, et vous aurez une idée complète de ces demeures hospitalières où la vie s'écoule sans secousse, presque sans souffrance, jusqu'à une vieillesse précoce ; car dans ce pays si chaud, si fécond, on est homme complet quand chez nous on comprend à peine la vie.

Le palais du gouverneur décore la seule place de la capitale. C'est un vaste corps de logis à un étage, moitié bois, moitié briques, avec force croisées et un balcon dominant la mer et planant majestueusement sur les maisons voisines. Devant sa façade sont placées huit pièces d'artillerie en bronze, sur leurs affûts, gardées par des soldats en uniforme devant lesquels je vous défie de vous arrêter sans rire aux éclats, tant les guenilles dont on les a affublés sont bizarres et peu façonnées à leur taille.

Un logement nous était préparé à côté du palais ; nous nous y rendîmes, et nous nous trouvâmes bientôt en face d'un piquet de vingt-quatre hommes sous les armes, commandés par un major, un capitaine et cinq ou six lieutenants et sous-lieutenants. O Charlet ! ô Raffet ! ô Bellangé, venez à mon aide ! c'est les esquisser tous que d'en esquisser un seul ; ils sont sortis du même moule. il y a parité ; on dirait des frères, mieux que ça, des sosies :

Il est maigre, long, efflanqué ; son chapeau à claque le coiffe *brassé carré*, selon l'expression pittoresque de Petit ; les deux coins, ornés d'énormes glands, descendent jusque sur les épaules et caressent des ombres d'épaulettes faisant face en arrière et venant visiter les omoplates. Le chef, dégarni de cheveux sur la face, en a plusieurs en queue, serrés tantôt à l'aide d'un ruban noir ou blanc, tantôt à l'aide d'une petite corde jaune ou rouge. Il a une moustache, ou il n'en a pas, selon son caprice ; il se tient droit comme un de ces cocotiers d'Assan dont je vous ai parlé tout à-l'heure, et il nage dans son habit avec plus d'aisance que vous ne le feriez dans un large manteau de mousseline. Celui-ci joint les deux revers par une agrafe au-dessous du menton et s'achemine en pointe jusqu'au bas de la place des mollets, enfermés dans des guêtres où les cuisses et le corps tiendraient fort commodément. Un ceinturon noir ou bleu appliquait l'épée sur la hanche, épée à la Charlemagne, longue et plate, à fourreau déchiré ; le tout porté sur des souliers fins extrèmement effilés. Voilà à peu près ; mais c'est la tournure grotesque de ces maringouins déguisés qu'il faut admirer ! c'est aussi l'air imposant et martial dont ils cherchent à se draper qui amuse et qui étonne. En vérité, on ferait volontiers le voyage aux Mariannes rien que pour voir, une fois seulement, l'état-major en grande tenue du gouverneur général de cet archipel pour le roi *de toutes les Espagnes*.

Après notre inspection à la course, mes deux amis et moi nous nous rendîmes à notre logement pour nous préparer à notre grand voyage à Tinian, l'île des antiquités. Une porte où veillait une sentinelle fumant son cigare était à côté de la nôtre : là se voyait une prison avec des anneaux de fer au mur ; des cris déchirants sortaient de cette noire enceinte, et j'y pénétrai sans que la sentinelle m'arrêtât. On frappait un Sandwichien amarré à l'un des anneaux de fer, et ses épaules et ses flancs en lambeaux attestaient la vigueur du bourreau. Celui-ci, dont je vous parlerai plus tard, me salua de la main gauche, tandis que de la droite il achevait l'exécution de la sentence. Mais cette sentence, qui l'avait dictée? Le valet lui-même. De quoi était coupable le Sandwichien? D'avoir répondu trop cavalièrement au valet. Nul ne savait dans l'île ce qui se passait en ce moment à la prison, hormis le bourreau, le patient et moi. La tâche finie, le Sandwichien s'en alla, et celui qui venait de le frapper lui lança violemment son bâton noueux entre les jambes.

A une sévère observation échappée de ma bouche, le misérable haussa les épaules, siffla et me laissa seul.

Le premier dîner que nous donna le gouverneur fut précédé d'un dessert très-confortable, où les plus beaux fruits de la colonie se trouvèrent étalés avec une profusion toute vaniteuse, mais où la grâce et l'empressement jouaient encore le premier rôle. La *grandeur* castillane étalait là son insolence et son orgueil. M. Médinilla se sentait fier de nous convaincre qu'il coulait dans ses veines un noble sang espagnol, et il se plaisait à nous parler de l'Europe, afin de nous prouver que ses usages ne lui étaient pas étrangers. Tant de coquetterie nous subjugua. Le repas de la soirée fut d'une gaieté charmante, et pour y ajouter encore un plaisir, le gouverneur nous demanda la permission de faire monter dans la grande salle une vingtaine de petits garçons et de petites filles qui se placèrent sur deux lignes, ainsi que des soldats lilliputiens, et entonnèrent des chants tchamorres avec une harmonie à rivaliser avec un concert de chats sauvages; puis, changeant de rhythme, ils nous firent entendre quelques noëls fort originaux, et *clôturèrent* la séance par des cantates sonores et guerrières en l'honneur de leur noble pays, de leur noble souverain, de leur noble armée, de leurs nobles concitoyens, de leurs nobles *nobles*.

Cependant M. Médinilla, devinant à nos grimaces qu'une pareille versification n'était pas fort de notre goût, renvoya les bambins sur la place publique, nous demanda la permission d'aller faire la sieste, et nous invita pour le lendemain à de nouveaux délassements.

Nous sortîmes donc du palais et parcourûmes la ville... Elle était déjà plongée dans le sommeil le plus profond. Ici le peuple vit couché ou accroupi. La brise a beau souffler fraîche et bienfaisante, les hommes, les femmes restent cloîtrés dans leurs demeures, étendus sur des nattes de Manille ou dans des hamacs, et il serait vrai de dire qu'aux Mariannes tous les jours n'ont que deux ou trois heures, et que le reste c'est la nuit.

Le respect des fils pour leurs pères est ici une vertu de chaque famille ; à son réveil, le *padre*, dont on ne parle jamais qu'en le dotant du titre d'altesse ou au moins de seigneurie, est entouré de ses enfants, dont il reçoit les plus touchantes caresses. C'est à qui lui présentera ses vêtements, son cigare, son déjeuner, et jamais on ne prononce le nom de père sans le faire accompagner d'un salut de tête ou d'une révérence. Pendant le jour, la famille entière est occupée à épargner au chef toute fatigue, et le soir, après la prière, que lui seul a le droit de prononcer à haute voix, nul ne se couche que le hamac ou la natte n'ait reçu le chef de la famille.

Les garçons peuvent se marier à quatorze ans, les filles à douze. J'ai vu une mère de treize ans qui allaitait deux jumeaux. Ces exemples sont cependant fort rares. Le nombre moyen des enfants s'élève de quatre à cinq dans chaque famille. J'ai connu à Agagna un vieillard qui en avait vingt-sept, tous vivants, et M. Médinilla nous a parlé d'une femme d'Assan qui comptait cent trente-sept rejetons, dont pas un n'avait été atteint de la lèpre. Citer de pareils faits, c'est en constater l'exception. Le langage primitif des naturels des Mariannes est guttural, bref, très-difficile, et il est impossible de traduire quelques-unes de leurs articulations à l'aide de nos seuls caractères. On dirait parfois un râle douloureux, souvent aussi des sons qui ne s'échappent que du nez. Cependant, s'il est vrai que le style soit l'homme, il faut convenir que les premiers habitants de ce bel archipel avaient deviné la poésie, et que les siècles et les conquêtes l'ont appauvri en substituant aux vives images de leur idiome la majestueuse gravité de la langue espagnole.

Le Tchamorre dit, en parlant de la légèreté des pros carolins : *C'est l'oiseau des tempêtes; ils coupent le vent, c'est le vent lui-même*. En parlant d'une mer calme, il dit toujours. *Le miroir du ciel*. Et si vous lui demandez ce que c'est que Dieu, il vous répond : *C'est lui.* Il dit encore qu'un beau jour *est un sourire de l'Être suprême*, et que les palmiers sont les *panaches de la terre.* Il appelle l'écriture *le langage des yeux;* les passions, *des maladies de l'âme;* les nuages, *les navires de l'air;* les ouragans et les tempêtes, *des colères.* Chez ce peuple qui s'efface et disparaît, la langue a peu de mots et beaucoup d'images ; la périphrase en est l'esprit ; on ne va au but qu'avec un détour, et il serait exact de dire que le Tchamorre ne dessine qu'avec des couleurs. Pour quiconque étudie avec soin les progrès ou la décadence des peuples, il n'est pas difficile de deviner que les premiers habitants de cet archipel sont tombés par la conquête, et qu'il ne restera bientôt plus rien de ces hommes extraordinaires qui ont doté jadis ce pays de monuments curieux et gigantesques dont je vous parlerai bientôt, et qui ont tant de rapport avec quelques-unes des ruines antiques découvertes en Amérique.

Il y a haine permanente ici entre les familles pur sang tchamorre et celles alliées aux Espagnols. Les premières méprisent les autres, celles-ci haïssent les premières ; de là des rixes sanglantes dans les campagnes, où les cadavres mutilés attestent la férocité ou plutôt le délire du vainqueur. Il m'est arrivé quelquefois, dans mes promenades, de prendre sans réflexion deux guides de religion opposée, qui ont constamment refusé de m'accompagner, quelque brillantes que fussent mes promesses et mes récompenses ; l'Espagnol refusait par dédain, en disant : « C'est un sauvage ; » le Tchamorre, avec brutalité, appelant l'Espagnol « un homme dégénéré. » Si un gouverneur rigide ne met un terme, par de sévères exemples, à ces fureurs héréditaires, la colonie aura son jour de deuil.

Le costume des Mariannais est en parfaite harmonie avec la nature du climat torréfiant qui pèse sur tout l'archipel. Celui des femmes se compose d'une camisole flottante, voilant à demi la gorge, laissant le cou et les épaules nus ; elle se croise, à l'aide de deux ou trois agrafes, sur la poitrine, et tombe sur les reins ou plutôt près des reins, sans arriver aux jupes, attachées à la hanche par un large ruban et descendant presque jusqu'à la cheville. Cette jupe est formée, en général, de cinq ou six mouchoirs en pièces appelés madras; les pieds et les jambes sont nus, ainsi que la tête, sur laquelle ondoie une immense et belle chevelure nouée fort bas; puis, vous voyez des rosaires et des chapelets bénits aux bras, sur le sein. En allant ou en assistant à la messe, il est rare qu'une seule d'entre elles, au lieu de la gracieuse mantille espagnole, ne jette pas sur son front un mouchoir bariolé qu'elle laisse flotter au vent en le retenant sous le menton avec la main. La plupart, sitôt qu'elles le peuvent, se coiffent d'un chapeau d'homme, et je ne saurais vous dire ce qu'il y a de gravité, de force, d'indépendance et de domination dans ces natures privilégiées où la vie circule si précoce et si puissante.

La jeune fille de Guham ne marche pas, elle bondit; plus élégante que l'Andalouse, elle a aussi plus de majesté et pas moins de coquetterie. N'espérez pas lui faire baisser les yeux par l'ardeur ou l'impertinence des vôtres : vous seriez vaincu à ce défi qu'elle ne refuse jamais. Vous avez beau vous montrer fier et protecteur, elle est plus que vous et dédaigne votre protectorat. La jeune fille des Mariannes fume et mâche du tabac; son cigare, à elle, est très-volumineux, et il y a coquetterie exquise à se montrer la bouche pleine d'un cigare de six pouces de long et de huit lignes au moins de diamètre.

Les hommes portent une chemise blanche descendant jusqu'à mi-cuisse et des pantalons larges n'allant pas plus bas et attachés aux reins; les jambes et les pieds sont nus, ainsi que la tête. Au surplus, leur démarche a, comme celles des femmes, un caractère de liberté, une allure de matamore qui sied à merveille à leur taille admirablement prise, quoique petite, et l'on voit au moindre de leurs efforts se dessiner en vigoureuses saillies les muscles de leurs corps, de leurs jarrets et de leurs bras, taillés ainsi que ceux de l'Hercule Farnèse. Mais tout cela, je vous l'ai dit, c'est la vie de ces gens aux jours d'exception, aux heures forcées, car, selon leur habitude quotidienne, ils dépensent une si belle existence dans le repos et le sommeil.

Le teint des Mariannais est jaune foncé; ils ont des dents d'une blancheur éclatante lorsqu'ils ne les brûlent point par l'usage ridicule et cruel du bétel et du tabac saupoudrés de chaux vive. Leurs yeux sont grands et brillants, et leurs pieds, ceux des femmes surtout, sont excessivement petits et délicats, ce qui est fort remarquable dans un pays où peu de personnes marchent avec des chaussures.

Le Tchamorre tient du Chinois par ses allures tortueuses, son caractère hypocrite et sa physionomie, mais surtout par son ardent désir de rapine. A peine est-il entré dans un appartement, que son regard scrutateur lui dit les objets sur lesquels il fera main basse ; tout ce qui se trouve à sa portée est dérobé avec une effronterie et un cynisme révoltants, et si vous le frappez pour le vol qu'il vient de commettre, doublez la dose, car, à coup sûr, pendant l'*opération* il aura fait un nouveau larcin.

XVIII

ILES MARIANNES.

Voyage à Tinian. — Les Carolins. — Un tamor me sauve la vie.

Voici une de ces courses palpitantes d'intérêt, amusantes e instructives à la fois, sur lesquelles les années passent sans que le moindre épisode les décolore ou les affaiblisse. Jamais peut-être navigateur n'a fait d'excursion plus curieuse, plus incidentée; et si le cœur m'a battu de crainte au moment du départ, il m'a battu plus violemment, je vous l'atteste, pendant le voyage, à l'idée seule que cette occasion si belle et si rare aurait pu m'échapper.

Tinian est là-bas, au nord de Guham ; on dit qu'il y a sur ses plages désertes de gigantesques ruines à voir. Allons étudier les ruines de Tinian.

Bérard et Gaudichaud font le trajet avec moi, tant mieux : deux jeunes courages souvent éprouvés, l'un ardent botaniste, l'autre officier expérimenté. Je n'aurais pas mieux choisi. La traversée est courte, mais non sans d'imminents dangers sur des barques si fragiles ; tant mieux encore : c'est la difficulté vaincue qui fait le mérite. Je n'ai plus que de l'impatience dans l'âme.

Le gouverneur, le commandant, les autorités d'Agagna et quelques amis nous escortent jusqu'au rivage, où l'on nous serre affectueusement la main en nous disant : « A la grâce de Dieu ! » Puis je monte avec Bérard sur le pros-volant qui m'est désigné ; Gaudichaud saute sur une embarcation plus petite encore ; chacun de nous s'assied à son poste, avide des merveilles qui nous sont promises.

Je vous dirai plus tard comment sont bâties ces singulières pirogues, et je vous ferai connaître alors jusque dans leur vie la plus intime les audacieux pilotes à qui nous confions aujourd'hui nos destinées.

Les voici tous, joyeux, sautillants ; ils arrivent et se jettent à l'eau : nagent-ils ? non, ils viennent de quitter un élément qui les fatigue pour un élément qui les amuse et qui convient mieux à leur nature ; à la mer ils sont chez eux. Ces organisations sont des organisations amphibies, et le premier cri qui s'échappe de la poitrine à l'aspect de ces êtres extraordinaires est un cri d'admiration et de respect.

Les pros sont mouillés au large par dix à douze brasses.

— Faut-il partir maintenant ?

— Oui, dérape et au large.

Ici point de cabestan à virer, point d'efforts et de chants parmi l'équipage ; un homme plonge, roule au fond des eaux, suit dans les roches madréporiques les cent détours du filin qui retient le pros captif, le dénoue avec la même dextérité qui lui fut nécessaire pour mouiller, et remonte comme s'il n'avait rien fait que vous et moi ne fussions capables de faire. Oh! ne criez pas au phénomène : nous ne sommes pas encore sous voile, et ce n'est qu'un premier regard sur ces hommes extraordinaires.

Notre petite flottille était composée de huit pros, dont les plus élégants avaient pour pilotes les tamors des Carolines, arrivés depuis deux jours à Agagna. Et c'est là un des plus hardis voyages à tenter sur les océans. Mais quels pilotes! quels courages! quelles hautes intelligences!

Ils partent des Carolines sur leurs frêles embarcations, sans boussole, sans autre secours que les étoiles dont ils ont étudié les positions, mais qui peuvent si souvent leur refuser tout appui. Ils disent à leurs amis un adieu tranquille qui leur est rendu avec le même calme; on leur demande l'heure précise de leur retour; ils se jettent au large, et les voilà entre le ciel et l'océan, faisant un trajet de six ou sept cents lieues, consultant la direction des courants, qu'une longue expérience leur apprend à connaître, et pointant une petite île lointaine, où ils abordent à coup sûr, mieux que ne le ferait un de nos plus habiles capitaines de notre marine militaire.

La brise soufflait assez forte, et nous courions au plus près; nous coupions le vent, et les soubresauts du pros me fatiguaient d'autant plus que je n'étais pas dans l'embarcation même. Aux deux bords sont amarrés fortement, d'une part, un *flotteur*, dont je vous parlerai plus en détail dans la suite ; de l'autre, une sorte de cage d'osier à cinq ou six pieds en dehors de la carcasse du pros et suspendue à un solide treillage. Je ne peux pas mieux la comparer qu'à ces paniers dans lesquels nos marchands enferment les volailles, de sorte qu'il serait exact de dire qu'avec les Carolins on navigue en ballon.

J'étais là, moi, cruellement tiraillé par d'horribles souffrances, sans une voix amie pour me donner des forces. Cependant de temps à autre je mettais le nez à l'air et je dessinais, au milieu de mes angoisses, la côte admirablement boisée de l'île, où se montraient quelques pauvres cabanes au fond des criques silencieuses qui creusent le sol.

La voile de pagne était toujours au vent, l'écoute entre les mains du premier pilote, tandis qu'un de ses camarades, sur l'arrière, aidait à la manœuvre, à l'aide d'un petit gouvernail qu'il faisait mouvoir avec le pied plongé dans l'eau par intervalles. Ma douleur se taisait dans mon admiration en présence de tant d'adresse.

La mer était houleuse et haute; je ne comprenais pas la joyeuseté de mes compagnons de voyage alors que le pros tournoyait pour ainsi dire au gré de la lame, et je me hasardai, entre deux gros soupirs, à leur demander si nous ne courions aucun danger.

— Ne craignez rien, me dit le tamor d'une voix douce en mauvais espagnol ; ne craignez rien, nos barques ne chavirent jamais.

A peine m'eut-il rassuré que, jetant un regard curieux derrière moi, car nous ouvrions la marche, je vis un pros chavirer, la quille en l'air, sous une rapide rafale. Je fis signe au pilote et lui montrai du doigt la pirogue immergée; mais, au lieu de déplorer l'événement, il se prit à sourire en pitié avec ses insouciants camarades, et me fit comprendre que les hommes savaient nager et que nul ne se noierait. Il ajouta que le pros serait bientôt relevé et mis à flot sans secours étranger, ce qui eut lieu en effet, mais après plus d'une heure d'attente.

Je vous ai dit que de chaque côté de l'embarcation, à quelques pieds de distance, était un flotteur qui servait à maintenir l'équilibre, compromis par le poids des soliveaux soutenant la cage opposée. Eh bien! dès que l'embarcation chavire, l'équipage se porte au flotteur, pèse dessus de tout son poids, et le pros tourne, cabriole et se redresse. Que voulez-vous que je vous dise! ce sont là de ces prodiges d'adresse auxquels il faut bien croire, en dépit de la raison, puisque la chose est ainsi, puisqu'elle se renouvelle tous les jours dans ces navigations merveilleuses, puisque j'en ai été témoin, puisque je vous l'atteste sur la foi du serment, puisque cela est... Détruisez donc cette vérité mathématique : deux et deux font quatre. Après cela, tant pis pour vous si vous ne croyez pas.

Cependant la brise devenant trop carabinée, nous mîmes le cap sur la terre vers une anse délicieuse ; les autres pros suivirent notre exemple ; quelques-uns, effrayés, se jetèrent volontairement sur la grève ; d'autres mouillèrent par un fond de cinq ou six brasses, à l'aide d'un filin qu'un des pilotes alla nouer au fond de l'eau à des roches de corail, et nous gagnâmes, sur la lisière d'un bois, deux petites cabanes où nous reçûmes l'hospitalité.

— C'est une navigation un peu dure, nous dit Bérard d'un ton joyeux qui ne l'abandonnait jamais ; n'est-ce pas que le corps est brisé ?

— Oui, brisé, moulu, répondit Gaudichaud d'une voix souffrante.

— Et toi, Arago, qu'en dis-tu ? N'est-ce pas que tu es de notre avis ?

Je n'étais de l'avis de personne : étendu sur le gazon, je me roulais, je me tordais à faire pitié ; mais qui a pitié de celui qui souffre du mal de mer ? On m'eût traîné dans les flots que j'aurais, je crois, trouvé assez de force pour dire : « Merci ! Dieu vous le rende en pareille occasion ! »

Le petit bourg où nous fîmes halte s'appelle Rotignan ; on m'y traîna avec peine, l'on m'étendit sur une natte, et l'engourdissement plutôt que le sommeil ne tarda pas à s'emparer de moi. A mon réveil, je me trouvai couché côte à côte d'un tamor carolin, chef du pros que je montais, et qui, sans façon aucune, avait mis à profit le coin de natte que je laissais en liberté.

Le soleil se levait radieux ; les cimes des rimas touffus en étaient dorées. Un cri du pilote retentit, et en un instant chacun fut debout. La toilette de nos compagnons de voyage ne les occupe guère : ils sont absolument nus.

Cependant il fallait songer à la traversée, aux difficultés qui pouvaient surgir, et à la nécessité où nous nous trouvions de passer plusieurs jours en mer. Aussi nos gens, lestes comme des chats sauvages, escaladèrent-ils les hauts cocotiers et en firent-ils descendre une prodigieuse quantité de fruits.

Oh! ici ce fut encore une fois une admiration qui tenait de l'extase, car jamais je n'avais supposé dans un homme tant d'adresse et d'agilité, tant de grâce et de force.

Écoutez.

Les cocos, noués en grappes de huit ou dix, étaient sur la plage; chacun des pilotes, chargé d'un de ces lourds bouquets, le poussait en avant et arrivait ainsi au pros; mais une grappe, lancée par le principal tamor, se dénoua, et voilà les fruits saisis et dispersés par la lame capricieuse. Le pilote nageur s'arrêta tout d'abord un instant, parut réfléchir, promena un regard inquiet et irrité sur les fruits qui lui échappaient, me vit debout au rivage, prêt à le railler de ses inutiles efforts, et sembla accepter le défi que je lui lançais. Je lui montrai un mouchoir et je lui donnai à comprendre qu'il lui appartiendrait s'il parvenait, lui, à ramener au pros tous les cocos flottants. La proposition fut prise au sérieux, et voilà mon rapide marsouin, tantôt allongé, tantôt courbé, allant à droite, à gauche, en avant, en arrière, ralliant les fugitifs, ainsi qu'un berger le fait de ses chèvres vagabondes, poussant celui-ci de la tête, celui-là de la poitrine, revenant d'un seul élan vers un troisième qu'il emprisonne entre ses genoux, et les ressaisissant en bloc, luttant contre tous, se heurtant, se divisant de nouveau, montant et descendant avec la lame; gagnant toujours du chemin et arrivant enfin à bord, après une lutte d'une demi-heure au moins, plus piqué encore de mon doute et de mon étonnement que fier de son triomphe.

Quels hommes que ces hommes!

Cependant nous rejoignîmes le pros, où je payai volontiers le pari perdu ; mais la brise soufflant avec trop de violence, cinq des pros qui nous escortaient et qui étaient montés par des habitants de Rotta refusèrent de mettre à la voile avec nous. Quant à nos hardis pilotes, après une courte prière qu'ils prononcèrent à voix basse, ils prirent le large. Bérard s'assoupit, et moi je recommençai ma vie de douleurs.

Bientôt mon ami, réveillé en sursaut par une secousse violente, se dressa et m'appela à lui. Je sortis de ma cage, et, bien décidé à lutter contre le mal de mer, je m'assis à côté du premier tamor, dont le regard perçant interrogeait l'horizon assez assombri, mais dont le front calme et ouvert me rassurait complètement.

Plusieurs oiseaux vinrent planer au-dessus de nos têtes ; Bérard les abattit, et, malgré la hauteur des lames et la présence de deux requins qui nous escortaient, un des Carolins se jeta à l'eau, les saisit et les porta à bord.

C'étaient des fous. Parmi eux il se trouvait un corbeau, que nos bons et superstitieux argonautes jetèrent au loin en nous faisant entendre qu'il ne leur inspirait que du dégoût, parce qu'il mangeait de la chair humaine.

Je vous répète, moi, que les moindres actions de ces hommes vous disent toute l'excellence de leur naturel.

Mais Guham s'abaissait derrière nous, et au nord Rotta se levait plus belle et plus parée encore que son orgueilleuse voisine. La brise soufflait carabinée et par rafales ; les nuages passaient sur nos têtes avec une grande rapidité ; les pros dansaient, rudement secoués par la vague, et nous devinions bien à l'activité de nos pilotes qu'il y avait péril pour nous tous.

Ce qui surtout, dans ces moments difficiles, excitait notre admiration, c'étaient l'adresse, la vigueur, l'audace du Carolin attaché au gouvernail, qu'il dirigeait avec son pied. La lame venait parfois se briser contre lui, et c'est tout au plus s'il détournait la tête ; les flots le couvraient souvent en entier, et dès qu'ils avaient passé sur cet homme de fer, vous voyiez celui-ci secouer légèrement la tête, les épaules inondées, et garder cette héroïque impassibilité contre laquelle la fureur des éléments venait inutilement se heurter. La piété est-elle la peur? la prière est-elle la pusillanimité? La conduite de ces braves Carolins résout la question. Les voici, calmes, graves, intrépides au milieu de la tourmente; et cependant, à l'approche de chaque grain, vous les voyez accroupis sur leurs talons et tournés du côté du nuage menaçant, lever un œil serein vers lui, frapper d'une main ouverte contre l'autre fermée, faire signe au génie malfaisant des hommes de passer sans jeter sa colère sur eux, et lui adresser la prière suivante dite avec une extrême volubilité :

« *Léga chédégas, léga childiligas, chédégas léga, chédégas légas* » *cheldiléga chédégas, léga chédégas mottou.*

» *Ogueren quenni chéré péré péï, ogueren quenni chéré péré péï.* »

Au surplus, pendant cette traversée orageuse, jamais nuages ne se sont montrés si rétifs à la ferveur des pieuses sollicitations, car pas un grain ne passa sans nous envoyer ses rapides ondées et ses bruyantes rafales.

La constance et l'adresse l'emportèrent sur le caprice des flots; à huit heures à peu près, nous nous trouvâmes par le travers du cap-ouest de Rotta; mais les vents et les courants s'étant opposés de nouveau à notre marche, nous n'arrivâmes au mouillage que vers onze heures et demie ou minuit.

Nous jetâmes le filin sur un fond de corail à une demie-lieue de la terre, et, remis un peu de mes souffrances, qui avaient été horribles, je respirai tout à l'aise la brise embaumée du rivage.

La mer était devenue belle, mais devant nous, à un grand quart de lieue, elle brisait encore avec violence sur de hauts récifs qui formaient la barre du port et ne présentaient qu'une passe étroite aux embarcations. La lune en son plein nous envoyait ses pâles rayons, et, soit pour nous éclairer, soit pour les besoins d'une nuit assez fraîche, des feux brillants étaient allumés sur les coteaux voisins qui dominent la ville, murée en partie par un immense rideau de cocotiers, dont les têtes onduleuses se dessinaient sombres et élégantes sur un ciel bleu à l'horizon.

Le pros monté par Gaudichaud ne tarda pas à arriver au mouillage; il jeta l'ancre près de nous, et notre camarade éleva la voix pour avoir de nos nouvelles. Je lui répondis en le priant d'armer son fusil à deux coups, ainsi que ses pistolets, afin que par une décharge générale de nos armes nous pussions apprendre aux autorités du lieu qu'il y avait d'autres personnes que des Carolins et des Tchamorres dans les pros-volants. A un signal convenu, nous fîmes feu, et nos douze coups, répétés par les échos, durent épouvanter les habitants de cette partie de l'île.

J'allais oublier de constater encore que les bons Carolins, après être arrivés, s'étaient de nouveau accroupis en rond, et que par une fervente prière ils avaient remercié le ciel de notre heureuse traversée.

Ce que j'avais prévu arriva. L'alcade de l'endroit, étonné du bruit qui l'avait réveillé au milieu de ses rêves fantastiques, dépêcha auprès de nous, dans un sabot petit comme une coquille de noix, un interprète qui vint contre notre bord nous demander qui nous étions et d'où nous arrivions. Je répondis pompeusement que nous étions envoyés par le roi de France à la découverte de nouvelles terres, que nous avions pour l'alcade des lettres du gouverneur de Guham et de toutes les Mariannes, que nos pilotes n'osaient point franchir la passe avant le jour, et que *nous ordonnions* qu'on nous expédiât une grande barque, afin qu'il nous fût possible de descendre à l'instant même.

Aux insolentes manières de mon langage, le Tchamorre baissa le diapason de sa voix nasillarde, en me répliquant toutefois qu'on ne pourrait pas sans doute m'envoyer une nouvelle embarcation, puisque nul pilote n'osait la nuit s'exposer au milieu des brisants.

— Mais tu es bien venu, toi!

— Oh! c'est mon métier de me noyer.

— Pourrais-tu me descendre à terre?

— Mon sabot est bien petit, nous y tiendrions à peine nous deux.

— Accoste le long du bord.

— Je vais obéir; cependant vous feriez mieux d'attendre.

— Accoste.

Bérard eut beau me prier de rester à bord du pros et me montrer la témérité de ma résolution, je descendis auprès du Tchamorre, je m'accroupis genou contre genou en face du Rottinien. A tout événement, je priai mon ami de me suivre de l'œil autant que possible, et je quittai le pros.

Je comprenais à merveille le danger de ma résolution ; mais le souvenir de mes souffrances non encore apaisées l'emporta sur ma prudence et les sages conseils d'un homme de mer qui, mieux que moi encore, comprenait tout ce qu'il y avait de folie dans ce trajet, au milieu de rochers aigus sur lesquels la mer se ruait avec un lugubre fracas.

Nous n'étions guère qu'à une demi-encâblure de l'étroite passe quand mon pilote me dit d'une voix tremblante et en cessant de pagayer :

— Ne bougez pas.

— Mais je suis immobile !

— Ici est le danger.

— Grand?

— Très-grand, un seul mouvement peut nous faire chavirer.

— Diable! diable! virons de bord.

— Impossible, altesse ; il faut suivre le courant qui nous entraîne.

— Va donc.

— Savez-vous nager?

— Non.

— Un peu, du moins.

— Pas du tout.

J'eus à peine prononcé ces derniers mots que le canot chavira, la quille en l'air. Adieu au monde! je n'eus d'abord que cette pensée; mais le sentiment de ma conservation me donna de l'énergie, et, jouant instinctivement des pieds et des mains, je sentis un obstacle dont je m'emparai avec force : c'était la jambe de mon coquin de pilote.

— Oh! je te tiens, misérable! lui dis-je en avalant des gorgées d'eau qui m'étouffaient; je te tiens, je ne mourrai pas seul.

Et je recevais de violentes bourrades, et je tenaillais le membre endolori du Tchamorre, et je me cramponnais de mon mieux à l'embarcation, qui était poussée de l'avant vers les récifs.

Cependant je devais succomber à la lutte; mais une rapide réflexion ranima mon courage près de défaillir. Et je pensai à Bérard, qui, vigilant ami, ne devait pas m'avoir encore perdu de vue.

Dès que la lame avait retenti sur les roches madréporiques contre lesquelles mes membres allaient bientôt se briser, je poussai un grand cri, espérant qu'il serait entendu des braves Carolins. Bérard seul était encore éveillé; il devine plutôt qu'il ne voit ma désastreuse position; il frappe sur l'épaule du tamor, lui montre du doigt la passe et lui dit : *Arago mati* (tué). Le généreux Carolin jette un coup d'œil d'aigle dans l'espace, voit un point noir qui se dessine sur les flots écumeux, s'empare d'un aviron, le brise en deux, s'élance, glisse sur les eaux, disparaît, remonte et pousse à l'air des cris éclatants. J'allais périr, ma dernière pensée était pour ma vieille mère; j'écoute... je crois entendre... je reprends de l'énergie, mes doigts fiévreux serrent avec plus de violence le Tchamorre, qui gardait toujours le silence le plus absolu. Je regarde autour de moi : un corps nu, mouvant, paraît s'approcher; je soupçonne déjà la générosité du tamor : c'était lui, en effet; sa parole rassurante m'arrive, il me cherche, il me trouve, il me présente le débris d'aviron qu'il tenait de la main gauche; j'hésite, je tremble, je le devine pourtant; je me livre à lui, je m'abandonne à son courage et à son énergie, je m'empare du morceau de bois. Le tamor reprend la route qu'il venait de parcourir, brise le flot, lutte, victorieux, contre le courant rapide, m'arrache aux brisants, me remorque, et, après des efforts inouïs, rejoint le bord, où l'on me hisse avec peine et où je tombe évanoui.

Je ne sais combien de temps je restai dans cet anéantissement douloureux, pendant lequel je rendais à flots pressés l'eau amère qui me déchirait les entrailles. Mais, à mon premier mouvement sans convulsions, je cherchai de la main et des yeux le noble tamor à qui je devais si miraculeusement la vie. Il était à genoux à mes côtés et riait aux éclats, avec ses camarades et Bérard, de mes horribles contorsions. Je lui serrai la main comme on le fait à un frère qu'on retrouve vivant après l'avoir pleuré mort. Je me levai, je pris dans mon havresac une hache, deux rasoirs, une chemise, trois mouchoirs, six couteaux et une douzaine d'hameçons. Je présentai le tout à mon libérateur, en le priant de ne pas le refuser. Mais lui, donnant à sa figure un caractère de gravité tout-à-fait empreinte d'amertume, me demanda si je lui offrais ces richesses en échange du service qu'il venait de me rendre. Je lui dis que oui; il saisit mes cadeaux, les jeta dédaigneusement à mes pieds et me tourna les talons. Je le retins avec empressement, je passai mes mains sur ses épaules, je frottai mon nez contre le sien, je lui fis entendre que c'était par amitié, plutôt que par reconnaissance, que je lui offrais tant de choses utiles, et mon brave pilote me rendit alors mes caresses avec une joie d'enfant, accepta mes présents, les attacha précieusement au dôme d'osier qui voûtait la cage, me jeta un dernier regard d'ami et s'endormit accroupi sur un des bancs de son embarcation.

Oh! dites-moi maintenant si nous avons raison, en Europe, d'appeler sauvages les bons naturels des Carolines, et si nous trouverions fréquemment, chez nous, une délicatesse si noble, un dévouement si désintéressé!

Mais, patience, je ne quitterai pas mes bons Carolins sans vous les avoir montrés dans toute leur simplicité native, sans vous avoir appris à les aimer. Le souvenir de ces braves gens est, sans contredit, celui que je caresse avec le plus d'amour.

XIX

ILES MARIANNES.

Rotta. — Ruines. — Tinian. — Maison des Antiques. — Retour à Agagna.

Il paraît que le scélérat de Rottinien qui m'avait si bien fait faire le plongeon ne tarda pas à aborder et qu'il jeta l'alarme dans la colonie, puisque nous apprîmes, le lendemain matin, que les habitants, épouvantés par notre décharge générale, avaient précipitamment gagné les bois et les montagnes de l'intérieur; mais l'alcade, homme d'une plus forte trempe que ceux sur lesquels il régnait en monarque oriental, nous envoya sans retard une pirogue plus grande que la première, et nous fit demander si nous avions des ordres à donner.

— Oui, répondis-je, à peine remis de mes souffrances : la punition du drôle qui m'a chaviré.

— Il sera pendu, ainsi que toute sa famille.

— Non; mais qu'il vienne justifier devant moi sa conduite.

— Je me charge de vous le conduire pieds et poings liés.

— Et maintenant, peux-tu nous descendre à terre?

— Ma pirogue est au service de Votre Excellence.

— Y a-t-il péril?

— Non; la mer est haute, et nous passerons aisément.

— Un de mes amis peut-il venir avec moi?

— Sans doute.

— Accoste.

Je descendis. Bérard, assoupi, refusa de m'accompagner; Gaudichaud, que j'allai chercher, s'embarqua à mes côtés, et nous mîmes le cap sur la capitale de l'île.

L'arrivé de quelques Français devant Rotta répandit l'alarme dans la colonie, comme je l'ai déjà dit, et la ville se dépeupla au terrible salut de nos armes de chasse; mais le gouverneur, homme de cœur et de tête, tint ferme au milieu de l'orage, et, comptant sur une honorable capitulation, attendit bravement dans son palais de chaume l'arrivée des implacables vainqueurs.

Notre entrée triomphale se fit sans mousqueterie, et je vous assure qu'elle frisa de bien près le ridicule. Figurez-vous, en effet, un Tamerlan coiffé d'un large chapeau de paille, vêtu en matelot, chaussé de gros souliers, armé d'un beau calepin, d'une boîte à couleurs, d'un chevalet avec son parapluie, et blême encore des suites d'une traversée close par l'événement que je vous ai raconté. A mes côtés se drapait pompeusement dans une veste de nankin un petit homme aussi pâle que moi, le dos cuirassé par une énorme boîte en fer-blanc, servant de tombeau à une armée vaincue de papillons et d'insectes, tenant à sa redoutable main un filet pour saisir ses victimes de chaque jour, et vêtu presque aussi richement que je l'étais. Les grands hommes n'ont besoin, pour briller et imposer, ni du luxe des vêtements ni de la richesse des broderies : la simplicité sied au triomphateur.

Dès que le grand canot fut signalé à l'alcade, celui-ci passa le seul pantalon blanc qu'il possédât, et se groupa, peu rassuré, entre sa femme, jeune et jolie Tchamorre, et un capitaine du nom de Martinez, exilé ici par le gouverneur pour je ne sais quelles peccadilles.

A notre entrée dans le salon, nous vîmes un léger sourire de dépit se poser sur les lèvres des trois puissances du lieu, et j'en fus assez piqué pour en témoigner ma rancune par une brève allocution.

— Nous venons chez vous, dis-je avec gravité, pour des

recherches scientifiques; M. de Médinilla nous a donné plein pouvoir, et nous l'eût-il refusé, les canons de notre corvette de guerre auraient bien su le prendre. Nous vous demandons, Monsieur, avant de nous établir chez vous, si nous sommes avec des amis ou des ennemis.

L'alcade nous assura d'une voix humble que toute liberté nous était acquise, et nous invita à une collation que nous acceptâmes de grand cœur.

Le lendemain matin, Bérard descendit des pros avec les papiers du gouverneur de Guham, et nous voilà installés en dominateurs dans l'île de Rotta, où nous fûmes forcés de séjourner pendant deux jours pour des réparations à faire à une voile déchirée dans la traversée.

Notre lever fut une vengeance. Nous nous étions parés de nos habits les plus coquets, et la femme de l'alcade ne fut pas la dernière à vanter notre bonne mine tout européenne.

Après un déjeuner tout composé de fruits délicieux et rafraîchissants, Gaudichaud et Bérard commencèrent leurs excursions dans les campagnes, et moi j'allai dessiner l'église, absolument semblable à celle de Humata, pour me livrer ensuite, selon mon habitude de chaque relâche, aux études des mœurs, qu'on ne fait bien que dans les cités.

Les habitants de Rotta, rassurés par les rapports qui arrivaient de toutes parts, rentrèrent en foule et ne demandèrent pas mieux que de fraterniser avec des vainqueurs si peu irrités.

Ici les mots sagesse, pudeur, vertu, morale, sont sans valeur, on naît, on grandit, on multiplie et l'on meurt : c'est tout; on n'est ni frère ni sœur : on est homme ou femme. Tout cela est bien triste, je vous assure.

Voyez pourtant cette végétation puissante qui pèse sur le sol, quelles fortunes ne pourrait-on pas en recueillir? Courez la campagne : elle est entièrement infestée par une innombrable quantité d'énormes rats, dont la dent vorace ne peut porter atteinte à la richesse d'une végétation plus forte que toute catastrophe.

Vous ne pouvez faire deux pas sans avoir à repousser ces animaux rongeurs, au milieu desquels il serait très-dangereux de s'assoupir. Si l'on ne songe sérieusement à les détruire, il est à craindre que la colonie ne soit un jour victime de cet horrible fléau.

Après une course de quelques heures, je me rendis au rivage pour revoir avant la nuit mes fidèles et bons Carolins, qui venaient tous frotter leur nez contre le mien, et qui, un instant plus tard, s'accroupirent en rond pour entonner leur hymne quotidien à l'Eternel. C'était un chant calme, doux, suave, avec des gestes gracieux et des balancements de corps d'une souplesse extrême. Les airs avaient trois notes seulement ; chaque verset durait une minute à peu près, et le temps de repos était moins long de moitié. Dans cet intervalle, chaque Carolin posait son front dans ses deux mains, semblait se recueillir, et, achevant leurs prières du soir, ils répétèrent celle que j'ai déjà transcrite, et firent signe aux nuages de s'éloigner.

On compte quatre-vingt-deux maisons dans la ville et quatre cent cinquante habitants dans toute l'île, beaucoup plus petite que Guham. Quels beaux établissements ne ferait-on pas sur une terre si riche, si parfumée, sous un ciel si pur et si généreux !

Les maisons de Rotta sont, comme celles de Guham, bâties sur pilotis, mais infiniment plus délabrées. Les hommes n'ont, à proprement parler, point de vêtements, puisqu'ils ne mettent de caleçons que le dimanche.

Les femmes sont plus complètement nues encore que les hommes, car elles ne se voilent qu'à l'aide d'un mouchoir maintenu par une petite corde nouée aux reins. Elles sont plus belles, plus ardentes que les filles de Guham ; leur démarche a plus d'indépendance ; leur chevelure est généralement plus ondoyante, plus souple, plus noire, et leurs pieds et leurs mains ont une délicatesse vraiment admirable.

Il n'y a pas une seule source, un seul courant d'eau douce

aux environs de la ville; de sorte que les habitants se voient contraints de boire de l'eau d'un puits de quelques pieds de profondeur, creusé à une centaine de pas au nord du mouillage. Mais, pour garder l'eau de la pluie, on emploie ici un moyen fort ingénieux, que le besoin seul peut avoir inspiré.

Les Rottiniens fixent au sommet du tronc d'un cocotier une de ses feuilles placée verticalement, de manière que le fort de l'arête soit en haut; une autre feuille est liée à la première et dans le même sens; une troisième à la seconde, et ainsi de suite, jusqu'à deux ou trois pieds du sol, toutes ayant leurs folioles fixées à leur tige. L'eau de la pluie coule le long de cette chaîne naturelle comme en une rigole, et est reçue dans une jarre où pénètre la feuille la plus basse. On voit de ces sortes d'appareils sur presque tous les cocotiers.

Les sauvages ne perfectionnent guère, mais de quel merveilleux instinct d'invention le ciel ne les a-t-il pas dotés!

Comme le capitaine Martinez m'avait signalé dans l'intérieur de l'île des ruines fort curieuses et à l'existence desquelles je ne croyais que très-faiblement, je suivis la route qu'il m'avait indiquée, et après une marche sans fatigue de plus de deux heures, sous la plus belle végétation du monde, je me trouvai en présence d'une colonnade circulaire dont les débris épars çà et là attestaient la colère de quelque éruption volcanique. Mais quel peuple a donc élevé au-dessus du sol ces masses imposantes, hautes de plus de trente pieds, bien taillées, régulières, sans sculptures, sans aucun signe qui précise, qui fasse même soupçonner l'époque probable de leur mystérieuse fondation? Que sont devenus ces architectes? A quel dieu, à quel esprit, à quel génie ce temple fut-il consacré? Car c'était un temple que ce vaste monument de plus de mille pas de circonférence. Aujourd'hui, à côté de ces ruines, surgissent, humbles et inaperçues, des masures sans élégance, sans solidité, et dans les temps reculés pesaient sur le sol des masses imposantes devant lesquelles la tête s'incline avec une pieuse réflexion.

De retour de cette course si intéressante, dans laquelle mon album s'était enrichi, et où Bérard et Gaudichaud m'avaient accompagné, nous nous dirigeâmes vers un torrent signalé par la carte topographique exposée sur les murs enfumés du palais de l'alcade, et roulant entre deux montagnes ses eaux délicieuses et turbulentes. Les plateaux qui l'emprisonnent sont couverts de coquillages brisés, de coraux, de madrépores, et la végétation, vigoureuse au pied, belle sur les flancs, perd en s'élevant de sa force et de sa splendeur. Est-elle bien éloignée, l'époque où la mer couvrait ces monts élevés et silencieux ?

Les Carolins vinrent nous réveiller le troisième jour de notre arrivée à Rotta, et nous nous rendîmes à l'instant sur la rade, escortés par le capitaine Martinez, qui me donna une supplique que je lui promis d'appuyer auprès du gouverneur, par l'alcade et sa femme.

La brise soufflait avec violence, mais sans rafale, de sorte que nos hardis pilotes ne reculèrent pas devant le péril d'une traversée orageuse, combattue encore par de rapides courants qui nous poussaient à l'ouest. Aguigan passa devant nous, Aguigan la déserte et l'inhabitable, taillée à pic, avec une riche verdure pour couronnement, mais au pied de laquelle le flot mugit sans cesse.

Aguigan disparut à son tour, et devant nous se montra Tinian, l'île des antiquités, illustrée par une page de Rousseau et par le séjour d'Anson, dont l'équipage, vaincu par le scorbut et la dyssenterie, retrouva sous ses frais ombrages la vie et la gaieté.

A mon premier regard, tout s'est décoloré, tout a changé d'aspect. Je cherche ces masses imposantes de rimas et de palmiers, si douces, si suaves à l'œil et au cœur : je ne vois autour de moi que des arbustes rabougris. Je veux parcourir ces forêts éternelles et silencieuses qui devaient me rappeler les plus beaux sites de Timor et de Simao, et je ne me promène que sur des débris à demi pulvérisés, criant douloureusement sous ma marche pénible. Partout une nature défaillante; de tous côtés la vétusté, la misère, le deuil; Tinian est un cadavre.

Anson et d'autres navigateurs ont donc menti? Eh bien! non : Anson et les navigateurs ont dit vrai. A mon tour, j'entendrai peut-être des dénégations qui me seront adressées par ceux qui, après moi, viendront visiter cette île si intéressante, si poétique.

Je vais m'expliquer.

Là, à quelques pas, sont Seypan et Anataxan, cônes rapides, fournaises turbulentes où s'enflamme le soufre, où pétillent et bouillonnent la lave et le bitume. Dans une de leurs colères si fréquentes, ces terribles volcans auront ébranlé le sol, refoulé les flots océaniques, et renversé cette admirable végétation nouvelle. Laissez-la grandir, et le portrait d'aujourd'hui sera sans fidélité; il sera une fiction, une création du voyageur.

Comment donc expliquer, autrement que par une de ces commotions terrestres dont cet archipel est si souvent ébranlé, la présence sur Tinian des pierres ponce et des scories dont la plage et l'intérieur de l'île sont pour ainsi dire voilés, alors surtout que dans l'île même on ne trouve aucune trace de volcan en activité.

Tinian ressuscite déjà, et l'amiral Anson ne tardera pas à avoir raison contre moi.

Aujourd'hui les rimas, frappés dans leurs racines, ont perdu de leur imposante majesté; les pastèques, les melons, les ignames, si vantés jadis, n'ont plus la saveur qui les rend si parfaits à Guham et à Rotta; et les cocotiers, privés de leur sève, promènent tristement dans les airs leur chevelure flétrie : on dirait qu'ils gémissent de la souffrance de la nature et qu'ils veulent mourir avec elle.

Notre arrivée au débarcadère eut un si grand retentissement et causa une si grande frayeur dans les quatre ou cinq maisons devant lesquelles nous débarquâmes, que peu s'en fallut qu'il n'y eût personne pour nous recevoir. L'alcade pourtant se décida en tremblant à venir à nous; il nous demanda le motif de l'honneur que nous faisions à son établissement, et quand nous eûmes décliné nos qualités, le brave homme se courba jusqu'à terre en nous demandant pardon de nous avoir pris d'abord pour des sauvages ou des insurgés de la capitale de tout l'archipel. Ses trois filles, assez proprement vêtues, vinrent nous offrir quelques fruits que nous acceptâmes en échange de plusieurs bagatelles européennes, et une harmonie parfaite régna entre nous depuis ce premier moment jusqu'à notre départ.

Nous parcourons l'île.

Il faut qu'elle ait été le berceau d'un grand peuple effacé du globe par une de ces révolutions morales qui bouleversent les empires et font disparaître les générations. Partout des ruines; à chaque pas, des débris de colonnes et de pilastres. Qui habitait cet immense édifice à moitié englouti sous l'herbe? Où est le peuple qui l'a renversé? Que sont devenus les vaincus? D'où venaient les vainqueurs? Rien ici ne sert de base à une supposition raisonnable : nul regard ne perce les ténèbres épaisses qui nous enveloppent.

Les ruines le mieux conservées sont celles qui s'élèvent à une centaine de pas du mouillage, à gauche de la maison de l'alcade, laquelle, avec trois ou quatre hangars où l'on enferme les porcs sauvages pris dans les bois, compose tout le village. La population entière de l'île est de quinze personnes. On appelle pourtant tout cela, aux Mariannes, une ville, un gouverneur, une colonie.

Les ruines dont je vous ai parlé forment une galerie longue de soixante pas. Les pilastres sont carrés, solides, sans ornements, sans socle, épais de quatre pieds et demi, hauts de vingt-cinq, surmontés d'une moitié de sphère posée sur sa courbe. Ce qu'il y a de remarquable, c'est que dans la chute de la plupart de ces pilastres, renversés par quelque tremblement de terre, cette demi-sphère colossale ne s'est point détachée du massif, où certainement elle avait été posée après coup.

Quatre de ces pilastres étaient couchés parmi les broussailles;

les seize qui restaient debout semblaient n'avoir pas souffert du frottement du temps, et paraissaient attendre et provoquer de nouvelles secousses volcaniques pour lutter avec elles.

Ces ruines, à peu près comparables à certaines ruines astèques récemment découvertes en Amérique, sont appelées, ainsi que celles de Rotta, *maisons des antiques*, ou plutôt *maisons des anciens*.

Auprès de celles que je viens de vous signaler, et rapproché du rivage, est un puits fort beau d'un diamètre de douze pieds, dans lequel on descend par un bel escalier en maçonnerie ; il est également appelé *le puits des antiques*, et je n'en parle que pour l'indiquer aux navigateurs, qui y trouveront une eau fort potable, quoique peut-être légèrement saumâtre.

Mais pénétrez dans l'intérieur de l'île : partout des débris de colonnes ou de pilastres, levant leur tête blanchie au-dessus des vastes touffes de plantes équatoriales. Ici, des édifices circulaires ; là, des galeries droites, coupées par d'autres galeries sinueuses, tantôt très-allongées, tantôt interrompues, selon le caprice seul de l'architecte. C'est un chaos immense de bâtisses vaincu par les siècles, un chaos magnifique à voir, mais, par malheur aussi, un chaos sans leçons pour l'histoire des hommes qui ont passé sur cette terre, que vous auriez dit, naguère, sortie vierge encore des profondeurs de l'Océan.

Nous pressions de nos vœux le retour des Carolins, qui s'étaient rendus à Seypan pour renouveler leur provision de cocos presque épuisée. Mes calepins possédaient un grand nombre de croquis fort curieux ; Tinian avait pris la place que devait occuper cette île mystérieuse dans mon ardente imagination, et je cherchais Agagna vers l'horizon.

Les quinze individus qui peuplent Tinian sont des malfaiteurs exilés par M. Médinilla, et leur tâche est de fournir à la capitale de l'archipel une certaine quantité de viande salée.

La chasse au porc sauvage et au sanglier s'y fait à l'aide de piques et de fusils ; celle des taureaux et des buffles répandus dans les bois y est fort périlleuse ; mais comme après un envoi à Guham d'une certaine valeur le déporté obtient sa grâce, c'est surtout à la poursuite des animaux farouches que les quinze individus passent une grande partie de la journée.

On trouve parmi les cailloux du rivage une pierre elliptique, rosée, polie, appelée encoré *pierre des antiques*, et servant, dit-on, à armer les frondes des guerriers d'élite. Avec quel peuple celui-ci a-t-il donc jamais été en guerre ? Tout est mystère dans l'histoire de ce magnifique archipel.

Sous une pluie fouettante, nous cinglâmes vers Guham, où nous avions hâte d'apporter le résultat de nos curieuses observations, et où nous arrivâmes épuisés et meurtris, après une absence de douze jours.

Tinian est, sans contredit, la plus triste et la plus désolée des îles de l'archipel des Mariannes ; mais Tinian est un lieu sacré d'études et de méditations ; et qui sait si, à l'aide de nouvelles recherches dans les îles voisines, Aguigan, Agrigan, Seypan, Anataxan, on ne trouvera pas la morale et peut-être la source du seul *document historique* à l'aide duquel les *lettrés* de ce pays expliquent l'élévation et la ruine de ces restes colossaux de temples, de cirques et de palais.

Voici la tradition :

« Toumoulou-Taga était le principal chef de cette île ; il
» régnait paisiblement, et personne ne pensait à lui disputer
» l'autorité. Tout-à-coup un de ses parents, appelé Tjocnanaï,
» lève l'étendard de la révolte, et le premier acte de désobéis-
» sance qu'il donne est de bâtir une maison semblable à celle de
» son ennemi. Deux partis se forment, on se bat ; la maison du
» révolté est saccagée, et de cette querelle, devenue générale,
» naquit une guerre qui renversa aussi ses premiers et gigan-
» tesques édifices. »

Notre retour à Guham fut un véritable bonheur pour tous nos amis, qui nous croyaient déjà perdus, car notre absence ne devait pas durer plus de huit jours. Mais ce qui nous toucha profondément, ce fut la joie vive, la gaieté d'enfant que se témoignaient entre eux les Carolins qui venaient de nous piloter avec tant d'adresse et d'audace, et ceux qui, moins habiles, étaient restés à Agagna. Tout cela faisait du bien à l'âme, car c'étaient des caresses si franches, des gambades si juvéniles, des cris si étourdissants, qu'on voyait bien que le cœur jouait le principal rôle dans ces démonstrations si bruyantes.

XX

ILES MARIANNES.

Guham. — Détails. — Mœurs. — Histoire.

Guham a quarante lieues de tour ; le côté nord. presque désert, est formé de calcaire madréporique, et les falaises qui bordent la mer sont abruptes et élévées. Au milieu de ce massif, dans un lieu nommé *Sainte-Rose*, a pointé, depuis deux ans, un petit piton volcanique dont les ravages se font déjà sentir dans les environs. Des protubérances madréporiques entourent presque toute l'île, plutôt défendue par son inutilité que par la nature et les citadelles élevées à grands frais par les Espagnols.

Le côté sud de l'île offre un spectacle bien singulier : ce sont d'abord des cônes élevés avec des bouches encore béantes d'où s'exhale parfois une odeur sulfureuse et des jets de flamme colorée de bleu et de rouge; ce sont aussi, sur le penchant de ces cônes rapides, des basaltes, des couches bizarres de lave vomies par les fréquentes éruptions, tellement et si régulièrement superposées, qu'il est aisé de compter par les profils les colères des feux souterrains.

Mais, dès que vous vous rapprochez du rivage, le sol perd de son âpreté, et se dessine en ondulations déprogressives jusque sur les flots, où elles s'éteignent presque imperceptibles. Le matelot Petit, qui rapporte tout à la marine, et dont le langage pittoresque trouve si instinctivement le *mot de la chose*, selon son expression favorite quand il veut faire le savant, me dit :

— Savez-vous bien, monsieur Arago, que le raz-de-marée a passé par ici?

— Comment l'entends-tu?

— C'est facile; voyez comme la terre clapote : il y a de l'eau là-dessous.

— Ce que tu appelles de l'eau, c'est du feu.

— Qu'importe, si l'effet est le même? Je vous jure qu'il y a sous nos pieds quelque chose qui bout, et puis quand ça aura bouilli, le couvercle sautera, et nous gigoterons comme de bons enfants.

— C'est possible.

— Tenez, creusez avec votre sabre; je suis sûr que vous trouverez une source de feu.

Nous essayâmes l'opération; mais la croûte était trop dure : nous y épuisâmes vainement nos forces. Au surplus, ces flammes souterraines, ces secousses violentes et si souvent répétées, ces fatigues perpétuelles d'une terre en travail, n'ont pu encore étouffer cette puissance de la végétation qui pare l'île d'un immense bouquet de verdure, et quelques parties même de l'intérieur rappellent, sans trop de désavantage, le chaos impénétrable des forêts brésiliennes.

Ici, seulement, point de reptiles qui bruissent et sifflent sous les arbustes et les feuilles mortes, point de monstrueux lézards qui vous fatiguent de leurs cris, point de rauquements lugubres des jaguars; tout est calme à la surface de Guham, quand tout est turbulence dans ses entrailles. On dirait que les fureurs intérieures ont pris à tâche de ne pas troubler la quiétude des êtres vivants qui y respirent un air pur et limpide. Peut-être, hélas!

le jour de la destruction n'est-il pas éloigné, et les volcans se feront-ils les terribles auxiliaires de la lèpre : à nous le sol, à toi les hommes.

Les bois et les montagnes de Guham offrent au naturaliste des objets dignes de sa curiosité et de ses réflexions. Une grande quantité d'oiseaux, riches de mille couleurs, voltigent de branche en branche, et ne cherchent que rarement à éviter l'atteinte des chasseurs. Le plus joli, sans contredit, est la *tourterelle à calotte purpurine*, dont les couleurs sont d'une douceur étonnante et la forme infiniment gracieuse. Les *martins-pêcheurs* viennent après; il y en a de magnifiques; mais les oiseaux de cette partie du globe, brillants de plumage, ont un chant monotone ou un cri fort désagréable.

La mer est plus riche encore que la terre; on y trouve des poissons de toute espèce et bariolés de mille couleurs. La collection de nos docteurs était précieuse, et ils auraient apporté bien des espèces inconnues en Europe, si le triste naufrage que nous fîmes aux Malouines ne les avait englouties. On fait ici aux habitants de la mer une guerre opiniâtre à l'aide d'un petit poisson dont j'ai oublié le nom, et qu'on garde dans un réservoir où il est nourri avec le plus grand soin. Dès qu'il est jugé assez instruit dans le métier qu'on lui apprend, on le lâche, et le pêcheur, en frappant de grands coups sur son bateau, le fait revenir avec tous les autres poissons, que son élève a l'adresse d'attirer dans ses filets.

On compte trente-cinq rivières dans toute l'île, dont quelques-unes roulent des paillettes de fer et de cuivre. Les principales sont *Tarofofo*, *Hig* et *Pago;* elles se jettent toutes trois dans la mer, et la première peut être remontée avec un petit navire à une assez grande hauteur. Quoique le pays soit très-montagneux, elles coulent fort lentement, et celle d'Agagna, par exemple, ne file pas un tiers de lieue par heure. Elles sont médiocrement poissonneuses.

Le cocotier, que je ne crains pas d'appeler **le souverain des** arbres, quand je considère la richesse de son feuillage, et que je nomme le plus précieux lorsque je songe à son utilité, s'élance de terre par une tige de deux pieds de diamètre, qui s'élève majestueusement jusqu'à cent pieds de hauteur et promène dans les airs sa chevelure verdoyante; ses feuilles, formées d'une arête large et flexible que bordent de longues folioles opposées, obéissent au vent le plus léger, et, cadencées avec grâce, elles s'entrelacent mollement, se déploient avec majesté et retombent sans être affaissées. Plus l'arbre est jeune, plus elles sont larges et vigoureuses; plus il vieillit, plus elles deviennent rares et faibles; on dirait qu'elles font sa vigueur, comme les cheveux de Samson faisaient sa force. Dépouillée de cet ornement, sa tige grisâtre semble succomber sous le poids énorme des fruits qui la dominent et qui y sont attachés en grappes. Ces fruits ne sont qu'une partie de sa richesse. Aussi gros que nos melons, ils renferment dans leur double enveloppe une eau plus limpide que celle qui tombe des belles cascades des Pyrénées; elle est douce et bienfaisante, mais l'excès en est nuisible, ainsi que celui de la crème délicieuse qu'elle dépose sur les parois de la première coquille.

Pour arriver jusqu'au sommet de l'arbre, les noirs, les sauvages, les habitants des Mariannes se servent à peu près des mêmes moyens : ils font de petites entailles à son tronc, ou plus souvent encore, avec l'arête même des feuilles qu'ils lient entre elles perpendiculairement au sol, ils dressent une sorte d'échelle capable de supporter les plus lourds fardeaux. Du reste, ce n'est que pour les enfants qu'on fait usage de ces moyens, car dès qu'ils ont acquis la force de la jeunesse, les naturels escaladent les arbres les plus roides avec une agilité merveilleuse, et j'en ai vu qui se jouaient en riant des difficultés et qui les cherchaient pour nous montrer leur adresse.

Sans compter la nourriture agréable et naturelle qu'on retire de ces fruits, jetez un coup d'œil sur le tableau suivant, et jugez vous-même si cet arbre n'est pas un bienfait pour les insulaires de la mer du Sud, et en particulier pour les habitants de cet archipel isolé.

Du fruit ou de la liqueur qui découle des branches tronquées à dessein on obtient :

Des confitures excellentes,
De l'eau-de-vie délicieuse,
Du vinaigre,
Du miel,
De l'huile.

De l'enveloppe :

Des vases,
De petits meubles.

De la tige et des feuilles :

Des cordages très-forts,
Des habillements,
Du fil,
Des toitures.

Ajoutez encore à ce tableau incomplet une foule de petits ouvrages charmants, tels que paniers, nattes, haies solides, cloisons impénétrables, et vous jugerez quel prix on doit attacher ici à la possession du cocotier : aussi lui seul est-il la plus grande richesse du pays.

Si je m'étais sérieusement occupé de botanique, je vous parlerais de cet *arbre du voyageur* (*urania speciosa*), dont le nom indique un bienfait; de ce *rima* ou *arbre à pain* (*artocarpus incisa*), presque aussi nécessaire que le cocotier, mais beaucoup moins répandu; de ce *latanier*, qui ressemble si bien à un vase élégant d'où s'échappent, comme des rayons, des feuilles d'un vert magnifique; de l'*arequier* (*arcca oleracea*). du *vacoi* (*pandanus*), et de cet énorme *multipliant* (*ficus religiosa*), qui à lui seul forme une forêt. Mais mon livre est un itinéraire; la route est longue encore, et je ne veux point arrêter mes lecteurs à chaque pas.

Il n'y a pas d'extravagances et de sottises que n'aient écrites les historiens espagnols qui, les premiers, ont fait connaître à l'Europe les Mariannes et leurs habitants ; ils ont prétendu que ceux-ci ne marchaient qu'à reculons, que la plupart se tenaient courbés comme des quadrupèdes, sans que pourtant les bras touchassent à terre, et ils ont ajouté que le feu était resté pendant des siècles ignoré de tout l'archipel.

La nature et la structure de l'homme donnent un démenti aux premières assertions ; et, quant à la dernière, les orages qui pèsent en certaines saisons sur les climats équatoriaux, et plus encore les volcans dont presque toutes les îles Mariannes sont couronnées, disent ce qu'elle a d'absurde et de fabuleux. Mais ce qui paraît avéré, ce qui semble victorieusement démontré, quoique les historiens de la conquête l'aient dit avant nous, c'est que les femmes d'alors avaient dans toutes les occasions la prééminence sur les hommes, qu'elles présidaient à toutes les délibérations publiques, et que le code de tous avait été créé par elles seules.

La domination espagnole, en écrasant de tout son despotisme cet archipel si brillant et si varié, n'a pas eu la force de renverser cet usage, incrusté, pour ainsi dire, dans les mœurs primitives.

La femme, même actuellement, ne prend jamais le nom du mari ; on la sert la première à table, non par galanterie, mais par devoir, par déférence, par respect ; c'est à elle que l'on offre, au lever, le premier cigare qui se fume dans la maison, et qui mange la première galette sortant de l'ardoise sur laquelle elle a été dorée.

A Guham et à Rotta, les discussions d'homme à homme sont toujours tranchées par les femmes ; celles entre femmes ne le sont jamais par les hommes.

A la mort d'un homme, le deuil est de deux mois ; à la mort d'une femme, il est de six ; la perte est trois fois plus grande.

Lorsqu'une femme prend un mari dont la fortune est moindre que la sienne, c'est celui-ci qui, dans le ménage, est tenu de travailler pour la femme et d'accepter les corvées les plus pénibles.

Lorsque la dot des deux époux est à peu près égale, ou même lorsque la femme ne possède rien, les travaux sont partagés ; seulement, les deux parts une fois arrêtées, la femme choisit d'abord sans que le mari puisse se plaindre.

Si le frère ou le père d'une jeune fille sauve d'un danger imminent un individu quelconque dont la fortune est considérable, celui-ci, s'il ne déplait pas, est tenu d'épouser la sœur ou la fille de son libérateur. A la vérité, en s'étayant du code espagnol, mis en vigueur depuis la conquête de l'archipel, on peut s'affranchir de ce tribut forcé ; mais telle est la ferveur des naturels pour leurs antiques coutumes, qu'il n'y a pas d'exemple à Guham d'une opposition sérieuse formée par celui qui a reçu le bienfait. Dans ce cas même de mariage, l'époux n'a pas le droit d'exiger une dot de sa femme.

Les parents et les amis se donnent rendez-vous au chevet d'un mort, et, après quelques rapides prières, on cherche à oublier le malheur dans les libations copieuses d'une liqueur enivrante nommée *touba*, qui ne tarde pas à assimiler les vivants au défunt. Une orgie pour calmer une douleur !

Les détails se pressent en foule dans ma mémoire, et si je ne les transcris point tous ici, c'est que d'autres archipels ont droit à l'empressement du visiteur. Toutefois, avant de dire un dernier adieu aux Mariannes, il ne sera peut-être pas inutile de rappeler en peu de mots l'histoire de leur découverte et de leur conquête sur les Tchamorres.

Une des époques les plus fécondes en grands courages est sans contredit celle qui suivit de près l'heureuse entreprise de Colomb. A son école se formèrent une foule de nobles aventuriers, insatiables de périls et de gloire, avides de merveilleux, qui de tous les points de l'Europe s'élançaient pour parcourir et étudier le monde agrandi, et nous nous hâtons de dire que le Portugal surtout inscrivit des noms illustres dans les plus belles pages de l'histoire des nations. Chassé, pour ainsi dire, de Lisbonne, sa patrie, où l'on n'avait pas voulu accepter ses services, Magellan, à l'exemple de Colomb, alla offrir le secours de son expérience à l'Espagne, qui lui confia un beau navire pour tenter des découvertes vers l'ouest, puisque le cap de Bonne-Espérance avait été doublé et que chaque jour les vaisseaux explorateurs arrivaient en Europe, après avoir enrichi la science nautique de quelque petite île, de quelque rocher ou d'une grande terre.

Magellan traversa l'Atlantique, longea la côte orientale du Brésil, le Paraguay et la terre des Patagons ; il aurait peut-être doublé le cap Horn, lorsqu'une tempête horrible le jeta dans le fameux détroit qui porte son nom. J'ai déjà dit sa joie à l'aspect du vaste Océan Pacifique qui déployait devant lui sa majesté imposante et la masse effrayante de ses vagues se brisant sur les côtes occidentales du nouveau monde. Hardi comme tous les capitaines de ces temps de merveilles, mais plus patient que la plupart d'entre eux, le Portugais s'élança audacieusement vers l'ouest, découvrit les Mariannes, qu'il appela îles des Larrons (Ladrones), et toucha aux Philippines, où il périt victime de son courage.

Les Carolines et les Mariannes avaient été découvertes ; ces îles si fertiles étaient peuplées d'hommes assez industrieux, dont le caractère avait paru bon et confiant. Manille commençait à devenir une colonie florissante, et c'est de là que partirent les navires qui résolurent la conquête de cet archipel. Joseph de Quiroga fut le premier des Espagnols qui chercha à les soumettre. Il était vif, bouillant, impétueux ; il ne connaissait aucun de ces sentiments de générosité qui, plus que les armes, gagnent les esprits et soumettent les cœurs. Aussi dur envers lui-même qu'avec ses soldats, il s'exposait aux mêmes dangers, bravait les mêmes souffrances ; il punissait par sa défaveur une action timide, et réprimait les murmures par de cruels châtiments. Plusieurs fois il eut à apaiser des révoltes, et partout sa présence d'esprit et son impétueux courage lui valurent de grands succès. La résistance des naturels était un outrage pour son âme altière; le carnage qu'il en faisait lui ouvrit toutes les routes, et, ne pouvant supporter le joug qu'on voulait lui imposer, le peuple vaincu, mais non soumis, se retira sur un rocher désert, Aguigan, où il crut se soustraire à la persécution et à la tyrannie. On le poursuivit bientôt dans ce dernier asile, et ceux qui échappèrent aux massacres furent conduits à Guham et traités en esclaves.

Au milieu de ces scènes de ravage et de désolation, il est doux d'arrêter ses regards sur un spectacle qui en diminue l'horreur. Le nom du père San Victorès doit être aussi cher aux habitants de cet archipel que l'a été celui de Las Casas parmi les hordes des sauvages de l'Amérique. Lui seul osait mettre un frein aux cruautés de Quiroga, et tel était l'esprit des conquérants du quinzième siècle, que ce qu'ils auraient regardé comme témérité impardonnable dans un soldat, ils craignaient de le réprimer dans un ministre de notre religion.

Au moment même où la torche de la discorde brillait d'une clarté funeste dans toutes les parties de Guham, le père San Victorès, hardi comme tous les martyrs de la foi, parcourait les campagnes sous la seule sauvegarde de l'étendard du Christ, et avec des paroles de paix et de douceur, il gagnait les cœurs des habitants et diminuait ainsi leur haine pour le nom espagnol. C'était du sein des retraites encore non violées qu'il lançait des ordres sévères respectés par le fougueux Quiroga. Mais, hélas! le zèle du pieux missionnaire ne tint pas longtemps contre l'ignorance des naturels et la barbarie des vainqueurs.

Un de ces hommes extraordinaires que chaque terre produit pour guider les autres, intrépide par instinct, féroce par calcul, et aussi étranger aux malheurs passés qu'insensible à ceux à venir, un de ces hommes, en un mot, dont l'existence ne va jamais au-delà du présent, avait opposé, aux Mariannes, quelque résistance aux armes espagnoles, et confiné dans l'intérieur de l'île avec un nombre assez considérable de partisans, il murmurait contre les éloges que des fugitifs donnaient à San Victorès, et ne voyait qu'une perfidie de plus dans la conduite et les prédications pieuses du héros catholique. Cet homme dangereux se nommait Matapang : je vous en ai déjà parlé à l'occasion d'un prétendu miracle dont j'ai déjà certifié l'authenticité. Il avait confié ses deux enfants à son épouse, et celle-ci, touchée des vertus et de la modération de San Victorès, les lui avait donnés pour en faire des chrétiens. Il n'en fallut pas davantage à Matapang pour exécuter l'atroce projet qu'il méditait depuis longtemps. Chez les hommes aussi peu maîtres de leurs premiers mouvements, l'intérêt personnel l'emporte toujours sur le bien général. Matapang rassembla ses camarades, leur parla avec le feu d'une indignation véhémente, réveilla dans leur âme le sentiment de la vengeance, et leur fit adroitement comprendre que de la mort seule du père San Victorès dépendaient désormais le salut du pays et la fuite des Espagnols. Son discours ranima le courage des plus timides ; chacun résolut de tendre un piége au zélé missionnaire et de le faire périr dans une de ces courses chrétiennes qu'il répétait peut-être avec un peu trop d'imprudence.

L'occasion ne manqua pas de se présenter. Matapang sut l'attirer dans la retraite qu'il s'était choisie ; il le remercia d'abord des soins qu'il avait donnés à ses enfants, et le supplia de vouloir bien les conserver pour tout ce qui lui était cher ; mais, afin de mettre sa charité à l'épreuve, il le pria de donner le baptême à une chèvre qu'il affectionnait beaucoup. On juge de la réponse du ministre de Dieu, et comme il s'obstina à refuser ce qu'on exigeait. Matapang, aidé de deux de ses partisans, se précipita sur lui et le terrassa avec une espèce de hache de bois, qui était, avec la fronde, la seule arme des premiers habitants des Mariannes.

On ne sait point si Quiroga fut fâché de ce crime, mais il est certain que la vengeance devint le prétexte, sinon le motif, des horreurs commises par ses soldats. L'imagination se révolte au souvenir de tant de scènes de carnage ; il suffit, pour en donner une idée, de dire qu'aux premiers essais des armes espagnoles, les Mariannes comptaient plus de quarante mille habitants, et qu'après deux ans on n'en trouva que cinq mille.

C'est de cette époque que date le premier établissement. On soumit les naturels à des lois très-dures, auxquelles ils n'avaient pas le pouvoir d'échapper. Ils plièrent sous le despotisme de leurs oppresseurs, et cette haine, qui naît du sentiment de la faiblesse contre la tyrannie, est restée vivace en dépit des années et des nouvelles lois moins dures et moins cruelles.

Magellan, je vous l'ai déjà dit, donna aux îles Mariannes le nom de *Ladrones,* parce qu'il y fut victime de sa bonne foi, et il n'y aurait pas d'injustice à leur conserver de nos jours cette triste dénomination, tant les habitants affectionnent la douce habitude de s'approprier le bien d'autrui.

Sitôt que le pouvoir des Espagnols y fut établi sur des bases, il est vrai, assez chancelantes, le premier soin des vainqueurs dut être d'y maintenir leur esprit et de faire sentir leur supériorité. Quiroga était de retour à Manille ; le père San Victorès avait péri victime de son courage apostolique, et celui qui avait succédé au chef de l'expédition ne s'occupait que des recherches qui pouvaient donner à sa patrie une haute idée du pays qui lui était soumis, et des soins, moins généreux, d'agrandir promptement sa fortune. Il avait expédié des demandes au gouverneur général des Philippines, car il craignait que Quiroga n'eût fait voile pour l'Espagne ; mais le hasard le servit plus promptement qu'il n'avait osé l'espérer. Les Carolines attiraient les regards de la cour de Madrid, en même temps que celle-ci s'occupait de la conquête des Mariannes. Neuf petits navires, partis de Luçon, y transportaient plusieurs missionnaires que leur zèle pour la religion éloignait d'un séjour de tranquillité et d'aisance. Les vents leur furent d'abord contraires, et un orage épouvantable les ayant éloignés de leur route, huit de ces navires vinrent

périr sur la côte de Guham, tandis que le neuvième fut assez
heureux pour entrer dans une anse où il se mit à l'abri de la
tempête. Le seul moine qui se sauva resta quelques années aux
Mariannes, et y prêcha avec tout le zèle et le succès de San
Victorès, mais avec plus de bonheur. Une chose remarquable,
c'est qu'on vit bientôt les plus considérés des anciens habitants
protéger avec opiniâtreté la religion de leurs oppresseurs, et prétendre interdire au bas peuple le droit, qu'ils voulaient avoir
seuls, de jouir des biens à venir qu'on promettait.

XXI

ILES SANDWICH

Un homme à la mer. — Mort de Cook.

Nous levâmes l'ancre par un temps favorable, et nous vînmes
en face d'Agagna descendre le généreux gouverneur des Mariannes, qui avait voulu nous accompagner pendant quelques
heures.

La brise souffla vigoureuse, la ville s'effaça petit à petit, les
élégants cocotiers plongèrent dans les flots, et nous restâmes
bientôt en face de nos souvenirs.

Tous nos malades avaient repris les forces et la santé, nos
vivres étaient frais, et quoique la traversée dût être longue, les
visages s'étaient épanouis, car la lèpre n'avait frappé personne,
ce que les habitants du lieu regardèrent sans doute comme un
miracle.

Rotta, Agrigan, Tinian, Seypan, Aguigan, Anataxan, glissèrent devant nous, toutes avec leurs larges cratères béants, et trois jours après, loin de toute terre, nous naviguions au sein du vaste Océan. Tout-à-coup : « Un homme à la mer!... un homme à la mer!... »

Quand un navire se brise sur des roches à pic contre lesquelles cadavre de vaisseau et cadavres d'hommes sont vomis et mutilés; quand un naufrage engloutit tout, corps et biens, dans un désastre; lorsque, sombrant en pleine mer, tout disparaît à la surface des eaux..., officiers, matelots et passagers trouvent peut-être un sujet de consolation dans cette pensée : *Nous mourrons tous*, dont vous auriez tort d'accuser l'égoïsme, car vous n'avez pas réfléchi encore.

Si un homme meurt sur un navire, il se dit à ses derniers moments : La mer va m'engloutir; ma tombe sera partout et nulle part; les flots ne gardent point de trace de ce qu'on jette à leur voracité, et, quelques instants après m'avoir livré à eux, on chercherait vainement les restes de celui qui vient de s'éteindre pour toujours !

Eux pourtant, ces froids amis qui passent encore à mes côtés en jetant sur moi un regard peut-être, hélas! sans intérêt, ils vont continuer leur course aventureuse, ils vont visiter de nouveaux climats, se promener sous des cieux nouveaux, et puis ils reverront leur patrie, leur famille, ils jouiront de leur gloire, ils seront heureux de leurs peines passées, ils diront à ma vieille mère que je suis mort dans une traversée... Et la vieille mère priera pour son fils, que des milliers de poissons auront déchiqueté et dévoré en son cercueil de toile.

Mais dans un malheur général l'âme s'agrandit, le cœur se fortifie; les vents, les flots, la foudre, éclatent sur votre tête : vous vous retrempez à leur fureur, à leurs menaces; plus la lutte est ardente, plus vous trouvez de forces pour en triompher, et si, vaincu enfin, vous succombez sous la puissance des éléments coalisés, vous vous dites encore : Rien ne restera de nous ici-bas qu'un souvenir. On ne cherche pas un homme seul qui meurt et qu'on sait bien mort au milieu de tant d'autres hommes vivants, tandis qu'un monde entier volera à la recherche d'une infortune douteuse.

Un homme à la mer!

Si la nuit est sombre, si les vents sifflent, si la tempête mugit, l'équipage à son poste répète tout bas : *Un homme à la mer!* C'est l'affaire de quelques instants ; le navire marche, on constatera dans le livre de quart, en phrases assez peu correctes, qu'un homme est tombé à l'eau et que le gros temps n'a pas permis qu'on lui portât secours. Tout est dit, tout est fait.

Si la brise est fraîche, il y a émotion, je vous l'atteste, sur les flots et le navire, car le succès est au bout des efforts.

Un homme à la mer!... Vite, saisis la hache, coupe le filin!... La bouée de sauvetage tombe, se tient debout ; l'homme nage, il nage encore, il s'encourage dans cette pensée que ses amis ne l'abandonneront pas, il voit le point de repos qui lui est offert, il va à lui, l'atteint; une lame infernale le lui arrache, il nage toujours, il le saisit enfin, il s'y cramponne, il s'assied là comme sur un siége mouvant, il s'y tient debout, et, se balançant avec lui, il jette un regard effrayé vers le navire qui s'échappe, car, voyez-vous, dès qu'il a pris son élan, un vaisseau bondit avec tant de force, que rien ne peut l'arrêter à coup sûr et sans lenteur ; le jeu des voiles, si savamment combiné, se fait par des lois connues et régulières ; telle *corde* ne peut être dénouée avant telle autre (et je ne parle point le langage du marin pour être mieux compris de tous), ou tout est compromis, hommes et bâtiment. C'est une assez lourde maison à faire mouvoir, toute fringante qu'elle paraisse, qu'une corvette à la mer, car elle aussi, il faut qu'elle ait des flancs robustes, des bras robustes, une quille robuste de zinc ou de cuivre.

L'homme à la mer remarque pourtant que le sillage se ralentit, on a masqué partout, on a viré de bord ; une embarcation est mise à flot, de hardis gabiers l'arment avec la ferveur de l'amitié et de l'humanité. Eux aussi courent de grands dangers, eux aussi sont enlevés par la vague écumeuse ; mais il y a là-bas un de leurs camarades près de succomber, qui les attend, qui compte sur leur courage, sur leur dévouement.

Le vent souffle avec plus de violence, le navire est compromis, la nuit arrive, sombre, menaçante... N'importe, le patron du canot ne change pas de route, il mêle sa voix à la voix de la tempête, il appelle, cherche, cherche encore ; son œil fouille dans les ténèbres, il voit son ami debout sur la flèche de la bouée. « Là, là, mes braves, il nous a entendus. Nage ! nage ! brise les avirons, nous y sommes... Scie partout maintenant, ou vous le coulez bas !... Lof ! une amarre ! tiens ferme ! hisse ! hisse donc ! Il est sauvé !... »

Mais le navire, où est-il maintenant ? L'horizon s'est rétréci, le roulement du tonnerre étouffe le bruit du canon qui mugit. Les rafales soufflent de tous les points de l'horizon, et le canot tournoie incessamment en dépit de l'homme de barre, qui lutte toujours avec le même calme, car c'est son métier, à lui, de ne céder que lorsque les forces manquent au courage.

La nuit passe tout entière sur cette terrible scène, nuit solennelle pour tous, effrayante dans la frêle embarcation, cruelle sur le navire, où, cramponnés au bastingage, matelots et capitaine promènent leurs regards avides sur chaque lame qui arrive et se brise... Tous se taisent par moments pour mieux entendre, mais les mugissements de la tourmente arrivent seuls jusqu'à eux.

— Le voilà ! dit une voix consolante.

Un morne silence succède à ce cri répété par toutes les bouches ; silence religieux, terrible, où le cœur frémit, où les âmes restent absorbées dans une seule et douloureuse pensée... *Ce n'était pas lui.*

Dans deux jours, demain, aujourd'hui peut-être, le canot sera le théâtre d'une scène de carnage ; ces amis si chauds, si ardents, si dévoués, s'attaqueront avec fureur, se déchireront avec les ongles et les dents, boiront le sang l'un de l'autre, et, quand la faim et la soif auront été satisfaites, une nouvelle victime attendra dans d'horribles angoisses que son tour arrive de servir de pâture à un appétit sans cesse renaissant!

Voyez-les maintenant encore tous ces hommes naguère si énergiques! Les avirons immobiles flottent le long du bord; leurs bras se reposent croisés sur leurs poitrines haletantes, car les menaces de la faim sont déjà un horrible tourment, et pas un cependant n'accuse de son malheur celui qu'ils viennent de sauver : lui, au contraire, sera la dernière victime! Le désespoir a sa générosité.

Le canot monte et descend avec la lame; ces torses marins se balancent avec l'embarcation sans chercher à garder cet instinctif équilibre qui leur indique d'avance le moment où la vague fera donner de la bande à tribord ou à bâbord : ce sont des corps sans volonté, sans appui, sans vie... Tout-à-coup une voix indignée s'échappe brûlante comme d'une fournaise :

— Eh bien! canaille! notre courage est donc mort, nos forces sont donc anéanties? Quoi! pas une espérance! pas un dernier effort pour ramener au navire l'ami que nous sommes venus chercher! Aux avirons! Gabiers, aux avirons! Et si la corvette a filé ses câbles, demain, tous à la fois, nous chavirerons cette coquille et nous boirons dans la grande tasse en nous serrant la main. Il vaut mieux boire de l'eau salée que du sang! Aux avirons, gabiers!...

C'est la secousse galvanique qui vient de réveiller un cadavre; les bras robustes se plient et se roidissent en mesures exactes, les flots sifflent, les yeux éteints reprennent leur éclat, les langues disent un de ces chants de matelots qui brûleraient les pages de mon livre si j'osais les lui confier, et il y a encore des regards d'amis qui se croisent, des serrements de mains qui s'encouragent; il y a là encore de nobles matelots prêts à recommencer, si le ciel apaisé daigne leur venir en aide, cette vie de sacrifices et de dévouement qu'ils se sont faite et qu'ils ont acceptée.

Mais le jour pointe à l'horizon, la vue se fatigue à traverser l'espace, le vent ne gronde plus avec la même violence. Tout-à-coup : *Navire ! navire !* et la joie est dans toutes les âmes, une de ces joies qui rendent fou, incomprises par le reste des hommes, une de ces joies dont la violence égale presque une torture.

Navire ! et de là-bas aussi on a vu sur les flots le canot aventureux qui fait force de rames pour rallier. Deux amis qui courent l'un vers l'autre se sont bientôt rejoints.

— En panne maintenant ! des amarres à tribord ! Ils sont là, ils accostent ! Ont-ils sauvé Astier, lui qui en a sauvé tant d'autres ?... Oui... non... si... le voilà ! C'est lui qui est à la barre ; Lévèque, épuisé, écrasé, lui a livré son poste.

Et ces matelots sauveurs, ces hommes intrépides qui viennent de lutter avec un courage héroïque, avec un dévouement si admirable contre une mort presque certaine, reprennent, tranquilles et satisfaits, leur train de vie accoutumé, et la corvette vire de bord, et le livre porte ces mots éloquents par leur simplicité : *Aujourd'hui..., par un gros temps, un homme est tombé à la mer : c'est le gabier Astier, matelot à trente-six. Douze hommes se sont embarqués dans le petit canot, et, après huit heures d'un travail pénible, ils sont parvenus à ramener à bord leur camarade, qui les attendait hissé sur la bouée de sauvetage.*

Et le lendemain on ne parlait plus à bord de l'événement de la veille.

Parmi les *distractions* de l'homme de mer, j'avais oublié celle-ci ; vous conviendrez qu'elle valait bien la peine qu'on en dît quelque chose. Je ne sais pas où l'on trouverait un sujet de drame plus terrible et plus dévorant.

Cependant le point nous plaçait à peu de distance de la principale des Sandwich, et si les courants ne nous avaient pas drossés, nous devions bientôt voir à l'horizon cette pointe tachée de sang où Cook parla pour la dernière fois à ses intrépides matelots. L'œil à l'horizon, chacun de nous cherchait la nouvelle relâche à travers les nuages, et rien ne se montrait encore.

— Terre ! crie enfin la vigie, terre devant nous !

Voici des hommes nouveaux, de nouvelles mœurs, une nature nouvelle; pour qui aime les contrastes, les voyages sur mer ont un attrait indicible, un seul pas lui montre les extrêmes.

La corvette avançait avec majesté, et en quelques heures nous nous vîmes contraints de faire petites voiles; mais la côte, que nous nous attendions à voir d'une hauteur immense, se dessina humble et chétive, partout fatiguée, osseuse, bizarre, sillonnée par de profonds ravins et déchirée par de larges criques où le flot s'engouffrait avec violence. Mais les nuages se dissipèrent enfin, et au-dessus d'eux, au-dessus même des neiges éternelles, dans les régions équinoxiales, se dressèrent trois têtes gigantesques dont nos regards avides ne pouvaient se détacher. Oh! cela était imposant et sublime, cela nous reportait vers le passé, car le tableau si bien décrit par Cook réveillait tous nos souvenirs... Ecoutez ce passé.

Un jour, au lever du soleil, par un temps superbe, deux navires, dans la belle rade de Karakakooah, étaient mouillés à peu de distance l'un de l'autre; les trois immenses cônes de lave formant l'île d'Owhyée, l'écrasant de leurs larges pieds et la dominant de leur têtes violâtres au-dessus des plus hauts nuages, reflétaient les obliques rayons qui doraient leurs flancs creusés par le bitume. Le Mowna-Laé s'élargissait comme pour ne rien perdre de la scène lugubre qui allait se passer au milieu de la baie silencieuse; le Mowna-Roah allongeait ses épaules anguleuses au-dessus de son frère, et le Mowna-Kak, l'aîné des trois, planait sur eux de toute sa tête chauve, dont l'ombre gigantesque se projetait jusqu'à l'horizon. Sur le rivage, c'était une terre labourée, fouillée, en désordre; on eût deviné qu'un combat sanglant y avait eu lieu la veille, car on voyait encore çà et là des débris de vêtements européens, des sagaies brisées, des casse-tête fendus, des lambeaux de manteaux de plumes et de casques à demi enfouis dans le sable. Les cocotiers de la plage étaient riants et se pavanaient dans leur majesté puissante; les bananiers étalaient à l'œil leurs fruits suaves, onctueux; les palma-christi élégants, plantés en allées serrées, voyaient, sous leurs feuilles dentelées, des hommes, des femmes, des enfants passer et repasser, se presser la main, se dire tout bas quelques mots à l'oreille, et piétiner, et danser, et jeter un regard avide vers la mer, où tout était immobile.

A terre, on eût dit une fête avec ses joies ; sur les flots, on eût dit un deuil à briser l'âme.

C'est que cela était ainsi : le voyageur ne se serait pas trompé dans ses conjectures. Mais pourquoi ces choses et non pas d'autres? — Pourquoi? dites-vous. C'est qu'il y avait là, sur une pointe de rocher s'avançant dans la rade, une large tache de sang. C'est que le plus hardi navigateur du monde, le plus brave, le plus vrai, le plus entreprenant, était tombé là, percé par un poignard de bois durci au feu, au moment où il disait à ses officiers et à ses matelots de ne pas faire feu sur les insulaires. C'est que Cook était mort là, mort après avoir donné vingt mondes nouveaux au monde connu, et que ses débris mutilés, ceux qu'avait épargnés la dent des Sandwichiens, allaient être rendus à King, son successeur, et que la rade de Karakakooah se taisait pour mieux entendre le dernier adieu que le compagnon du grand homme allait lui adresser.

Un cercueil de fer est là sur le pont du navire où le pavillon britannique déploie à l'air son orgueilleux léopard. L'équipage, debout, le cœur serré, oppressé, les yeux remplis de larmes, la tête nue et courbée, attend le triste signal. Les vergues sont mises en panne, partout le désordre, ce désordre qui dit le deuil et le découragement. Tout-à-coup le bronze tonne à tribord et à bâbord, les coups partent à distances égales ; l'île d'Owhyée s'en émeut, les naturels se sauvent dans l'intérieur des terres comme si l'heure de la vengeance était sonnée pour eux... Silence maintenant. Ecoutez, écoutez : un bruissement a lieu, la mer s'ouvre et se referme, elle a reçu dans son sein, et pour l'éternité, l'immortel pilote qui l'avait soumise pendant tant d'années, celui qui l'avait si bien étudiée, si bien comprise, qu'elle n'avait plus rien à lui cacher du secret de ses calmes et de ses fureurs.

Les restes sanglants de Cook sont là, au fond de la rade de Karakakooah, mais sa gloire est partout, mais son nom vénéré est répété d'écho en écho dans toutes les parties du monde.

XXII

ILES SANDWICH.

Kookini. — Baie de Kayakakooah. — Kaïrooah. — Moraï. — Contrastes.

L'histoire des voyages et avec elle toutes les histoires disent que Cook a découvert les îles Sandwich, qu'il dota du nom d'un grand ministre.

Eh bien! toutes les histoires ont menti, ou du moins toutes sont dans l'erreur, et il demeure avéré que c'est l'Espagnol Gaëtano qui, le premier, a découvert ce magnifique archipel agité par tant de commotions terrestres.

Les pirates infestaient les côtes ouest de l'Amérique; des combats heureux ou une longue et périlleuse navigation par le cap Horn pouvaient seuls fournir les moyens de ravitailler leurs navires appauvris par de pénibles croisières.

Gaëtano leur fit une chasse à outrance, et dans une de ses courses chaleureuses vers l'ouest, il vit à l'horizon un point noir qu'il prit d'abord pour un vaisseau ennemi, et il mit bravement le cap dessus. C'était Owhyée. De retour à Lima, il écrivit à Charles-Quint, et, lui faisant part de son heureuse découverte, il demanda la permission d'en diminuer la position sur sa carte d'une dizaine de degrés, afin de ne pas la signaler aux écumeurs de mer, ce à quoi le monarque consentit par des raisons politiques dont on comprend la sagesse... Ainsi Gaëtano plaça la principale de Sandwich par 9 et 11°, au lieu de la placer par 19 et 21°, espérant par là mettre en accord sa gloire et les intérêts compromis de l'Espagne.

Au surplus, tant pis pour qui a le triste courage de se résoudre à cacher un succès ; un autre vient plus tard qui se l'approprie en le publiant, et quoique les cercles de fer que le grand capitaine Cook trouva à Owhyée et la crainte que les insulaires témoignaient à l'aspect seul des armes à feu plaidassent la cause de Gaëtano, l'histoire des voyages est sage de désigner Cook comme le *trouveur* de ce groupe d'îles de lave, destinées à être un jour d'une grande importance dans les relations commerciales de l'Europe avec les Indes-Orientales. Quant à nous, dès que le vent nous eut accompagnés jusqu'à une lieue et demie de la côte, nous la longeâmes sous peu de voiles et cherchâmes la rade de Karakakooah, où nous voulions laisser tomber l'ancre.

Pendant toute la journée nous tournâmes la base gigantesque du Mowna-Laé sans que la montagne changeât sensiblement de forme, tant le cône est régulier. Nu au sommet, nu sur les flancs, à peine son pied présente-t-il à l'œil quelques touffes de palmistes sous lesquels le flot vient expirer. Le lendemain du deuxième jour, nous nous trouvâmes en face d'un petit village composé d'une vingtaine de huttes, d'où se détacha une pirogue pagayée par deux hommes qui mirent le cap sur nous. A peine arrivés à la portée de la voix, ils s'arrêtèrent pour nous adresser quelques paroles auxquelles nous répondîmes à l'aide d'un vocabulaire anglais, mais nous ne pûmes parvenir à leur faire comprendre que nous cherchions la rade de Karakakooah. Un autre petit village nommé Kaïah, situé au fond d'un ravin, se montra bientôt, et de là encore cinglèrent vers nous deux nouvelles pirogues portant une douzaine de naturels à la mine farouche, à la voix éclatante, qui, malgré nos signes d'amitié, refusèrent de monter à bord.

Cependant, un Sandwichien s'était jeté à l'eau, et, plus courageux que les autres, il nous aborda pour nous demander sans doute si nous voulions être pilotés jusqu'au mouillage; mais comme dans le lointain on découvrait, à l'aide des longues-vues, des bâtisses et une anse bien abritée, nous laissâmes là l'audacieux nageur, qui regagna sa pirogue, et nous cinglâmes vers Kayakakooah sans nous douter que Karakakooah était déjà derrière nous.

Mais le calme nous surprit en route; nous passâmes la nuit en face d'un village nommé Krayes, bâti sur un rocher à pic et de peu d'élévation, où la mer battait avec violence. Des feux allumés sur toutes les parties de la côte nous disaient que là aussi étaient des êtres vivants; mais leur existence devait s'y traîner bien souffreteuse et bien misérable, car la lave ne donnait prise à aucune couche de verdure, car tout était mort sur le penchant du cône, dans les flancs duquel bout le bitume en combustion.

Au lever du soleil, un grand nombre de pirogues à un seul balancier entourèrent la corvette; de chacune d'elles des femmes de tout âge, de toute corpulence, nous demandaient à grands cris la permission de monter à bord.

A six heures, une grande pirogue à double balancier porta à bord le chef d'un village plus étendu que les autres; il entra chez le commandant et laissa sa femme. Comme la brise commençait à souffler, le pont fut bientôt déblayé de ces importuns visiteurs. Quelques heures après, nous laissâmes tomber l'ancre dans la rade de Kayakakooah, et chacun de nous, selon ses travaux, se prépara à de nouvelles excursions.

Quelque chose qui ressemble assez passablement à une sorte de ville bâtie en amphithéâtre était là devant nous, à deux encâblures de la corvette, et à peine notre présence fut-elle signalée à ses habitants réveillés, que de toutes les parties de la côte s'élancèrent un nombre prodigieux de belles et grandes pirogues à un ou deux balanciers, les unes pagayées par des hommes, la majeure partie par de jeunes filles à demi couvertes de pagnes soyeux, sollicitant avec mille grimaces et mille prières la permission de monter à bord. Ceci est une capitale nommée Kayerooah.

A neuf heures, une grande pirogue, plus élégante que les autres et montée par douze rameurs, conduisit à bord le chef de la ville. Sa taille était de six pieds trois pouces français, sa figure belle et douce, sa poitrine large, sa coiffure élégante, son sourire enfantin. Il était à moitié couvert d'un manteau qui nous permettait de prendre une juste proportion de toutes les parties de son corps, et il est rare de voir des hommes mieux constitués que ce chef sandwichien. Du reste, la manière décente dont il se présenta; son langage (et il parlait très-purement l'anglais); le choix de ses expressions; un enfant qui, armé d'un gracieux éventail, éloignait les insectes de sa personne; cet officier assez bien vêtu qui lui servait d'escorte; l'empressement marqué que mirent les pirogues qui nous entouraient à lui ouvrir passage; l'élégance, la propreté et la grandeur de son embarcation, tout nous convainquit bientôt que nous avions affaire à un personnage d'importance. Nous sûmes, en effet, quelques instants après, que c'était le beau-frère du roi, qu'il s'appelait Kookini, que les Anglais lui avaient donné le nom de John Adams, qu'il était gouverneur de Kayerooah et de toute cette partie de la côte, et le seul chef supérieur qui n'eût pas accompagné Ouriouri ou à Toïaï.

Dans la crainte de ne plus en trouver l'occasion, on voulut essayer sa force au dynamomètre; il s'y prêta de bonne grâce, et il fit marcher l'aiguille jusqu'à 93 $\frac{1}{2}$, point où personne, depuis notre départ, n'avait encore atteint; sa vigueur rénale ne se trouva pas en proportion avec celle des mains.

Kookini promit au commandant un emplacement propre à établir son observatoire; il l'assura que le lieu où il ferait ses opérations serait *tabou* (sacré) pour tous les habitants; mais il le prévint qu'avant de livrer les vivres dont nous avions besoin, il était indispensable qu'il en donnât avis au roi, ce qui nécessitait un délai de trois ou quatre jours. Il l'assura **néanmoins qu'on** pourrait, avec des objets d'échange ou des piastres, se procurer à terre quelques provisions ; mais que pour de l'eau, elle était très-difficile à faire, parce qu'il n'y en avait pas de douce dans les environs, et que les naturels n'en buvaient que de saumâtre. Il ajouta que si nous n'étions pas dans l'intention de changer de mouillage, il s'emploierait de son mieux pour nous faire obtenir tout ce qui nous serait nécessaire.

Satisfait de ses offres obligeantes, on se disposa à transporter les instruments à terre.

La rade de Kayakakooah est grande et sûre ; les hautes montagnes qui la défendent des vents les plus constants ; la pointe Kowrowa, où périt Cook, située au nord, et celle de Karaah au sud, empêchent que la mer y soit jamais bien haute. La plage est belle ; quelques édifices et deux chaussées très-avancées offrent un sûr abri aux embarcations.

La ville de Kayerooah est d'une étendue considérable, mais les maisons, ou plutôt les huttes, sont si éloignées les unes des autres, principalement sur le penchant de la colline, qu'on ne peut guère les rattacher au quartier de la plaine, où du moins de petits sentiers battus figurent convenablement des rues et des passages. Plusieurs maisons sont construites en pierres cimentées ; les autres sont faites de petites planches, de nattes ou de feuilles de palmistes très-bien liées entre elles et impénétrables à la pluie et au vent. La plus grande partie des toits est recouverte de goëmon, ce qui leur donne une solidité merveilleuse ; quelques solives bien ajustées et assujéties par des ligatures de cordes de bananier leur assurent une durée considérable, et depuis que nous fréquentons des pays à demi sauvages, les cabanes d'Owhyée me paraissent les meilleures. Elles n'ont presque toutes qu'un seul appartement orné de nattes, de calebasses et de quelques étoffes du pays. Là couchent, pêle-mêle, père, mère, filles, garçons, quelquefois même les chiens et les porcs.

Vus de la rade, deux ou trois édifices ont quelque apparence

et font regretter de les trouver pour ainsi dire isolés au milieu des ruines. Le plus considérable est un magasin qui se détache en blanc sur toutes les autres cabanes. Il appartient au roi, qui en fait son garde-meuble, mais sans oser lui confier ses trésors, enfouis dans un souterrain. L'autre édifice est un *moraï* situé à l'extrémité d'une chaussée s'avançant dans la rade ; le troisième est une maison appartenant à un des principaux chefs de Riouriou, lequel, avant de quitter la ville, a eu l'adresse de la faire *tabouer* afin d'en éloigner les curieux et les voleurs. On me donna à entendre que celui qui chercherait à y pénétrer serait à l'instant mis à mort, et que le maître de la maison était un homme très-cruel et très-puissant. Le quartier nord de la ville peut avoir une centaine de cabanes, dont la plupart n'ont pas plus de trois à quatre pieds de hauteur sur six de longueur. Les portes sont si basses, qu'on ne peut guère y pénétrer que ventre à terre, et l'on respire dans ces cloaques infects un air capable de renverser ceux qui n'y sont pas habitués.

De la ville à la haute colline qui garantit la rade des vents du nord-ouest, il y a peu de chemin à faire, et je promenai de là mes regards sur tout le paysage, beau, imposant, pittoresque. C'est de cette colline que les habitants tirent toute leur subsistance, et le cœur se soulève de colère à l'aspect des deux plaines désertes et abandonnées qui circonscrivent de riches plateaux.

Ici, en effet, les cocotiers, les rimas, les bananiers, les tamariniers et les palma-christi ont une sève admirablement vigoureuse, tandis qu'au pied nulle plantation, nul bouquet d'arbres, ne se dessinent pour protéger les naturels contre cette accusation de paresse dont les ont flétris tous les voyageurs.

A la vérité, si l'on assiste au repas des Sandwichiens, qui ne mangent guère que lorsqu'ils ont faim, on se demandera peut-être à quoi leur serviraient des terres labourées et de riches plantations d'arbustes utiles. Aux Mariannes, nous avions été déjà frappés de la sobriété des habitants de Guham ; ici un Mariannais serait un glouton, un ogre qu'il faudrait chasser de la ville, et un Européen y mourrait d'inanition s'il lui fallait se contenter de la ration du plus vorace Sandwichien.

Tamahamah, pendant son règne si agité, si glorieux, avait fait des concessions de terrains à ceux de ses sujets qui consentiraient à les cultiver, se réservant de punir les demandeurs qui n'auraient pas rempli leur tâche avec activité; mais son fils Riouriou a laissé le peuple agir selon ses caprices, et les terres sont demeurées stériles.

Au reste, cette triste apathie des Sandwichiens pour la culture, ils la portent encore dans toutes les habitudes de leur vie, et tel est le résultat nécessaire de l'inertie de leur roi. Tamahamah élevait-il la voix pour annoncer une bataille à livrer aux ennemis que lui avait légués son père, toutes les populations étaient debout : hommes, femmes, enfants et vieillards se rangeaient, impatients, sous des chefs intrépides ; chacun, au milieu de la mêlée, faisait son devoir de guerrier fidèle et dévoué, et la paix se consolidait. On dit aujourd'hui que le roi d'Atoaï a levé l'étendard de l'indépendance, qu'une lutte est permanente entre les deux monarques, et nulle cité ne s'agite, et nul soldat ne songe à combattre ; Riouriou s'endort au milieu de ses femmes.

Le gouverneur Kookini a deux maisons à Kaïrooah : la première, celle où il me reçut, est sa maison de plaisance; l'autre est sa citadelle, défendue par deux obusiers sur lesquels on lit : *République française*. Non loin de là, et à côté du grand moraï, est une espèce de rempart en terre et en pierre, où sont braquées une vingtaine de pièces de petit calibre, protégées par des casemates ou hangars recouverts de feuilles de cocotier. On trouve là cinq ou six guerriers sans vêtements, portant un fusil sur l'épaule, et allant d'un pas rapide de l'un à l'autre bout de la fortification.

La sentinelle marche, au contraire, à pas très-lents le long du rempart qui fait face à la mer ; et au son d'une clochette agitée par une autre sentinelle, la première fait volte-face pour continuer ses évolutions. Chaque faction est d'un quart d'heure ; c'est trop pour épuiser la constance et la force de ces guerriers. C'est à côté de ce grotesque bastion, qu'une compagnie de nos voltigeurs prendrait en une heure avec des cravaches, qu'il faut passer pour aller visiter le tombeau de Tamahamah, vers lequel Bérard et moi, en dépit de quelques sinistres avertissements, nous nous dirigeâmes d'un pas tranquille.

Deux Sandwichiens que nous avions pris pour guides nous escortèrent jusqu'à la citadelle, en refusant de nous accompagner plus loin, et en prononçant avec effroi le mot *tabou* (sacré) ; mais, voyant notre résolution bien arrêtée, ils nous prièrent de nous détourner de notre chemin pour venir rendre un hommage de respect aux cendres d'un de leurs chefs les plus aimés et les plus glorieux. Une pierre de taille, de trois pieds de long sur deux de large, marquait la place sacrée ; les deux Sandwichiens s'en approchèrent dévotement en prononçant quelques paroles à voix basse, parmi lesquelles je crus entendre le mot Tamahamah ; puis ils grattèrent avec leurs pieds le sol voisin de la pierre, le frappèrent du talon et piétinèrent d'une façon fort grotesque.

Avant de pénétrer dans le moraï, que les Sandwichiens regardent comme un lieu saint et révéré, on se trouve en présence d'un édifice solidement bâti en varech, renfoncé, en saillie aux angles, et recouvert d'une quadruple couche de feuilles de bananier entrelacées avec un art infini. Il est haut d'une quarantaine de pieds, impénétrable à tout regard. La porte d'entrée en est basse, en bois rouge, avec quelques ciselures, fermée par de fortes solives en croix et un cadenas énorme. C'est le lieu où sont pieusement gardés les restes du grand roi dont on ne prononce ici le nom qu'avec une respectueuse vénération. En vain cherchâmes-nous à plonger un œil indiscret jusqu'au fond du monument : partout un double mur serré et compacte punit notre curiosité, et lorsque, nous croyant à l'abri de toute investigation, nous voulûmes tenter, à l'aide d'une lame de sabre, de nous faire jour jusqu'au delà de la première enveloppe du tombeau, un cri terrible arriva jusqu'à nous, poussé par trois Sandwichiens cachés dans une petite hutte et préposés à la garde du saint lieu, et le mot sacramentel *tabou* nous arrêta tout net, car nous n'ignorions pas qu'il y avait grande témérité à le braver.

Cependant, sans trop paraître déconcertés par les menaces des naturels qui nous regardaient de la plage, du camp retranché et de la limite du terrain sacré, que nul n'osait franchir, nous entrâmes dans le moraï, fermé par une haie de deux pieds de haut. A peine en eûmes-nous franchi le seuil, que les insulaires les plus rapprochés se jetèrent à genoux, puis ventre à terre, et, en se relevant un instant après, ils parurent étonnés que le feu du ciel ne nous eût pas encore consumés. Aussi, profitant de la permission que la clémence de leurs dieux nous accordait, nous visitâmes et étudiâmes dans ses plus petits détails ce champ du repos éternel.

C'est un espace à peu près carré de trois cent cinquante pas au moins, où sont dressés çà et là, les unes debout, les autres assises sur des pieux peints en rouge, les statues des bons rois et des bons princes qui ont gouverné l'île. Ces statues, grossièrement sculptées, sont colossales; la plus grande de ce moraï a quatorze ou quinze pieds de haut, et la plus petite n'en a pas moins de six. Elles ont toutes les bras tendus, les mains fermées, les ongles longs et crochus, les yeux peints en noir et la bouche ouverte. Cette bouche est un four énorme où le prêtre dépose, le jour, les offrandes que les fidèles lui confient, et qu'il vient ressaisir la nuit, en annonçant au peuple crédule que les dieux sont satisfaits. Dans la gueule d'une de ces images étaient encore, à demi pourris, de gros poissons, des régimes de bananes et deux ou trois pièces d'étoffes de papyrus, tandis que plusieurs autres portaient sur leurs épaules des débris d'oiseaux au plumage rouge, collés à l'aide d'un mastic noir et gluant.

Les statues, debout ou assises, rappelaient, je vous l'ai dit, les rois vénérés; mais d'autres idoles renversées et à demi recouvertes de galets figuraient les princes ou les chefs voués au mépris et à l'exécration des hommes. Douze statues étaient encore debout; trois seulement étaient renversées. Au milieu du moraï est une bâtisse beaucoup plus grande encore que le tombeau de Tamahamah, et aussi solidement construite, dans laquelle on garde avec assez d'indifférence des meubles européens du plus haut prix, cadeaux faits, il y a peu d'années, par le roi d'Angleterre au puissant monarque des îles Sandwich. Georges IV reçut en échange de ces magnifiques meubles, dont on comprenait à peine l'usage ici, des manteaux de plumes, des casques d'osier et plusieurs éventails en jonc fort bien tressé, ornant aujourd'hui une des salles du beau musée de Londres.

De retour du moraï, nous nous trouvâmes entourés par les naturels avec une curiosité si empressée et pourtant si craintive, que nous reconnûmes bien qu'ils étaient étonnés de nous voir revenir sains et saufs d'une expédition si périlleuse.

De l'autre côté de la ville est encore un moraï infiniment plus soigné que le premier, *orné* d'une trentaine de statues au moins, toutes debout, presque toutes dotées de riches étoffes et de fruits délicieux. Mais le plus beau de ces cimetières est, sans contredit, celui qui domine Kaïrooah, à gauche d'un chemin conduisant à Kowlowah; celui-ci est vraiment magnifique; les images des rois y sont sculptées avec un soin extrême. La haie qui le borde, faite en arêtes de cocotiers, est haute de quatre pieds, et de tous côtés, sur des pierres polies, sont déposés en faisceaux des trophées d'armes, des étoffes soigneusement pliées, des fruits renouvelés chaque jour, et souvent aussi de belles chevelures.

Au beau milieu de ce vaste cimetière est une immense charpente en bois, haute de cinquante pieds, assez solidement bâtie, où flottaient à l'air de volumineuses étoffes du pays, des grappes de bananes flétries, des cocos réunis en bloc, et au centre, sur un échafaudage, le squelette blanchi d'un veau.

Toucher à ces débris, à ces offrandes d'un ami à un ami, serait s'exposer à de grands dangers de la part des naturels, qui n'entrent qu'en tremblant dans certains moraïs, les jours où hommes et cimetières n'ont pas été *tabous* par les prêtres.

J'ignore, au surplus, si ces ovations ou ces flétrissures se font avant ou après la mort des rois, des chefs ou des gouverneurs, et c'est là précisément ce qu'il aurait fallu savoir pour apprécier l'équité des jugements.

Deux Sandwichiens et deux jeunes filles arrivèrent à ce moraï quelques instants après moi, et s'approchèrent d'une idole élevée à l'un des angles de l'enclos. Le plus âgé des visiteurs s'arrêta d'abord, puis, en grommelant entre ses dents, il s'avança lentement jusqu'au pied de l'image, qu'il toucha trois fois de la tête ; il en fit le tour en agitant les bras et les épaules comme un homme irrité par des démangeaisons. Le second Sandwichien l'imita à son tour, et, à leur exemple, les jeunes filles piétinèrent autour du dieu de bois ; mais, comme elles ne pouvaient en toucher les pieds avec leurs têtes, les deux hommes les soulevèrent, et complétèrent de la sorte une cérémonie régulière. Après cela, les pantenôtres recommencèrent de plus belle, les paroles sortirent bientôt plus bruyantes, plus rapides, et éclatèrent enfin comme un violent orage.

La prière dura une demi-heure, et lorsque tout fut dit et fait, les quatre pieux individus s'en allèrent, mais en marchant à reculons et en sautillant. Je remarquai, au surplus, que les jeunes filles à qui l'on avait appris ces grimaces et ces trépignements si fébriles, y allaient de toute leur âme, car leur petit corps était en sueur, et une ardeur vraiment belliqueuse brillait dans leurs yeux enflammés.

Je m'échappai donc du triste moraï et je parcourus la ville. Je me dirigeai vers le débarcadère, et je me trouvai en face d'un immense hangar où étaient entassées, protégées par de solides casemates, un nombre prodigieux de pirogues simples et doubles d'une beauté vraiment miraculeuse.

Les meubles de nos plus habiles ébénistes ne l'emportent point sur ces embarcations par le fini du travail et la délicatesse des détails. La plus grande de ces pirogues avait soixante-douze pieds français de longueur sur trois dans la plus forte largeur; les diverses parties de bois qui soutiennent le balancier sont nouées à la carcasse à l'aide de cordes tirées du bananier. On ne peut s'expliquer l'adresse et la solidité avec lesquelles les ligatures sont faites. Une double pirogue, moins grande que la première, avait soixante pieds de longueur; la quille, jusqu'au bau, était peinte en noir, auquel on donne un vernis magnifique avec le suc d'une fleur jaune extrêmement commune dans toute l'île.

Il est aisé de s'expliquer le nombre prodigieux de pirogues que possédait Tamahamah par l'humeur belliqueuse de ce prince, qui, un an avant sa mort, avait projeté la conquête de tous les archipels de la mer du Sud. Il en avait, dit-on, plus de dix-huit mille, et ses ouvriers étaient sans cesse occupés à en augmenter le nombre.

Mais Riouriou, son fils, galeux et abâtardi, laisse tout périr; la paresse des habitants se répand jusque dans les établissements les plus utiles; ses officiers et ses soldats dorment comme lui, quand tout les menace au dehors; et dans cet immense hangar, où plus de quatre-vingts pirogues se trouvaient pressées, un seul ouvrier était là, sommeillant, apathique, endolori de son inaction, et courbé sous le poids du petit et léger instrument appelé *toé*, pareil à nos herminettes, mis en mouvement d'une seule main, et à l'aide duquel se creusent et se polissent ces admirables pirogues. Riouriou est un grand prince, comprenant à merveille que le travail et l'industrie sont la première et la plus solide fortune des peuples.

Il n'y a peut-être pas de pays au monde plus curieux à observer que celui-ci : il n'y en a pas qui offre à un égal degré plus de rapports avec le naturel des hommes qui l'habitent. C'est une étude fort sérieuse à faire, je vous assure; et parmi tant d'êtres qui passent devant vous, vous ne trouverez pas deux exceptions pour démentir la règle générale.

Un soleil pénétrant projette ses rayons verticaux sur tout l'archipel; la végétation la plus mâle lutte sans cesse contre les irritations d'un sol bitumeux qui veut tout envahir, qui tend à s'emparer de tout : point de fleuves qui le traversent, point de lacs qui le rafraîchissent; partout la lave menaçante, partout des cratères, et dans quelques endroits une stérilité telle, que la presqu'île Perron elle-même serait un séjour de délices.

Voyez, voyez cet immense Mowna-Laé, qui évidemment est le troisième fils d'une éruption volcanique, et dont la base, au bord de la mer, n'est si large que parce qu'il n'a pas eu la force de faire reculer le Mowna-Kak et le Mowna-Roa, ses terribles et inébranlables voisins.

Depuis combien de siècles ces masses imposantes sont-elles sorties des profondeurs de l'Océan? Ont-elles grandi petit à petit, comme ces gigantesques végétaux africains auxquels il faut cinq ou six cents ans pour monter d'un demi-pied, ou est-ce tout-à-coup, dans une de ces effrayantes secousses qui font au loin trembler les continents, que le Mowna-Roa a posé ses flancs au niveau des nuages les plus élevés, et sa tête si loin de son pied? Ce sont là de ces graves questions géologiques que nul observateur ne peut résoudre, et qui eussent fait reculer même la haute pensée de Cuvier.

Où est la base de ces trois cônes, dont le moins formidable écraserait encore le Pic de Ténériffe? Sondez à une lieue au large, et vous ne trouverez pas fond par deux mille brasses : cela épouvante la raison. Supposez, par une volonté céleste, l'Océan à sec; placez-vous, par la pensée, au pied de ces monts déjà si effrayants, et dites-moi ce que seraient l'Illimani et l'Himalaya, qui trônent majestueux sur l'Amérique et le Thibet.

Et maintenant les feux sous-marins ont fait leur office. Etouffés sous les masses qu'ils ont vomies, deux de ces cônes bouillonnent sans doute encore dans les profondeurs des abîmes; mais rien de leurs fureurs ne surgit à la surface : il y a une immensité de la tête au pied de ces géants du monde.

Eh bien ! étudiez le peuple qui vit autour de ces cratères dominateurs, et vous retrouvez chez lui un reflet de cette âpre et sauvage nature qui vous fait trembler dans votre admiration. Le Sandwichien est abrupt, lourd et turbulent à la fois ; son caractère est bon par instinct, et ses manières, ainsi que sa charpente, ont quelque chose de rude et de repoussant. Toutes ses passions, à lui, fermentent dans sa poitrine ; il faut une catastrophe pour qu'il les jette au dehors ; mais alors aussi elles sont terribles, elles tuent, elles écrasent, elles dévorent. Cook est mort dans une de ces convulsions. Ainsi mourra quiconque essaiera de lutter avec lui à armes égales. Lorsque ce grand capitaine emmenait captif à son bord le roi, dont il croyait avoir à se plaindre en raison du vol qu'il reprochait à ses sujets, on vit les insulaires, au milieu de la mitraille, s'avancer hardiment sur le rivage et jusque dans les flots, emportant sur leurs épaules les blessés et les cadavres de leurs amis. La veille, ils étaient calmes ; le lendemain, ils ressaisirent leur nature primitive ; mais une éruption morale avait eu lieu, et l'Angleterre se vêtit de deuil.

Que le Sandwichien danse, qu'il s'amuse, gronde, caresse ou menace, vous ne vous en apercevez qu'au moment de l'explosion. D'abord c'est le repos, que ne trahissent ni les paroles ni les regards. La secousse galvanique a lieu : le délire se montre ; et tout retombe, un instant après, comme le cadavre abandonné par la pile de Volta.

Rarement le Sandwichien est debout ; il vit assis ou couché : on croirait que la vie lui est un lourd fardeau, et que, semblable à ses volcans, il a besoin qu'on le réveille. Il est couché quand il navigue dans ses pirogues ; entrez dans ses cabanes, dans ses huttes, vous le trouvez couché sous un énorme volume d'étoffes légères qui l'entourent sans le fatiguer. Son repos n'est pas le sommeil, mais ce n'est pas le réveil non plus ; il ne s'ennuie pas de cette vie de quiétude extatique, puisqu'il se la donne sans qu'on la lui impose, et il ne comprend le mouvement que comme un besoin. Apportez à manger au Sandwichien étendu sur sa natte, faites monter le flot jusqu'à sa demeure, afin qu'il puisse s'y jeter, retremper ses membres engourdis, et vous le retrouverez demain prêt à recommencer l'existence monotone des jours passés, et, pas plus que la marmotte, il ne se lassera de son gîte souterrain.

Remarquez cet homme si exceptionnel parmi tant d'autres hommes jetés sur le globe. L'Océan est calme, la lame expire tranquille sur la plage muette, et nulle brise ne fait bruire les folioles des rares cocotiers; l'homme dont je vous parle, l'homme que je cherche à vous faire connaître, ferme à demi les yeux, s'agite lourdement, se roule endolori et dort. Mais que la tempête mugisse, que le tonnerre gronde, que la foudre éclate, que les cocotiers crient sous la rapide rafale, que la vague écumeuse ouvre sa gueule et vienne envahir la plage, oh! alors cet homme est debout et prêt à combattre; il se place au bord de la mer, il s'élance, il lutte contre le terrible élément, qui ne peut le vaincre; c'est une tout autre nature, ou plutôt c'est une nature réveillée : il lui a fallu une colère pour rallumer la sienne; l'homme des Sandwich se reflète admirablement du sol qui le porte.

Je ne vous parle pas de l'enfance ou de la jeunesse, semblables partout, pareilles dans tous les climats, hormis chez les Lapons et les Groëenlandais, où tout est vieux en naissant : vous la voyez, aux Sandwich, capricieuse, turbulente, pleine de sève, joyeuse et sautillante : c'est un sang vif et chaud qui n'a pas encore eu le temps de s'attiédir, de s'imprégner des émanations atmosphériques; elle bondit, elle veut du plaisir, elle le recherche, elle l'appelle, elle le goûte; et, un beau jour, quand elle est vieille, quand les seize ans sont venus, elle se sent fatiguée, s'arrête, se couche et s'endort : le lion est devenu marmotte.

Il y avait là trop de force, trop de verdeur : tout excès est mortel.

Ce n'est presque jamais contre le courroux des flots ou contre celui des volcans que le naturel des Sandwich s'irrite et se défend : c'est contre les attaques des hommes. Le premier est une nécessité qu'il doit subir, l'autre une insulte qu'il veut repousser. Dans le premier cas, il y a impuissance à lutter ; dans le second, il y aurait faiblesse, et le Sandwichien est essentiellement brave : il est impossible d'être lâche sur un terrain si tourmenté.

Au surplus, étudiez le terrible Mowna-Kak planant sur l'île pour la dévorer un jour ; voyez ses laves ardentes bouillonnant à la surface et ses feux tourbillonnant offrant à l'œil le singulier et effrayant spectacle des fournaises souterraines. Suivez ces rivières brûlantes qui portent la mort et la destruction dans les vallées, écoutez ces menaces retentissantes, ces mugissements profonds, ces horribles détonations des batteries du cratère qu'on retrouve partout, et vous comprendrez ce qu'il faut d'énergie et d'audace à l'homme de ces contrées pour consentir à les habiter.

Que si vous trouvez dans ma rapide analyse sur le Sandwichien quelque contraste, quelque antithèse morale, c'est qu'ils existent en effet, et que le sol d'Owhyée est aussi partout un mensonge.

En effet, ici une grève de galets, là une grève de sable ; ici des rocs surplombés et déchirés par mille rigoles, là des plateaux unis et lisses comme si le frottement des siècles les avait usés. D'un côté, une végétation vivace ; de l'autre, une nature marâtre qui cherche à l'exiler ; et puis la lave, au travers de laquelle s'échappent des pitons aigus de granit ; une mer furieuse sans qu'on puisse en deviner la cause ; et le matin, une onde transparente et paisible. reflétant un ciel d'azur. Owhyée d'aujourd'hui ne ressemble point à Owhyée de la veille, et il ressemblera moins encore à Owhyée du lendemain.

Je le répète, cette principale île des Sandwich est un mensonge perpétuel.

Ainsi des hommes. Voyez ces larges charpentes si bien faites pour résister aux secousses des éléments, ces masses fortes et robustes, taillées comme l'Hercule ; eh bien ! tout cela se repose sans fatigue, tout cela s'appesantit sans sommeil. Et puis encore, n'est-ce pas une imitation de la nature imparfaite et bizarre du sol que ces usages si étranges d'une moustache sur une lèvre, tandis que l'autre est épilée? ces cheveux longs d'un côté, courts et ras de l'autre? N'est-ce pas une boutade, un caprice de fou que la variété sans harmonie de ces dessins dont tout leur corps est bariolé?

Les Sandwichiens ont probablement appris que d'autres peuples avaient l'habitude de se peindre le corps, de se tatouer ; ils savent que chez ceux-ci la figure est zigzaguée de rainures et que le reste de l'homme est pur; que chez ceux-là, c'est le torse qui a reçu l'impression des piqûres, tandis que plus loin, les jambes ou les bras seuls en sont ornés. Eh bien ! eux, les Sandwichiens, ont voulu se différencier ; et, par un privilége d'extravagance inconcevable, les plus coquettes Sandwichiennes se font tatouer la langue !

Encore si ces dessins étaient le résultat d'un travail régulier, exécuté avec le même instrument! Mais point; ce sont tantôt des égratignures assez profondes, tantôt des piqûres imperceptibles ; ce sont aussi des plaies qui rident et chiffonnent la peau, des brûlures qui lui donnent une teinte livide, de telle sorte qu'on croirait les individus frappés de maladies cutanées. Voilà bien des soins pour gâter une belle œuvre, voilà bien des recherches dépensées au profit de la laideur, voilà une bien ardente imagination en travail pour détruire une harmonie !

Que d'études à faire sur le peuple de cet archipel ! Ajouterai-je que le langage vient encore me fournir un nouvel argument? Ce n'est plus ici une musique suave comme celle du Tchamorre, ni la gravité espagnole, ni la douce mélodie des Carolins; ce n'est pas non plus l'articulation éclatante des Malais ni le glapissement lugubre des Papous ; mais il tient un peu de ces divers dialectes, par cela seul qu'il diffère de tous. Le parler sandwichien est guttural et vibrant à la fois ; il va par saccades et par soubresauts. Avant de sortir, telle syllabe a l'air de prendre de l'élan, de se consulter, tandis que d'autres, poussées avec rapidité, partent et bruissent comme une détonation, ou plutôt comme un roulement de coups de fouet. Au surplus, je ne peux le comparer qu'aux grognements et aux aboiements d'une meute de chiens rongeant des os qu'on veut leur arracher.

Ce n'est pas tout ; ce langage si bizarre, si lent et si rapide à la fois, offre des singularités plus étranges encore. Au gré des habitants, la plupart des lettres, ou plutôt la plupart des sons ont le droit de se modifier, de changer, sans qu'on puisse en accuser le défaut d'organisation physique des hommes. Ainsi, l'on dit, selon le caprice, *Riouriou*, ou bien *Ouriouriou*, ou bien *Liouliou*, ou bien encore *Liolio*; donc l'*r* se transforme en *l* et l'*ou* en *o* simple. On dit encore *Kayakakooah*, ou *Tayatatooah* et *Koïaï*, ou *Toïaï*. Le *t* et le *k* se chassent mutuellement l'un l'autre, selon le bon vouloir ou la fantaisie. A Kayakakooah, ou Tayatatooah, on nous parlait de *Tamahɔmah* ou de *Kamahamah*, ou plus souvent encore de *Taméaméah*, et ce qui ajoute à l'étrangeté sauvage du parler sandwichien, c'est qu'après chaque phrase ou chaque mot se terminant par un bruit aigu, on est forcé de faire sentir l'*h* par une aspiration très-prononcée : ainsi l'on ne dit point Pa ou *Mowna-ka*, mais bien *Pa-h* et *Mowna-h-kah*, comme si, après avoir jeté au-dehors l'*h* du mot, on voulait la ressaisir en aspirant.

Il faut bien que je vous dise toutes mes observations, puisque je m'y suis engagé dès mon début.

Et cette étrange cérémonie des sanglots et des larmes qui a lieu à la rencontre de deux amis, après quelques jours de séparation, cérémonie terminée si brusquement et si grotesquement par le rire, n'est-ce pas encore une fois la reproduction fidèle des colères des volcans, qui se calment sous le plus beau ciel des tropiques ?

Si, chez les hommes, le goût des dessins dont ils se bariolent le corps est général, chez les femmes de tout âge ces ornements sont une passion, une rage, une frénésie. On en voit dans toutes les demeures, sur toutes les places publiques, sur la plage, sous les bananiers, passer là des journées entières à cette opération, dont l'artiste ne semble pas se fatiguer plus que le personnage qui pose. Pour ces tatouages, dis-je, on adapte verticalement à une baguette longue de huit ou dix pouces un tout petit os formant trois pointes, ou les ongles aigus d'un oiseau qu'on rapproche à l'aide d'un fil de bananier. Cette patte d'oiseau ou cet os est noué fortement à l'extrémité de la baguette; on l'appuie sur la partie à tatouer, qui est déjà dessinée en rouge ou en noir, et l'on suit ainsi tous les contours en frappant avec une autre baguette sur la première des coups légers et rapides, de sorte que les pointes, en entrant dans la peau, causent une légère irritation sans douleur et une bouffissure qui ne s'en va qu'au bout de quelques heures. Après cela, on frotte assez longtemps la partie dessinée avec une feuille large, amère et pleine de suc, et la figure, qui n'était d'abord que faiblement colorée de rouge, devient d'un bleu foncé, se mariant parfaitement avec la couleur cuivrée des Sandwichiens.

Ainsi donc, tout est harmonie dans le désaccord physique et moral des îles Sandwich ; on dirait que le sol a fait les hommes ou que les hommes ont élevé le sol selon leurs fantasques humeurs : des corps tatoués d'un seul côté et figurant, à s'y méprendre, un ouvrage commencé ou un fou à demi barbouillé d'encre; ici, une seule moustache ; là, un côté de la tête rasé, et généralement une fille avec une seule boucle d'oreille, et mille autres singularités que je n'ose ou que je ne veux pas vous dire, afin que vous alliez vous-mêmes ajouter des arguments aux miens, déjà fort nombreux, et traduire mieux que moi les contrastes qui se développent à chaque pas aux regards observateurs.

Je dis les choses qui sont; qu'un plus habile les explique.

XXIII

ILES SANDWICH.

Taouroé. — Morokini. — Mowhée. — Lahéna.

Il est impossible que près d'un sol aussi tourmenté que celui d'Owhyée, il ne s'échappe point, de temps à autre, des profondeurs de la mer, quelque roche aiguë, quelque morne bitumineux qui atteste dans les abîmes le feux des volcans, joue également un rôle destructeur et créateur à la fois. Les grandes colères ont du retentissement, et Naples n'est pas assez loin du Vésuve que ses habitants ne se promènent avec frayeur dans Herculanum et Pompéia, englouties et ressuscitées.

La géologie a ses lois éternelles, et nous avions déjà trop étudié l'aspect de la principale île de cet archipel pour ne pas chercher çà et là, près de nous ou loin de nous, quelques débris isolés du Mowna-Kaah. Taouroé se leva devant la corvette, rougeâtre sur les flancs, noire à sa base, cuivrée à sa cime ; Taouroé, île de roche, crénélée, dentelée, à pic, en arêtes aiguës, pareille à un mur décrépit de lave ciselée par les siècles.

Qui donc a touché ce sol sans verdure ? Qui donc a essayé l'escalade de ces remparts formidables sur lesquels le flot rugit et se brise avec violence ? Personne. Et cependant des récifs dangereux et prolongés entourent Taouroé, comme si le rocher avait à redouter la conquête de l'homme, comme s'ils avaient voulu défendre contre toute avidité les richesses qu'il cache peut-être dans ses flancs. Taouroé sera éternellement déserte, car la vie y est impossible.

La brise nous poussait toujours avec la même constance, et

après Taouroé se leva, plus aigu, mais moins rapide, le cône à teinte verte nommé Morokini, du sommet duquel s'élançait à l'air une colonne onduleuse d'une fumée noirâtre. Nous devions croire à l'existence d'un volcan en activité; mais les pilotes sandwichiens que nous avions pris à bord nous firent entendre que cette petite île était habitée, que le côté est représentait un aspect assez riant, et qu'on y voyait de fort jolis bouquets de cocotiers et de palma-christi, au pied desquels étaient bâties de fort jolies cabanes : c'était une colonie de pêcheurs.

Morokini glissa bientôt derrière nous, et Mowhée, l'imposante Mowhée, se leva du sein des eaux et étala à nos regards sa tête de lave et ses flancs déchirés. Dans les anfractuosités de quelques rochers qui semblaient suspendus, pointaient des touffes légères de verdure; et tandis que ses pieds de lave étaient pelés et mornes, sur sa tête assez régulière une crête parsemée d'arbustes d'une certaine vigueur, semblait recevoir sa sève des nuages visiteurs qu'elle déchire et retient au passage.

Partout ici des brisants entourant l'île, partout des récifs à fleur d'eau forçant les navires à manœuvrer avec la plus grande prudence, et nul doute que de fréquentes catastrophes ne signalassent ces dangers à la marine, si le ciel de ces climats ne se montrait sans cesse riant et doux, comme un contraste avec la terre orageuse qu'il n'a cependant pas la force de vivifier.

Toutefois, en s'avançant vers l'ouest, la lave s'abaisse par une pente légère, la végétation lève la tête, le paysage se dessine sous des couleurs plus gaies, la plage se revêt d'une éclatante parure, les cocotiers promènent dans les airs leurs palmes élégantes, les rimas étalent leurs larges feuilles, les palma-christi, le mûrier-papier et une foule d'autres végétaux des tropiques, unissant leurs bras entrelacés, projettent de toute part une ombre bienfaisante et protectrice. On se sent l'âme à l'aise à l'aspect de ce paysage embelli encore par les sauvages plateaux qui l'entourent et le dominent. Mais c'est lorsque vous avez laissé tomber l'ancre à deux encâblures de terre, sur un fond de roches et en face du village de Lahéna, que toute la majesté du sol se déploie à l'œil, comme pour vous dédommager de l'horrible stérilité qui venait d'épouvanter vos regards. Ainsi, Mowhée est divisée en deux parts bien distinctes et bien tranchées : d'un côté la mort, de l'autre la vie; ici le roc et le bitume, là une terre végétale puissante, une verdure éternelle; au sud et à l'est le deuil et le silence; à l'ouest et au nord le mouvement et la joie. La nature, bizarre et capricieuse, a jeté une montagne inculte et rigide au-dessus des eaux; et, par un noble sentiment de regret et de repentir, elle s'est laissée aller à une pensée plus généreuse, pour consoler par un sourire l'homme que tant de misères devaient épouvanter.

Une maison en pierre assez proprement bâtie, s'élève à la droite du village et se trouve garantie des rayons du soleil par une touffe d'arbres vigoureux, au feuillage varié, au-dessus desquels plane la tête chevelue des sveltes cocotiers; un solide rempart en maçonnerie protége cette demeure royale contre les rares tempêtes de la baie, tandis qu'à deux pas de là une plage unie et riante permet toute latitude à la lame écumeuse de s'étendre et de se développer avec majesté. C'est dans la maison de pierre que nos instruments astronomiques furent descendus, et tandis que les officiers et les élèves comptaient dévotement les oscillations du pendule, tandis que, heure par heure, ils comparaient la hauteur exacte de plusieurs thermomètres et enrichissaient les registres du bord d'observations nautiques dont je ne veux pas appauvrir votre mémoire ; moi, prêt à étudier le sol et les hommes, je me jetais dans l'île et courais après des émotions plus futiles sans doute, mais aussi plus intimes et plus variées.

Je ne trouve rien de plus mortel que la monotonie. Lahéna est un jardin; Lahéna, pour le paresseux qui ne voudrait que se laisser aller doucement à vivre, est ce paradis terrestre dont les livres saints nous ont fait de si délicieuses descriptions. Mais ici, mieux que là-bas, vous n'avez pas d'arbres ou de fruits qu'on vous défende, vous n'avez pas de cabane qui vous refuse son ombre et ses nattes moelleuses, pas de voix séductrice qui vous punisse plus tard de vous être abandonné à sa mélodie, pas de colère à redouter pour une audace, pas de fatigue que celle donnée par un sommeil paisible, pas d'insectes dangereux dans les demeures, pas de reptiles dans les campagnes ouvertes, et partout sur votre tête un large et gracieux parasol de verdure bruissant à l'haleine vagabonde d'un vent tout imprégné d'émanations basalmiques. Lahéna est le plus beau séjour du monde.

Les maisons sont séparées les unes des autres par de petits sentiers unis comme une glace, bordés de papyrus, de jam-rosas, de palma-christi et d'une foule d'autres végétaux aux folioles découpées, aux troncs lisses ou raboteux, tortueux ou élancés, formant à chaque pas un contraste admirable. A côté de chaque maison est un carré profond de deux, trois et quelquefois de quatre pieds, sans cesse frais et propre, où croissent les plantes utiles à la nourriture de l'homme. Ce sont les ignames, les douces patates, les choux caraïbes, nommés ici *taro*, poussant au loin leurs larges feuilles sans soin et sans culture. Ces carrés, défendus sur les bords par une petite haie d'arêtes de palmistes ou seulement par un léger monticule de terre glaise, sont une fortune impérissable pour les heureux habitants de Lahéna.

Entrez dans une cabane, vous y trouverez des jeunes filles enchantées de votre visite et ne comprenant absolument rien aux mœurs des pays civilisés. A côté d'elles, aussi ignorantes, les mères frappent avec un battoir ciselé, sur une planche polie, l'écorce malléable du *mûrier papier*, dont elles font de fines étoffes au milieu desquelles elles reposent légèrement abritées, tandis que sur le seuil les pères interrogent de l'œil les richesses escaladant l'enclos qu'ils ont creusé, et remuent parfois la terre et les eaux à l'aide d'un long bâton de bois rouge ou de sandal.

Je ne vous dirai pas tout ce que Lahéna offre de curieux et de magique à l'étranger qui vient la visiter ; je ne vous dirai pas le charme que l'on goûte à ces promenades solitaires du matin et du soir, alors que des myriades de joyeux oiseaux se jouent à travers les branches des arbres, et viennent, heureux et rassurés, vous battre de leur aile rapide; je ne vous peindrai pas la gracieuseté de cette population de jeunes filles, âpres au bonheur qui les berce sans les fatiguer, et vous invitant par les manières les plus innocentes à ne pas abandonner un pays auquel nul autre ne peut être comparé. Non, je n'achève pas le tableau que j'ai commencé, afin de ne pas laisser le regret éveillé dans votre âme, puisqu'il vous faut faire un si violent effort pour vous arracher à vos habitudes si mortelles, à votre pays si pauvre et si décoloré !

Oh! si vous l'aviez vue, Lahéna! si vous l'aviez vue, je ne vous dirais point ce qu'elle est, car, bien certainement, vous ne l'auriez pas oubliée, et je craindrais de vous en présenter une esquisse imparfaite.

Les habitants de ce coin de la terre n'ont compris qu'une chose depuis qu'il y a là une colonie, c'est que la vie qui leur a été donnée ne doit pas être gâtée par la fatigue. La fatigue pour eux, c'est le travail, c'est presque le mouvement. Ils ont là sous leurs mains tout ce qu'ils nomment le nécessaire : pourquoi iraient-ils au loin quêter le superflu? Chez nous, ce que nous nommons superflu est souvent une pauvreté ; nous demandons, nous cherchons, nous voulons le superflu du superflu, et nous ne sommes pas satisfaits encore. A Lahéna, l'opulence serait une plaie. Je disais à un des hommes les plus intelligents du pays qu'il y avait en Europe des individus fort riches.

— Dînent-ils deux fois? me répondit-il; ont-ils plus souvent faim que les autres ?

Que feraient du superflu les habitants de Lahéna? Rien, absolument rien ; chaque dix ans peut-être un navire vient mouiller devant leur île, et les bagatelles qu'on leur apporte n'intéressent que leur curiosité. Vous faites fi de ce qu'ils appellent leur fortune; ils regardent en pitié ce que vous nommez richesses ou luxe. Les vêtements qui vous emprisonnent les mettent en colère contre ce qu'ils disent être une stupidité, un esclavage. Ils n'ont, eux, qu'une saison, une seule, elle est uniforme, éternelle; les tempêtes qui passent sur leurs cabanes sont des colères qui ne peuvent les atteindre ni les émouvoir; et s'ils ont des pirogues et des pagaies, c'est que parfois ils vont se promener sur les eaux pour que le mouvement des vagues de l'Océan réveille un peu le sang calme et tiède qui sommeille dans leurs veines.

Je n'ai pas vu de moraïs à Lahéna. Les hommes doivent y mourir pourtant. Cacherait-on avec soin les traces de ceux qui ont disparu, afin que la vie entière fût une pensée joyeuse, traversée seulement par une douleur rapide comme l'éclair? Ou bien transporterait-on à Wahoo ou à Owhyée la vieillesse ou la souffrance, pour mieux sentir ici la force et le bonheur?

La nuit, lorsque le calme de la terre se joint au calme des eaux, lorsque la brise dort dans le feuillage et que sous les cabanes muettes s'assoupissent les heureux habitants de Lahéna, l'oreille attentive écoute le roulement lointain d'une cataracte qui, tombant d'une roche à pic, fait bouillonner ses eaux limpides, source première des richesses de ce lieu de délices.

Par une nuit magnifique, je me rendis vers cette chute d'eau; le bruit seul me guidait à travers les terres incultes qui, je vous l'ai déjà dit, cerclent les beaux jardins et les douces allées du village. Partout ici la plus triste stérilité, et la lune, qui m'inondait de ses pâles rayons, ne dessinait aucun jeu d'ombres fantastiques autour de moi; seulement, en tournant les regards vers la cime du mont gigantesque qui planait sur le mouillage, on voyait se refléter dans les flots sa masse noirâtre, pareille à un colosse marin assoupi.

Après une heure d'une marche lente et pensive, je me trouvai au pied du cirque où bouillonnent les eaux pour se répandre ensuite, calmes et pures, dans toutes les directions, et se réunir enfin en une seule branche, à quelques milliers de pas de Lahéna, pour se perdre dans les flots amers de l'Océan.

Le bonheur a donc aussi sa lassitude! Depuis huit jours seulement nous parcourons cette île, si tranquille, si disparate, calme de toute passion funeste, et voilà que nous n'entendons pas sans plaisir le canon du bord annonçant le départ. Que de folie dans le cœur humain!

Le grand canot aborde; il met le cap sur la corvette, on lui confie nos instruments, chacun de ces Messieurs prend sa place, ils franchissent la barre qui protége Lahéna contre les lames poussées par la rafale de mer; ils regardent derrière eux... pas un seul habitant n'est là pour leur dire adieu; pas un seul n'était là pour nous voir arriver. Notre présence à Mowhée ne fut ni une joie ni une douleur, mais seulement une distraction. On y parlera de nous quelques jours encore, et puis tout s'effacera dans la quiétude de chaque heure. C'est un bien singulier spectacle que celui qu'offre à l'observateur ce groupe de cent cases au plus, ayant pour abri une verdure éternelle et pour habitants des êtres éternellement calmes et heureux.

XXIV

ILES SANDWICH.

Wahoo. — Course au volcan d'Anourourou. — Jeux. — Divertissements.

Voici Wahoo qui se dresse d'une part, tandis que, de l'autre, à peine Mowhée vient de se plonger dans les flots. Lahéna ressuscitera-t-elle chez sa voisine, ou ne retrouverons-nous nulle part cette suave béatitude qu'on aspire par tous les pores dans ce délicieux coin de terre que nous venons de quitter? Le ciel n'a-t-il épuisé ses bienfaits sur une petite île que pour appauvrir tout ce qui l'environne? Nous le saurons bientôt, car déjà à notre droite pointent des cases, un établissement, une cité, une capitale.

Partout, à Wahoo, la côte se dessine avec les bizarreries que nous avons déjà remarquées à Owhyée, mais d'une façon plus mesquine. On comprend, au premier coup d'œil, que les volcans qui ont vomi à l'air cette île antique ont secoué les flots avec plus de difficulté que ne l'a fait le terrible Mowna-Kaah, père menaçant et dominateur de tout l'archipel.

Il y a à Wahoo des criques profondes, des cônes bizarres, des rochers à pic, d'autres roches pelées ou revêtues de verdure, s'allongeant ainsi que des tigres élancés sur leur proie; il y a aussi des masses de laves sur lesquelles la vague écumeuse vient amortir sa rage; il y a encore des plateaux élevés, des terres fertiles, des murailles de bitume déchirées ; mais quand on arrive d'Owyée, quand surtout on s'est promené sur l'océan de laves qui touche à Koïaï, tout ce qu'on voit ici est grêle, petit, mesquin, et le sourire vous vient aux lèvres, sourire de dédain et de plaisir à la fois. Cependant chacun est à son poste; Anourourou se déploie dans toute sa majesté. Nous laissons tomber l'ancre en face de la ville ; le matelot se croise les bras, s'assied sur la drôme ou s'accoude aux bastingages, jette un œil indifférent sur la côte, et s'étonne qu'on entreprenne d'aussi longues campagnes pour étudier des pays où le vin et les liqueurs enivrantes sont à peine connus.

Nous, moins difficiles, étudions avant de décrire, comprenons avant d'expliquer, et ne nous laissons pas séduire par une première impression. Il faut bien revoir pour assurer avoir bien vu.

Quatre cent cinquante-cinq cases, deux belles bâtisses en bois servant de comptoir aux Américains établis à Wahoo, un palais de chaume, demeure du gouverneur, Kraïmoukou cadet ; une place publique fort spacieuse, bien ouverte, quelques sentiers assez régulièrement tracés formant des rues, et une jolie maison en maçonnerie à un rez-de-chaussée et à un étage, blanche au dehors, propre au dedans, avec toiture en tuiles, surmontée d'un élégant pigeonnier autour duquel voltigent sans cesse une quarantaine de tendres ramiers, voilà Anourourou.

La journée était belle, point trop brûlante, car la brise de mer soufflait avec violence. Je m'acheminai vers le volcan éteint, qui, sur la droite d'Anourourou, se dessine en gigantesque pain de sucre d'une grande régularité; chemin faisant, je trouvai mon ami Gaudichaud qui suivait la même route, et, bras dessus bras dessous, nous nous encourageâmes dans notre entreprise, car, afin d'abréger la longueur du trajet, nous venions d'arrêter que nous grimperions le côté le plus rapide.

Telle était la réputation d'homme merveilleux que je m'étais acquise à Anourourou, que, de la grande place de la capitale où s'agitait la foule joyeuse, un grand nombre de garçons et de filles se jetèrent sur nos pas et voulurent nous accompagner jusqu'au sommet du cratère.

Le pied du mont est défendu par d'énormes blocs de lave que les cendres n'ont pas revêtus; mais à quelques mètres de hauteur, la pente devient de difficile accès, car les cendres, par couches immenses, glissent sous les pieds et vous entraînent. Cependant, à mesure qu'on gravit, le sol devient plus ferme; mais on ne trouve là presque aucun arbuste pour vous venir en aide, ou si vous en saisissez un levant sa tête épineuse, vous avez à craindre qu'il ne cède sous le poids et ne vous occasionne une chute extrêmement dangereuse, car elle ne s'arrêterait qu'à la barrière de roches volcaniques qui forme un cirque au pied du mont.

Gaudichaud et moi nous escaladions toujours assez loin l'un de l'autre et nous nous interrogions souvent, afin de nous donner du courage. La fatigue nous épuisait, nous allions avec une lenteur irritante, tantôt accroupis, plus fréquemment ventre à terre, et fâchés déjà d'avoir commencé l'œuvre périlleuse. Pour ma part, j'avoue que j'en étais à maudire ma témérité, et je suis convaincu que mon camarade, dont je regardais de **temps à autre** la figure ruisselante et blême, ne maudissait pas moins que moi notre fatale résolution. Nous eûmes un moment de halte, pendant lequel la voix de Gaudichaud, arrivant souffreteuse jusqu'à mon oreille, me fit entendre quelques syllabes mêlées de soupirs, qu'à mon tour je répétais en écho fidèle.

— Eh bien! me disait-il, c'est dur, n'est-ce pas?

— Je ne sais pas si c'est dur, mais c'est cruellement rapide.

— Tellement que je n'ose pas regarder derrière moi.

— Ni moi non plus.

— Oh! si je pouvais rétrograder!

— Mais voyez donc comme ces coquins montent facilement!

— Ce sont des écureuils.

— Mieux que cela, des lézards; ils se fichent de nous à qui mieux mieux.

— Ils ont beau jeu pour cela; mais ils seraient charmants s'ils voulaient nous aider.

— On ne se donne pas la main ici comme à une promenade; n'importe, je vais essayer de leur demander ce service.

Les Sandwichiens nous comprirent à merveille, et ils furent surpris de nous voir en appeler à leur prestesse et à leur légèreté. Ils se glissèrent derrière nous, nous poussèrent de leurs mains, de leur tête, de leurs épaules, et nous atteignîmes enfin le sommet. Gaudichaud, rendu là-haut avant moi, s'était assis à demi épuisé, et je n'arrivai que pour lui prêter secours, car il se trouva mal et perdit connaissance. Après une demi-heure d'inquiétude, je vis mon ami ressaisir ses forces, et nous nous promîmes bien de chercher, pour descendre, une pente un peu moins rapide. A nos côtés, les bons Sandwichiens échangeaient des regards moqueurs, et je suis bien sûr que nous aurions beaucoup perdu dans leur estime si je n'avais résolu de reprendre le rang qui m'appartenait, en faisant quelques tours d'escamotage.

Jamais, à coup sûr, Comte, Bosco ou Conus n'a travaillé

devant un public plus curieux et plus ébahi, ni sur un théâtre aussi élevé et aussi solide.

Le paysage qui se déroulait à nos yeux était triste et sévère. Au pied du mont, une rivière pareille à un ruban bleu serpentant sur une robe verte; un peu plus loin, les cases d'Anourourou et la maison blanche de Marini assise sur un monticule ; à droite et à gauche, des plaines unies, des plateaux réguliers ; à l'horizon, un pic neigeux, et, pour raviver tout cela, des touffes de palmiers, des cocotiers et des allées désertes de palma-christi ; le reste, nu, abandonné à la stérilité par l'insouciance des habitants d'Anourourou. Quant au volcan qui s'est dressé près de la capitale, on dirait qu'il a pris naissance à une demi-lieue de là, que les feux souterrains, n'ayant pas eu la force de percer la dure enveloppe qui les retenait captifs, ont agi horizontalement dans une ligne directe, et que trouvant enfin une issue sur l'endroit où pèse le cône rapide, ils se sont élancés et ont cessé dès lors leurs ravages mystérieux et profonds.

Sans nous perdre un instant de vue, les Sandwichiens nous accompagnèrent au retour comme ils l'avaient fait au départ, et nous arrivâmes pêle-mêle sur la place publique, où on se livrait avec une ardeur incroyable à des jeux dont il faut bien que je vous parle, puisqu'ils remplissent les trois quarts de la vie si active de ces braves gens.

Des paris de cocos, de régimes de bananes, de pastèques, de brasses d'étoffes, avaient lieu dans chaque exercice, et il est vrai de dire que la justice la plus sévère distribuait seule l'enjeu du vainqueur.

Ici, c'étaient des hommes placés en rond autour d'une grande boule de pierre unie et graissée, sur laquelle chaque jouteur, à son tour, s'élançait en essayant de s'y maintenir en équilibre, d'abord sur les deux pieds, pendant l'espace d'une minute à peu près, mesurée par un homme frappant régulièrement de petits coups de baguette sur une planche creuse pour marquer le temps. Au batteur tout pari était sévèrement défendu, afin qu'on ne pût pas même suspecter sa bonne foi dans le plus ou moins de rapidité imprimée à sa baguette. Les deux premiers vainqueurs, à ce jeu qui faisait si grotesquement culbuter la plus grande partie des parieurs, devaient, s'ils ne consentaient point à partager les enjeux, lutter entre eux, mais sur un seul pied ; et celui qui, après trois épreuves consécutives, se tenait debout pendant un plus grand nombre de coups de baguette, s'emparait de la masse, et se hâtait d'aller offrir quelque chose au batteur sur la planche creuse, lequel acceptait après un rude frottement de nez.

Les femmes étaient exclues de cet exercice, fort divertissant, je vous l'atteste ; et quand j'eus demandé la permission d'entrer en lice, il y eut un si grand éclat de rire et tant de cris joyeux, que peu s'en fallut que je ne reculasse devant l'épreuve. Cependant je m'élançai, comptant sur mon adresse assez bien reconnue, et il ne m'en coûte pas d'avouer que de tous les jouteurs je fus sans conteste le plus maladroit et le plus lourdement jeté sur le gazon. Ces braves gens se montrèrent si heureux de m'avoir vaincu, leur orgueil les rendit si gais, que je reconnus qu'il y aurait eu de la cruauté à l'emporter sur eux. Une défaite rapporte quelquefois beaucoup plus qu'une victoire. Quant à moi, j'en fus quitte pour une douzaine d'hameçons que je distribuai çà et là, et deux couteaux que je présentai à un de ces heureux insulaires qui s'était fait une entorse en glissant sur la pierre. Ici, donner c'est acquérir ; l'ingratitude n'est pas comprise à Wahoo, et pour un bienfait vous en recevez mille.

Un autre jeu fort intéressant, et auquel les habitants d'Anourourou déploient une adresse qui tient du prodige, consiste à faire franchir dans un sentier poli, sous des cerceaux de fil d'archal placés à deux pieds l'un de l'autre, un grand espace à un fuseau, dont le bout qui est en avant et part le premier est ferré. Des juges échelonnés sur la route indiquent le cerceau où le fuseau a cessé de courir dans la direction voulue, et le vainqueur est celui qui fait franchir à l'instrument un plus grand nombre de petites portes étroites qu'on ne peut attaquer qu'en se courbant jusqu'à terre. Quelques-uns de ces fuseaux, faits en bois de sandal, sont courbes, et alors la ligne à parcourir est courbe aussi à une certaine distance, et j'ai vu un de ces projectiles lancé avec tant d'adresse par un jeune lutteur de treize ou quatorze ans, qu'il parcourut sous les cerceaux un quart de cercle au moins sans la plus légère déviation et sans avoir besoin de l'irrégularité du sol. Ici encore j'entrai en lice, et ma défaite, que les jouteurs eurent la délicatesse et la modestie de croire volontaire, les dota de deux ou trois étuis et d'une belle paire de ciseaux qu'on joua au même exercice, et qui furent gagnés par le drôle de treize ou quatorze ans.

Il est un troisième jeu fort curieux à voir et pour l'exécution duquel il faut une grande adresse d'équilibriste. Essayons de nous faire comprendre. Deux hommes ou deux femmes, et le plus souvent une femme et un homme de la même taille, se placent debout en face l'un de l'autre d'abord pied contre pied et les deux mains superposées sur le front, la paume en-dehors. Les deux jouteurs échangent dans cette posture deux ou trois coups de tête ou plutôt deux ou trois coups de mains, puisque le front est protégé par elles; puis ils s'éloignent de plusieurs pouces, prononcent à demi-voix quelques paroles, et à une syllabe articulée plus haut, ils se laissent aller l'un vers l'autre sans que les pieds bougent, et front sur front, de telle sorte que les deux individus forment déjà un A extrêmement peut ouvert. A l'aide d'un mouvement de reins assez prononcé, on se redresse et on continue de parler à voix basse sans que les mains quittent jamais le front. On s'éloigne encore, on retombe, l'A devient plus ouvert, et l'on continue ainsi jusqu'à une assez grande distance, en se laissant aller en avant comme deux béliers en lutte. Mais, pour que les pieds ne puissent en glissant nuire à l'adresse des jouteurs, deux grosses pierres sont placées derrière les talons comme point de résistance.

J'ai vu deux jeunes habitants d'Anourourou former ainsi entre eux, front sur front, un angle exclusivement obtus, et se redresser pourtant à l'aide d'un mouvement de reins vigoureusement articulé, qui décuplait la force des deux adroits et robustes lutteurs.

Je vous défie de vous arrêter froid et sans le plus vif intérêt en face de cet homme aux formes athlétiques, posé debout sur une grande pierre, dont une partie en talus lui sert de point d'appui, qui va se laisser tomber de tout son poids en se cramponnant des deux mains sur une corde tendue, sans que ses reins plient, sans que sa tête cesse d'être redressée, sans que ses jarrets se courbent, sans que ses pieds changent de place. C'est là un des jeux les plus curieux des Sandwichiens; c'est un de ceux qui donnent le plus de force et d'élasticité aux membres. Etonnez-vous après cela de trouver dans cet archipel des natures puissantes capables de lutter contre la lave des volcans toujours prête à les dévorer, contre la turbulence des flots toujours prêts à les engloutir. Nous sommes des pygmées à côté de ce peuple géant.

Mais si ces délassements, ces distractions d'un peuple qui comprend si bien le plaisir, sont curieux à voir, il en est d'autres bien autrement merveilleux à observer et qui vous pénètrent de la plus vive admiration : je veux parler des luttes sérieuses de l'Océan contre ces natures bizarres, que des années de graves observations ne vous dévoileraient qu'imparfaitement. Ici, que la brise de mer souffle violente et par rafales, dès que la houle écumeuse se rue avec fracas contre la chaine de brisants qui barricade le port, il faut suivre cet essaim de jeunes femmes à la démarche fière, à la tête levée, au regard plein d'animation, s'acheminant d'un pas ferme vers la solide barrière que la nature a opposée au courroux des flots. Les voilà, ces filles si bien façonnées pour d'autres jeux, debout sur les rocs envahis, se regardant avec le sourire sur les lèvres, les unes portant sur leurs épaules la petite planche nommée *paba*, les autres armées seulement de leur courage, piétinant d'impatience, comme pour se plaindre de la tiédeur de l'ouragan ou de la mollesse de la vague. Celle-ci se dresse de toute sa hauteur ; accourue du large, elle monte, bondit, ouvre sa gueule prête à tout dévorer, et la jeune fille d'Anourourou, loin de s'effrayer de la colère impuissante de l'Océan, s'élance à son tour sous la voûte marine, incapable de la faire reculer, et se montre bientôt victorieuse loin du lieu qu'elle a quitté, luttant, avec son élégance et sa grâce accoutumées, contre la fureur des éléments déchaînés. Celles, moins audacieuses ou moins habiles, qui ont cherché un appui sur la *paba*, deviennent, en pleine mer, plus intrépides, et nagent quelquefois fort avant, assises ou couchées sur leur lit plat et à la surface si bien taillée en carène, avec le bec assez légèrement relevé pour que la vue ne se fatigue pas à le chercher.

Dès que la nuit arrive ou dès que le plaisir de la nage les a satisfaites, les ardentes naïades se réunissent sur une seule ligne, et heureuses d'avoir vaincu, elles se livrent à la lame voyageuse qui vient les rejeter sur la plage.

XXV

ILES SANDWICH.

Wahoo. — Commerce. — Coup d'œil général.

Comment expliquer les deux contrastes qui viennent de frapper mes regards, quand on les comprend à peine ? Vous avez vu les naturels d'Owhyée, en tout semblables aux volcans qui mugissent sous leurs pieds et sur leurs têtes, toujours prêts à s'élancer, à la moindre menace de la catastrophe.

A deux pas de là, Mowhée, calme et presque endormie, des hommes, des femmes, des enfants, laissant doucement glisser la vie, sans songer au jour qui vient de mourir, sans s'occuper de celui qui va naître, nonchalamment étendus sous leurs éternels parasols de verdure, et respirant à l'aise la brise de mer qui ne leur fait jamais défaut. Et maintenant encore, à deux pas de Mowhée, une île, Wahoo, peuplée de Sandwichiens d'une autre humeur, ou plutôt d'une race d'hommes donnant un perpétuel démenti, par leurs mouvements, aux êtres qui les entourent. A Mowhée, le bonheur, c'est le repos; à Wahoo, il n'est que dans l'activité; là-bas, on sourit quand on clôt la paupière; ici, quand on l'ouvre après le sommeil; d'une part, toute marche semble une tâche lourde et pénible; de l'autre, toute course devient un amusement. Le bruit du canon ferait tomber en défaillance les habitants de Lahéna; ceux d'Anourourou l'écouteraient avec délices; le chant, la danse, sont inconnus au premier village; au second, la parole est une musique, la danse une marche. Il y a deux mille lieues entre les deux îles; il y en a plus encore entre Mowhée et Owhyée; mais la cause de ces différences, qui en indiquera l'origine? Depuis quand existent donc ces illogiques contrastes, faisant mentir toutes les hypothèses, imposant silence à toutes les théories? On dirait vraiment que si, par exception, la principale île des Sandwich a nourri dans son sein quelques hommes au caractère joyeux, à l'humeur pacifique, quelques femmes âpres aux plaisirs bruyants ou au repos du corps et de l'âme, tous se sont élancés un beau jour au milieu des flots, les uns pour habiter Lahéna la suave, la douce, la solitaire; les autres pour peupler Anourourou, la vive, l'enjouée, l'heureuse aussi comme sa voisine, mais avec une couleur plus tranchée.

Au surplus, si l'aspect d'Owhyée vous étonne d'abord et vous glace d'épouvante, si la vue de Mowhée vous afflige au premier coup d'œil et vous réjouit plus tard en face de Lahéna, la situation riante d'Anourourou, encadrée dans de belles collines médiocrement élévées et laissant aux regards de petites échappées ouvertes à un lointain vaporeux, vous force à vous mettre de moitié dans les plaisirs de cette île fortunée, où naguère encore eut lieu, comme à Mowhée, une sanglante bataille, de laquelle sortit vainqueur le grand Tamahamah.

Anourourou est plus qu'un village, plus qu'une ville ; c'est une capitale. Il y a là des huttes, des cabanes, des hangars, des temples, trois ou quatre maisons européennes, deux comptoirs américains, une plaine unie, émaillée, deux larges et profondes rivières, l'une au nord, l'autre au sud ; un volcan éteint, jaune et rapide comme une meule de blé, un ciel d'azur, une rade large, sûre, spacieuse, et une barre avec une belle ouverture par laquelle les navires menacés peuvent se mettre à couvert de toute bourrasque, de toute tempête, dans un port tranquille et abrité. Le mouillage de Wahoo se nomme Pah ; on laisse tomber l'ancre à quatre encâblures de la ville et à deux de la chaîne de brisants.

Les pointes en forme de croissant de Liahi et de Laïloa ne garantissent que faiblement la baie des vents les plus fréquents dans ces contrées intertropicales ; mais comme la sortie est facile, comme l'entrée du port l'est également, le mouillage de Wahoo sera toujours regardé comme le plus attrayant de tout l'archipel.

Par suite de l'apathie qui fait le fond du caractère sandwichien, on doit s'attendre à trouver à Wahoo une grande partie du sol inculte et d'un rapport à peu près nul. Ainsi en est-il. Peu de cultures, des plantations négligées, des champs abandonnés à la générosité seule de la terre, point de limites d'une propriété à l'autre, point de lois protectrices pour la garantie du possesseur, et tout cela encore aux portes mêmes de la ville, tout cela adossé pour ainsi dire aux cabanes ; car l'insouciance des habitants est telle, qu'ils ne veulent point aller chercher au loin ce qu'ils peuvent trouver sous leurs pas. Les courses et le travail voleraient trop d'heures au plaisir, et c'est le plaisir seul qui fait leur vie. Dans Anourourou, sur les places publiques de cette joyeuse cité, vous trouvez à chaque instant du jour une foule assez compacte de gens allant à droite et à gauche, rien que pour aller; des hommes forts et lestes jouant à des tours d'adresse; de jeunes filles courant après vous pour vous inviter à je ne sais plus quelles distractions du pays; des guerriers avec leurs casques originaux, parés comme en un jour de fête; et tout cela plein de force et de sève, le sourire à la bouche, l'ardeur à l'œil, la souplesse dans les membres. La population entière d'Anourourou est sans cesse à la veille d'un événement imprévu; on dirait qu'elle sort à peine d'une catastrophe récente, et si l'on ne l'étudiait pas avec attention, on serait tenté de la supposer dans l'anxiété de quelque sinistre désastre.

Loin de là pourtant : cette turbulence qui la tient en haleine est dans les mœurs, dans les usages, dans le sang de ce peuple à part. Il est bon, généreux, attentif, hospitalier, mais parleur, questionneur, indiscret. Vous êtes accueilli dans chaque case avec un empressement qui va jusqu'à la violence; mais une fois là, vous devez vous attendre à un flux de paroles dont un roulement de tambour peut seul vous donner une idée exacte. Le naturel de Wahoo veut tout apprendre, tout savoir; je dis plus, il sait tout, et il demande à chacun la confirmation de ce qu'il sait déjà. Le parler est pour lui d'une nécessité absolue ; sa langue est en activité, soit qu'il se trouve avec vous, soit qu'il se promène seul : on jurerait qu'il en a plusieurs. Il vous demandera comment s'appelle un bouton, comment on le fait et à quoi il sert; il vous voit coiffé d'un chapeau, et il comprend certes pourquoi on le place sur la tête : eh bien! à Anourourou, chaque individu vous demandera le nom du chapeau; et quand il aura achevé sa longue série de questions, il les recommencera, comme s'il avait oublié tout ce que vous venez de lui dire. La vie des naturels de Wahoo est une fièvre perpétuelle.

Mais ce qu'il y a de bizarre et de curieux dans tout cela, c'est que les chefs, qui, en certaines occasions, savent établir tant de différence entre eux et le peuple, se mêlent ici à la foule, rient, chantent, cabriolent avec tous, et proposent des paris d'hameçons, de clous, de cocos, de brasses d'étoffes, aux jeux intéressants que je vous ai déjà fait connaître. Le gouverneur d'Anourourou surtout, ivre dès le matin avec l'ava, ivre à midi, le soir et la nuit avec l'ava, était le plus ardent des joueurs et des parieurs, et dans des zigzags perpétuels sur la plage ou sur la pelouse, il tombait cent fois, et ne parvenait à se tenir debout quelques instants sur ses pieds qu'à l'aide de cinq ou six esclaves, dont l'un armé d'un vaste parasol chinois, et un autre d'un éventail de plumes, protégeaient le colosse abruti contre les insectes et les rayons d'un soleil trop ardent.

On ne fait rien ou presque rien ici pour mettre à profit les richesses immenses qu'on pourrait tirer d'une terre si variée et si féconde. Owhyée, sous ce rapport, n'offre guère de ressources aux spéculateurs; mais Atoïaï, Mowhée et Wahoo pourraient, en fort peu d'années, devenir de belles et florissantes colonies. Les Américains ne l'ignorent pas, eux qui, rivaux heureux des Anglais dans une grande partie du monde, savent si avantageusement s'établir partout où les profits sont à peu près certains.

Quatre Américains de Boston et de Philadelphie, dans leurs explorations commerciales au sein des océans, s'arrêtèrent un jour à Wahoo, et firent quelques excursions dans l'intérieur de l'île.

Ils y virent des forêts riches de bois de construction, de teinture et surtout de sandal, dont ils savaient que les Japonais et les Chinois façonnaient de jolis colifichets, et qu'ils achetaient fort cher. Leur plan fut bientôt arrêté, et depuis dix ans qu'ils l'ont mis à exécution, leur fortune s'est considérablement accrue, malgré les difficultés sans nombre que présentent toujours les premières bases d'un établissement à former.

Au surplus, on n'a pas fait à Wahoo ce qu'on aurait pu y faire. Ces trois petits comptoirs américains, qui pourraient s'occuper de commerce, ne s'occupent, à proprement parler, que de contrebande. Je ne vous dis pas que les profits soient moins grands, je vous dis seulement qu'ils sont moins honorables ; et cela importe fort peu aux *banquiers* de Wahoo. Voici en quoi consiste toute leur industrie : ils ont, dans un des ports de la côte ouest d'Amérique, un correspondant ou deux, qui profitent de la belle saison pour mettre à la voile, chargés de pelleteries achetées à peu de frais ; leurs navires cinglent vers le Japon, la Chine et le Bengale ; ils font échelle à Wahoo avant de remonter vers le nord, laissant aux Sandwich des vivres, du vin, des liqueurs et quelques étoffes ; puis, complétant leur cargaison avec du bois de sandal, ils touchent à Yédo, à Canton, à Makao, à Calcutta ; ils courent les caravanes, emportant les riches pelleteries, et, gorgés de roupies, les navires voyageurs redescendent à Maurice, glissent devant le cap de Bonne-Espérance, et regagnent leur pays pour recommencer ce trajet par le cap Horn.

Mais le bois de sandal, que coûte-t-il aux Américains? Rien, c'est-à-dire peu de chose. Un de leurs navires est continuellement dans la rade de Pah. Dès que la cargaison est complète, il y a repos et calme aux comptoirs ; sitôt que l'exportation s'est effectuée, les Américains vont faire une visite au gouverneur ; ils lui offrent quelques douzaines de bouteilles de vin et d'eau-de-vie, ils le jettent à terre pour le ressaisir à son réveil et lui procurer les mêmes délassements. Pendant ce temps, des Sandwichiens, qui ne comprennent pas trop pourquoi on attache tant de prix à un certain bois inutile pour eux, sont expédiés dans les montagnes et abattent les forêts ; des femmes robustes chargent leurs épaules des dévastations trimestrielles, ou en forment des radeaux qui descendent le long des rivières ; mais comme Tamahamah avait établi un droit sur ces denrées, que Riouriou l'a maintenu, qu'il deviendrait lourd à subir, et que les Américains veulent s'en affranchir de gré ou de force, ceux-ci, à l'approche de la nuit, où la caravane arrive sur la côte, réunissent, dans un large festin, les seconds et troisièmes chefs d'Anourourou, les grisent, comme ils l'on fait de Kraïmoukou cadet ; leur donnent pour les paris du lendemain quelques brasses de mauvaise toile bleue, et le brick en station plonge un peu plus sa coquille dans les eaux pour se délester quand les vieux amis viendront mouiller à contre-bord.

Les bois de construction qu'on trouve dans l'intérieur de tout l'archipel sont d'une qualité supérieure, et la plupart sont précieux pour la mâture. Les Américains de Wahoo le savent bien, ainsi que les Anglais d'Owhyée et d'Atoïaï, car ils font payer cher aux navires entamés par les avaries les réparations qui leur sont nécessaires.

Quant au bois de teinture, le commerce en est infiniment négligé, et les insulaires ne s'en servent que pour les bizarres bariolages des étoffes et les couches dont ils prétendent embellir leurs ignobles idoles.

Je né sais si les petits oiseaux dont les plumes rouges servaient à parer les chefs de Tamahamah ont émigré en d'autres climats, ou si la guerre qu'on leur a faite les a rendus plus rares ou plus sauvages; toujours est-il qu'on ne voit presque plus de ces magnifiques vêtements dans tout l'archipel, et qu'on les vend maintenant fort cher aux étrangers. Jadis les manteaux, les casse-tête, les éventails, les casques, les étoffes de palma-christi, étaient de véritables objets de commerce, qui valaient aux naturels de la poudre, des fusils, des canons, des sabres, et beaucoup de bagatelles et curiosités européennes; aujourd'hui les musées sont trop bien approvisionnés de ces curieux ornements et armes, pour que nous attachions le même prix à leur possession. Notre indifférence n'aurait-elle pas découragé les habitants de cet archipel?

Au surplus, je dois à la vérité de dire que jusqu'à présent les Sandwichiens sont, de tous les peuples de la terre, le moins propre à tout commerce et à tout négoce. Ainsi que les bons Carolins, dont le souvenir me poursuit avec tant de bonheur, ils ont trop de loyauté dans l'âme, trop de désintéressement, peut-être aussi trop peu d'ambition et de désirs à satisfaire.

Et maintenant, que conclure de l'aspect général de cet archipel? Comment formuler une opinion précise sur ces hommes si diversement taillés au moral et au physique? Y a-t-il dans tout cela un avenir de grandeur et de prospérité, ou les bras se lèveront-ils à la fois pour lutter contre une civilisation usurpatrice et la refouler au-delà des mers? Rien dans le présent ne peut servir de règle pour la solution de questions aussi graves; rien ne peut indiquer la route à suivre pour donner à ces bons naturels des idées de progrès, qui exigent des études et un travail toujours lourd à qui a l'habitude non moins pesante du désœuvrement et de la paresse.

Je le répète, ce groupe d'îles si bien placées pour servir d'échelle aux navires venant du cap Horn ou de la côte ouest d'Amérique, pour aller en Chine ou dans les Indes orientales, n'est maintenant qu'une relâche utile à certains approvisionnements; mais quand l'industrie aura parlé, il deviendra peut-être une des plus riches et des plus puissantes colonies du monde.

Nous nous sommes éloignés d'Owhyée comme d'un spectacle imposant, majestueux et terrible à la fois, qu'on serait au désespoir de n'avoir pas observé, alors qu'on en a mesuré toute la grandeur. Nous avons salué Mowhée comme on quitte un ami plein de bonheur, en adressant au ciel des vœux fervents pour que nulle colère des flots et des hommes ne vienne tuer tant d'ivresse et de calme; puis nous dîmes adieu à Wahoo, le cœur serré, l'âme attristée et endolorie du tableau de cette population qui comprend la vie de plaisir, mais au milieu de laquelle la spéculation américaine est déjà venue jeter un voile sombre pour le présent, terrible peut-être dans l'avenir.

Je partis le dernier ; je quittai Anourourou, prodigue envers les insulaires de la presque totalité de mes colifichets, et je versai bien de la reconnaissance dans les cœurs. Il n'y avait pas dans cette capitale vingt individus qui n'eussent appris à prononcer mon nom.

XXVI

EN MER.

Ile Pilstard. — Ile Rose.

Un petit point d'abord imperceptible se dresse là-bas sur les eaux, et monte verticalement ainsi que le ferait le grand mât d'un navire; à ses côtés, une seconde pyramide apparaît, puis une troisième à peu près de la même hauteur... C'est peut-être une escadre qui croise au sein du vaste Océan. Non, c'est à coup sûr une flotte immense, car voilà de nouveaux mâts qui grimpent à la surface, et se placent en cercle autour d'une masse imposante, comme le feraient vingt vaisseaux autour du vaisseau amiral dont ils attendraient les ordres.

La brise souffle fraîche; nous approchons de nos amis; nous saurons probablement des nouvelles de notre patrie absente depuis si longtemps. Mais non, ce ne sont plus des navires à la mer, ce sont des roches aiguës jetées là par la main de Dieu. Figurez-vous un gigantesque cirque formé d'aiguilles colossales, taillées comme le ferait un sculpteur qui dresserait un obélisque sur un monolithe, toutes debout, telles que des soldats à leur poste d'honneur, prêts à défendre leur drapeau. Au centre est une masse compacte, pointe aiguë, celle-là, mais onduleuse, et formant l'exacte silhouette d'un berceau avec sa tête enlevée, son oreille arrondie, ses pieds qui descendent par une pente douce, et ses flancs bordés et inclinés à pic. On fait plus que de regarder, on admire. Nous approchons encore, et nous pouvons étudier tous les plus petits détails de cet admirable caprice de la nature.

L'île, c'est Pilstard ; je vous l'ai dit, un grand berceau. Les clochers pointus sont des pyramides élancées de roches dont la base noirâtre est sans cesse battue des flots, et dont la cime, refuge éternel de myriades d'oiseaux voyageurs, garde une teinte blanche qui de loin complète l'illusion, figurant à merveille le jeu des hautes voiles d'un navire. Chacune de ces roches a plus de trois cents pieds d'élévation, plusieurs en ont le double, et l'île entière est protégée par cette escadre granitique qui dit aux assaillants de se tenir au large, car un navire a toujours tort de venir se heurter contre leurs arêtes en forte saillie, dont le courroux des tempêtes n'a pu même user les aspérités.

Nous voici presque en travers. Maintenant c'est le berceau qui nous occupe. Tous les rares voyageurs qui ont vu Pilstard disent que l'île est inhabitée, qu'elle est inhabitable, qu'il n'y a pas, qu'il ne peut y avoir de source d'eau douce. Voilà cependant, ce me semble, un rideau de cocotiers au pied de la montagne ; je vois encore une verdure assez fraîche, des touffes assez vigoureuses, pour que je ne donne pas à l'eau du ciel, fort rare dans ces régions intertropicales, la puissance de les alimenter. Là aussi, plus haut, sur les flancs, je crois distinguer des sillons, et ces sillons ont tant de régularité, qu'on les dirait tracés par la main des hommes. Qui sait? peut-être que les voyageurs ont menti. Qui sait? peut-être que plus tard des rivières et des sources jaillissantes qu'il serait curieux d'étudier, ont percé la croûte du sol.

Mais le navire marche, et le soleil, qui descend à l'horizon, va bientôt effacer devant nous ce superbe panorama, dont mes regards ne peuvent s'arracher... Silence! silence! car, pour bien voir, il faut parfois bien écouter. Silence! voyez là-bas, derrière un des clochers, un canot qui se meut, qui chemine... Non, c'est un rêve... oui, c'est une réalité... toutes les longues-vues l'ont saisi, toutes les bouches le proclament : il y a un canot; le doute est impossible; le voilà qui met le cap sur nous et fait force de rames; il est monté par trois hommes; deux seulement nagent avec ardeur; le troisième, debout sur l'arrière, nous fait signe d'attendre; il agite en l'air un morceau d'étoffe blanche... et la corvette suit sa route... O mon Dieu! si je pouvais descendre à terre! J'en demande la permission au commandant : elle m'est refusée; il sait, lui, mieux que moi, s'il y a du danger à mettre en panne, et sa responsabilité est plus grande que la mienne. Eh! qu'importe le danger! qu'importe un péril plus menaçant encore! Il y a là une île qu'on dit inhabitable : un canot s'en détache; ce canot est monté par trois hommes qui viennent à nous, qui nous font peut-être des signaux de détresse, qui nous font à coup sûr des signaux d'amitié. Oh! mettez en panne, et tendez la main à des amis; portons secours à des malheureux. Qui sait si ce ne sont pas des naufragés qui attendaient un navire sauveur? Qui sait depuis combien d'heures, depuis combien de jours, de mois, d'années, ils sont là, livrés peut-être aux angoisses de la faim et de la soif? Qui sait combien de temps encore ils attendront l'occasion si heureuse, si inespérée qu'ils tentent de saisir? Qui nous dit que ce ne sont pas les seuls débris échappés à une catastrophe horrible? Oh! que ne donnerais-je pas pour les voir de près, pour les entendre, pour leur serrer la main, et les arracher à ce coin de terre si éloigné de tout continent, si tristement abandonné loin de tout l'archipel!

Mais je vous le répète, je ne commande pas la corvette, moi; notre capitaine sait son devoir, et le navire court toujours.

Enfin nous mettons en panne, loin, bien loin de Pilstard la poétique, la mystérieuse, la regrettée; le soleil s'est caché, la nuit est venue; la pirogue ou le canot n'a pas osé, dans les ténèbres, poursuivre sa route aventureuse; il a cherché à regagner son île, son refuge : nous le perdons de vue; les clochers aigus disparaissent petit à petit sous le voile qui les couvre; tout s'efface derrière nous; le chemin nous est tracé et ouvert de l'avant; nous orientons de nouveau, et nous saluons de nos regrets Pilstard l'inhabitable, d'où pourtant s'étaient détachés pour nous voir trois hommes, trois infortunés sans doute, qui nous demandaient appui et protection. Que Dieu leur soit en aide!

La corvette poursuivait sa route, et, selon toute probabilité, notre première relâche sera à Otahiti. Nous avions, en effet, le cap sur les îles de la Société, et nous saluions déjà de la main cette *Pointe de Vénus* si joyeusement visitée par Bougainville. — Allons-y donc! le but n'est pas là encore; mais le chemin parcouru nous donne des forces pour l'avenir. — Terre! terre! crie la vigie.

Nous consultons la carte : la carte est muette, et il n'y a pas de terre devant nous. La voilà pourtant, elle monte, elle se dessine maintenant; nous faisons une découverte. Oh! si c'était une île comme Bornéo, comme Sumatra, seulement comme Timor! si c'était un archipel nouveau, une colonie comme on en rêvait une au quinzième siècle! si c'était un continent échappé depuis peu du fond des abîmes! La voilà! La terre découverte se déploie dans toute sa majesté : elle a, ni plus ni moins, un quart de lieue de diamètre.

Et c'est pour cela que nous regardons notre découverte comme fort importante pour la marine. Un navire s'ouvre sur une terre vaste et féconde, mais les hommes y vivent; le vaisseau se perd sur un rocher isolé; la mort plane sur tout l'équipage, et le rocher devient une tombe. L'îlot est entouré de récifs sur lesquels la vague se promène avec fracas; la cime est couronnée de quelques arbustes, et les flancs déchiquetés semblent vaincus par les ouragans océaniques. Un nombre considérable d'oiseaux pélagiens viennent chercher un refuge sur cette terre isolée, et les navires voyageurs veilleront bien à ne pas la heurter dans leur route.

Quel nom donnerons-nous à notre découverte? Le nom est trouvé. Rose est la patronne de la femme courageuse qui achève avec nous ce long pèlerinage, cette jeune et vertueuse épouse dont tant de larmes ont accompagné le départ, dont tant de joies ont salué l'arrivée. Pauvre voyageuse! qui a survécu si peu de temps à l'épreuve qu'elle avait acceptée avec tant de dévouement.

L'île s'appellera île *Rose*, et c'est en effet le nom qu'elle porte dans les nouvelles cartes marines...

Elle vient de s'effacer dans les flots; elle est seule, basse, désolée, sommet presque invisible de quelque montagne sous-marine dont le pied repose dans le centre de la terre. Tout a disparu, ainsi que l'arc-en-ciel solaire qui semblait auréoler notre frêle découverte. Nous avons à notre gauche les archipels des Amis et de la Société, les îles Fitgi, où vivent des peuplades farouches; nous cherchons un des nœuds du méridien magnétique, et nous cinglons vers cette Nouvelle-Galles du Sud, sur laquelle se pavane l'Europe, mais dont l'intérieur sauvage est encore inconnu.

XXVII

NOUVELLE-HOLLANDE.

Grain. — Sidney-Cow. — Colonisation. — Mœurs des sauvages.

Il faut peu de jours en mer pour s'apercevoir qu'on change de zone, et quoique nulle végétation ne vienne à votre aide, la nature des flots, la couleur de l'atmosphère, le passage des oiseaux voyageurs, vous indiquent les différences. L'étude de la mer n'est pas moins révélatrice de ces variations; et de temps à autre, en avançant vers des latitudes plus élevées, nous découvrions, pareil à un îlot noir et pelé que le caprice de la lame recouvrait ou laissait à nu, le dos immense de quelque baleine vagabonde, venue jusque-là pour se reposer sans doute de ses combats de chaque jour avec les tempêtes polaires.

Les montres marines avaient dit vrai. Devant nous, déchirant un brouillard assez épais, une terre se déploie, s'élargit comme pour tout envahir, se lève et monte, se colore et devient tranchée, afin que nous puissions en étudier tous les trésors et toutes les pauvretés à la fois. C'est la Nouvelle-Hollande, c'est la terre de Cumberland, terre poétique par ses mystères intérieurs, terre précieuse par ses bienfaits présents et sa fortune à venir, terre grande et féconde, car elle a servi naguère à la solution d'un problème moral vainement cherché jusque-là.

Oh ! ne laissons passer devant nous sans le disséquer aucun de ces plateaux dont les pieds nus plongent dans la mer, et dont les têtes, tantôt chauves, tantôt couronnées d'une belle végétation, forment déjà ces bizarres contrastes que nous nous attendons à voir à chaque pas. C'est qu'ici tout est étude, même l'uniformité ; c'est qu'ici tout est phénomène, même le naturel ; ce n'est point l'Europe, ce n'est point l'Asie ; l'Afrique et l'Amérique n'ont pas un roc, n'ont pas un arbuste, n'ont pas une feuille semblable à ceux qu'on trouve à la Nouvelle-Hollande, *continent sans pareil*, disent les Anglais, et ils ont raison.

C'est un monde à part que celui devant lequel nous glissons avec une rapidité désespérante pour notre curiosité. Là, des végétaux vigoureux étendant au loin leurs bras gigantesques dont nous n'avons trouvé la silhouette sur aucun continent, dans aucun archipel ; des arbustes capricieux inconnus à nos naturalistes ; plus près de nous, des racines grimpantes imitant les sinuosités onduleuses d'un serpent se chauffant au soleil ; et puis, à l'air, des oiseaux aux cris bizarres, aux plumages bariolés, harmonieux ou discordants ; et puis encore des criques taillées d'une façon étrange, au fond desquelles les eaux poussent un mugissement que vous croyez n'avoir entendu dans aucune partie du globe. L'œil et l'imagination sont en extase perpétuelle, le pinceau échappe des mains, tant il craint de mal traduire les fantastiques prodiges d'un esprit en démence.

En général, les premiers plans du paysage, depuis que la côte s'est offerte à nous, sont pelés, nus, âpres et zigzagués par quelque rigole d'une végétation souffreteuse. Le second plan se pare de plus de richesses; c'est déjà de l'opulence. Mais dans le lointain se dressent quelques plateaux imposants sur lesquels le faste de la nature est étalé avec une indécente profusion...

Quel pays à étudier ! que nos heures vont passer lentes et rapides ! Le jour baisse, la nuit nous couvre de ses voiles, les mornes de la côte se dessinent en masses noirâtres sur un horizon violacé, et çà et là des feux brillants et superposés vous disent que ces déserts, où nulle habitation ne s'est encore montrée à nos regards, ont cependant leurs sauvages visiteurs et leurs hordes nomades. La terre, le ciel, les eaux, les hommes, tout va nous occuper, tout va s'emparer de nous dans cette Nouvelle-Galles du Sud que nous allons bientôt fouler du pied.

Mais là-bas un feu plus éclatant que les autres projette jusqu'à nous ses rayons périodiques. Le fanal protecteur se montre, s'efface par intervalles égaux, et ici commence la solution de la grande question morale proposée à l'Angleterre et résolue par elle seule. Encore quelques heures, et le pavillon français flottera dans la rivière de Sidney; encore quelques heures, et nous entendrons des voix amies, et nous retrouverons l'Europe à l'antipode de l'Europe.

Nous savions que l'entrée du port était étroite, que des brisants à la pointe nord la rendent quelquefois dangereuse, que les courants par un vent peu frais pouvaient nous drosser, et la corvette dut se tenir prudemment au large et attendre le lever du soleil. Dès qu'il parut sur l'horizon, la brise garda le silence; puis, par de timides bouffées, elle essayait de nous remorquer jusqu'au port. Nous avancions si peu, si peu, que nous eûmes bientôt à craindre qu'une nuit nouvelle ne vînt encore nous visiter au large. Hélas! nous n'étions pas au bout de l'épreuve, et autour de ce pays si riche en phénomènes, tout doit être terrible, solennel, inattendu, incompréhensible. La joie pourtant régnait à bord. Tout-à-coup la brise se tait, les voiles coiffent les mâts, la flamme papillonnante retombe immobile comme un long serpent sans vie, le disque du soleil se blafarde, semble s'élargir et jeter autour de lui des rayons coupés comme les éclairs qui sillonnent la nue. A terre, tout est calme, silencieux, mais la verdure prend une teinte douteuse ; on dirait qu'elle est voilée d'un réseau farineux et qu'elle attend une catastrophe, tandis que sur la mer, naguère bondissante, de petits jets phosphorescents montent et pétillent ainsi que le ferait l'eau d'un vase qui commence à bouillir. C'est du repos, si vous voulez, mais le repos de la masse et un mouvement fiévreux de tous les détails ; on voit çà et là bondir, comme s'ils étaient poursuivis par un ennemi vorace, de petits poissons qui montent, tourbillonnent, et retombent comme frappés de vertige. A l'air, vous voyez les oiseaux, à tire-d'aile prendre tous la même direction, passer sur la corvette avec des cris sinistres, et gagner la côte, où tout s'effaçait, alors que le jour commençait à paraître à peine. Chacun de nous, attentif à de si tristes présages, interrogeait tous les points de l'horizon, et cherchait à deviner d'où partirait la rafale meurtrière, car l'ouragan était prédit, quoique le baromètre gardât encore le silence. Le ciel était pur, l'air tempéré ; pourtant, de nos fronts découverts tombait une sueur brûlante, et nos corps, agités par des commotions électriques, se mouvaient par saccades irrégulières et multipliées. Les matelots veillaient et se tenaient prêts au premier signal.

Le capitaine non plus ne s'y trompa point, et ces brèves paroles retentirent : « Ferme les sabords, ferme les écoutilles, amène et cargue toutes les voiles ! laisse porter !... »

Il était temps. L'espace fut envahi en un clin d'œil. Autour du soleil obscurci, que vous auriez pris pour une lune à son lever au milieu d'épais brouillards, se dressaient des masses bizarres : des nuages dessinaient mille fantasques contours ; ils se ruaient les uns sur les autres, se confondaient, se brisaient et se séparaient en rugissant; la foudre se jouait dans leurs flancs ténébreux et lançait au loin ses mille langues enflammées, propageant à l'horizon un embrasement général; c'était un fracas pareil à celui de mille cascades dévorantes, des gerbes en feu, des batteries sans cesse en activité, des détonations à ébranler le monde...

Et le navire fuyait appuyé sur les flots par le souffle le plus impétueux, et des torrents d'une pluie pressée criblaient le matelot attaché à sa manœuvre, et l'ouragan nous dépassait pour aller plus loin porter ses ravages.

Toute la journée et toute la nuit nous nous vîmes forcés de fuir la côte hospitalière, où une heure plus tard nous aurions trouvé un salutaire abri. Aujourd'hui nous avons soixante lieues à faire encore avant de saluer de nouveau le fanal indicateur. Ainsi la mer a ses caprices, ainsi partout la déception à côté de l'espérance et du bonheur.

Cependant une heureuse navigation nous promit bientôt la relâche tant désirée; nous cinglâmes de nouveau vers le port Jackson, et rien ne s'opposa plus désormais à l'achèvement des travaux auxquels nous nous consacrions depuis si longtemps.

Je vous ai dit une terre triste, décrépite, dévastée, la partie ouest de la Nouvelle-Hollande; voici sur le même continent un sol riche, fort et puissant, que la main des hommes a interrogé avec un succès vraiment miraculeux, et destiné tôt ou tard à assurer la fortune de tous ceux qui viendront y asseoir leurs espérances.

Oh! quand, après une longue et douloureuse traversée, le navigateur se trouve, pour ainsi dire, en face d'un ciel bleu et paisible, d'une terre jeune et riche, il croit sortir d'un rêve douloureux, et il semble plus orgueilleusement encore défier les éléments qu'il vient de soumettre.

La petite île Campbell est le point de terre le plus rapproché de l'antipode de Paris. Après elle, c'est la Nouvelle-Zélande, puis

Van Diemen, puis la Nouvelle-Hollande, protectrice naturelle de cet archipel appelé Océanie. Six mille lieues vous séparent de votre patrie ; n'importe, le cœur vous bat comme si vous revoyiez, après un long exil, le clocher de votre village, le toit attristé de votre vieille mère.

A gauche, en entrant dans la rivière Sidney, un fanal, d'une élégance extrême et d'une solidité à défier le frottement du temps, vous apprend que la belle architecture est connue et fêtée dans ces climats... Vous avancez, et de tous côtés vos yeux surpris, émerveillés, contemplent de fraîches plantations, de vastes jardins avec leurs pavillons et leurs allées de platanes ou de pins d'Italie. Du sein de ces masses colossales de verdure sortent comme par enchantement des bâtisses élégantes, coquettes, des maisons comme nos châteaux de plaisance, des châteaux comme nos palais ; et puis encore, si vous interrogez à l'aide de votre longue-vue les sentiers de ces sites enchanteurs, vous découvrez, assises sous un chêne vert, adossées à un élégant meuble de campagne, quelques personnes heureuses et parées, se livrant au plaisir de la lecture ou aux charmes d'une conversation familière, tandis que tout près de là une troupe joyeuse de bambins, vêtus comme si l'on avait choisi pour eux, à Paris, les modes de la veille, jouent ainsi qu'ils le feraient dans les monotones et régulières allées des Tuileries ou du Luxembourg. Paris est ici, mais Paris rajeuni et endimanché, Paris avec le mois de mai et un ciel bleu.

Lorsque Cook, le plus intrépide, le plus naïf, le plus vrai, le plus consciencieux des navigateurs, eut découvert cette partie est de la Nouvelle-Hollande, si opposée en tout à toute la partie ouest, il se sentit heureux de trouver une rade aussi belle, aussi sûre que celle qu'il appela Botany-Bay. Mais, plus tard, après la découverte de la rivière qui aujourd'hui baigne Sidney, la baie botanique perdit de sa magnificence, et le port où l'on croit encore en Europe que sont envoyés les déportés de la Grande-Bretagne, ne fut plus qu'une vaste rade abandonnée aux naturels, et où l'on a élevé depuis deux fabriques assez mesquines de drap et de chapeaux. Cependant l'habitude, cette despote impérieuse, conserve encore chez nous ses priviléges, et l'on dit toujours en Europe : l'établissement de Botany-Bay.

Excepté ce qu'on a depuis peu emprunté à nos climats, ici tout est au pays et rien qu'au pays. On dirait même que les nuages, en passant sur cette terre si vaste et si diversement dotée, changent de nature et de destination. Quand il grêle, ce ne sont ni des grains ronds, ni carrés, ni polygonaux; ce sont des plaques de glace, larges souvent comme la main, et tombant avec la rapidité d'une pierre lancée par un bras robuste. Après un orage, vous trouvez parfois dans les troncs des arbres, incrustés à un ou deux pouces de profondeur, plusieurs de ces terribles projectiles contre lesquels les plus solides toitures sont des sauvegardes à peine suffisantes. Là encore une chaleur de 32 degrés Réaumur a quelquefois mis le feu aux arbustes desséchés de la campagne, et, comme on ne trouverait pas dans toute cette partie du continent un seul morceau de calcaire, le hasard a voulu que des rivières mises à sec par quelque commotion terrestre laissassent sur le sol des couches immenses de coquillages qui, broyés, forment un ciment des plus solides.

Ici la nature humaine est particulière au pays, et n'a pas la plus légère ressemblance avec les individus de toute autre région. La Nouvelle-Zélande, si voisine, produit une race forte, belliqueuse, admirable dans sa structure.. Ici, hommes et femmes sont à peine au-dessus des singes. Ici encore, mais ici seulement, des ornithorhynques, des opossums, des kanguroos ; on y trouve pourtant des cygnes, mais ils sont noirs, et vous n'en trouvez de noirs sur aucune partie du globe... Oh ! que d'études à faire sur cette terre d'horreur et de consolation à la fois !... L'on a cru longtemps que les débordements dévastateurs qui envahissaient parfois les plateaux les plus élevés étaient le produit de marées extraordinaires occasionnées par une mer intérieure, et l'on se fondait, pour cette supposition, sur le non-succès des voyageurs à la recherche de l'embouchure de quelques rivières. Aujourd'hui le doute n'existe plus ; de nombreux courants d'eau ont été découverts et remontés à une grande distance ; mais il n'en est pas moins certain que l'intérieur de la Nouvelle-Hollande a de vastes espaces inondés, où les rivières et les torrents roulent leurs flots diversement nuancés, et s'ouvrent enfin un passage après une lutte terrible, surtout à l'époque des pluies et des tempêtes.

Venons maintenant à Sidney ; mais ne vous attendez pas à une description détaillée de la ville. Vous croiriez vous promener dans les belles et larges rues de Bordeaux ou de Marseille. Des façades charmantes, des péristyles pleins d'élégance et de goût, des hôtels, des palais, des hôpitaux admirables ; puis, dans les rues et sur les places publiques, des femmes mises avec luxe, des tournures parisiennes, de beaux et riches uniformes, des chevaux magnifiques, des équipages somptueux. Vous êtes à Paris, vous habitez Londres, vous n'avez pas quitté l'Europe.

Rétrogradons de quelques années, mais de peu d'années seulement, car ici tout est prodige.

Des bandes de voleurs dévastaient les rues de Londres ; des brigands armés pillaient et égorgeaient les voyageurs sur les grandes routes ; des escrocs, des fripons avec leur infâme code écrit, se glissaient dans les familles et y jetaient bientôt l'épouvante et le deuil ; et les potences étaient de stériles enseignements, et les prisons gorgées de malfaiteurs devenaient insuffisantes à la sûreté des citoyens...

Tout-à-coup une pensée grande, noble, généreuse, fermente dans une tête ; elle germe, elle se fait jour, elle éclate, et des paroles comme celles que je vais vous dire sont accueillies avec transport par l'Angleterre reconnaissante :

Là-bas, près de l'antipode de la Grande-Bretagne, le plus hardi navigateur des temps anciens et modernes a trouvé une terre féconde, un ciel généreux ; eh bien ! je vous demande ce ciel et cette terre pour les misérables que la loi frappe ici sans les corriger; je vous les demande aussi en faveur de ceux que la justice a rendus dangereux pour la société.

Là-bas, vivent des hordes sauvages et inhospitalières ; jetez autour.d'elles ces cœurs avilis, dont la clémence des hommes n'a pas encore désespéré ; créez un code redoutable sous lequel ils seront forcés de courber la tête, et envoyez avec ces courages malheureusement éprouvés les volontés d'autres hommes énergiques qui ne reculeront, au profit de tous, devant aucun sanglant sacrifice; que ceux à qui vous aurez fait grâce ici, pour leur donner le pouvoir d'aller régénérer un sol abrupt, ne trouvent plus ni pardon ni miséricorde pour de nouvelles fautes; que de ce sol que votre générosité leur abandonnera d'abord comme un bienfait, plus tard comme une récompense, poussent à l'air les richesses européennes dont nous voulons doter cette nouvelle et féconde patrie; qu'enfin, après le temps des épreuves, chaque déporté, riche des produits qu'il aura acquis par son travail, puisse revoir la métropole, où sa présence alors sera sans danger, car l'habitude de ce travail l'aura rendu à la probité, car un long exil aura fait renaître en son âme le saint amour de son pays, dont nul homme n'est jamais déshérité.

Un cri d'admiration retentit dans les Trois-Royaumes-Unis, les prisons se dégorgèrent, les potences furent plus rarement dressées aux regards de la populace avide, les rues et les carrefours de Londres n'exhalèrent plus de fétides émanations, les chaises de poste voyagèrent la nuit sans escorte, et l'on respira plus librement dans les familles.

Mais aussi de ce jour seulement pointèrent sur la Tamise étonnée les mâts de quelques vaisseaux préparés pour de longues traversées, et plus tard ils levèrent l'ancre, lestés de vagabonds, de malfaiteurs, de brigands, de filles perdues, sur lesquels pesaient des bras de fer impitoyables.

L'Atlantique fut traversée du nord au sud, le cap Horn doublé ; de l'est à l'ouest le vaste océan Pacifique, sillonné, vit les baleiniers de toutes les nations saluer avec respect les grands vaisseaux réformateurs; et après quelques mois de voyage, l'ancre anglaise tombait de nouveau dans une rade belle, large, parfumée, en face d'une riche végétation, en présence d'une nature d'hommes dont nul voyageur n'avait encore soupçonné l'existence.

Mais à côté de là s'était montrée du large une crique profonde; on l'interrogea. On crut d'abord trouver une rivière, et Cook le premier s'y était laissé prendre. N'importe, un superbe port se déployait aux yeux avec une majesté imposante, et tout au bout un bassin spacieux et tranquille, pour la sécurité des navires. Là aussi une côte bizarrement accidentée disait tout le parti que la naissante colonie pourrait tirer de ses caprices. On se reposa. Les naturels, épouvantés, se sauvèrent dans les bois; les déportés descendirent et marchèrent enfin sur un sol paisible; on leur dit de bâtir des cabanes pour se garantir des feux du jour et des froids de la nuit; ils obéirent à la nécessité, et ce fut le premier jour de la plus belle, de la plus riche, de la plus puissante colonie du monde.

Qui donc a élevé ces riches et somptueux hôtels? Des coupables que les lois anglaises avaient frappés de réprobation. Qui donc a tracé ces jardins magnifiques rappelant si bien les plus beaux parcs de l'Europe? Des voleurs chassés de la métropole, à qui la nécessité et peut-être le remords ont donné du génie. Qui est chargé, dans ce pays tout exceptionnel, de réprimer, de prévenir et de châtier les délits des escrocs? Des vagabonds qui ont compris enfin que la société est l'harmonie.

Il y a à Sidney des écoles publiques où l'austérité des mœurs est prêchée par des bouches jeunes et fraîches; eh bien! ces bouches faisaient entendre naguère, au pays d'où on les a exilées, des paroles honteuses dont le souvenir s'efface dans de nouveaux et saints devoirs. Partout ici un contraste perpétuel entre la vie passée et la vie présente; partout une lutte chaque jour entre le vice qui avait courbé et la vertu qui redresse, et d'où celle-ci sort presque toujours victorieuse. On dirait qu'un nouveau baptême a régénéré cette population de bandits; on dirait qu'il y a divorce éternel entre les deux natures européenne et hollandaise : ce sont les deux extrémités d'un diamètre.

Mais la corruption n'est pas toujours vaincue, elle marche toujours la tête haute en dépit des châtiments et des supplices.

Le coupable incorrigible ne croit plus à l'efficacité des paroles du coupable qui lui prêche le repentir : il s'irrite au contraire des leçons de morale tombées de lèvres jadis impures, et rien, en effet, ne doit être plus poignant pour un cœur avili que le retour au bien de celui qui a été de moitié dans ses hontes et dans ses crimes. Aussi, qu'a fait le législateur? Il a placé au milieu de ces hommes chassés de leur patrie d'autres hommes à la conscience droite, à la vigilance active, à l'honneur intact, qui dès leur arrivée dans la nouvelle colonie, ont eu le droit de parler haut et de lancer de terribles anathèmes contre les redoutables ennemis du repos public; vous voyez à Sidney, occupant les principaux emplois, distributeurs des grâces, régulateurs intègres de chaque propriété, des magistrats, des militaires, des législateurs, des ingénieurs, des astronomes, montrant à tous que les arts et les sciences sont frères de l'industrie, et que la vraie gloire d'un peuple est sa prospérité.

Ici, près du port Jackson, sur une terre magnifiquement parée, sous un ciel généreux, quoique fantasque, en présence du luxe et des bienfaits d'une grande et noble cité, ce que nul ne saurait expliquer, c'est l'existence des hordes sauvages qui vivent et hurlent dans les bois et sur les montagnes sans que rien de ce qui fait chez nous la vie commode et heureuse ait jamais pu les tenter.

Est-ce habitude, paresse, soif de toute indépendance, qui jette ces êtres si étranges dans les vastes solitudes? Est-ce la longue habitude du vagabondage qui leur a fait regarder en mépris les utiles demeures que nous nous bâtissons? ou voudraient-ils, avec leur stupide dédain, nous convaincre qu'ils se croient nos égaux, sinon nos maîtres?

Ce triste problème, résolu seulement par quelques milliers d'individus, fera reculer tout esprit penseur, toute saine philosophie : c'est la civilisation vaincue et méprisée, les privations préférées à l'abondance ; c'est la douleur l'emportant sur tout bien-être, et foulant aux pieds le remède moral offert à toutes les misères du corps et de l'âme. L'idiotisme et la folie ne procéderaient pas autrement. C'est qu'en effet, à voir ces charpentes osseuses, anguleuses, disloquées, ces bras, ces jambes, ces épaules étiques, ces fronts déprimés, rétrécis, ces yeux petits et sans animation, ce nez aussi large que la bouche, cette bouche mordant les oreilles, et ces pieds et ces mains si larges et si plats, on devine aisément que rien de ce qui approche de l'intelligence ne peut se loger par là, et que l'on a presque tort d'appeler hommes de pareilles machines mouvantes. Le mandrill, le jocko, l'orang-outang, marchent aussi sur deux pieds ; ils sont autrement hommes que ceux qui passent là orgueilleusement à mes côtés, sans seulement détourner la tête pour me voir.

On permet à ces sauvages de venir à Sidney ; on les autorise, je ne sais pourquoi, à se promener dans la ville nus, absolument nus, ainsi que leurs femmes, encore plus hideuses que leurs frères et leurs maris, s'il est possible. Les uns et les autres entrent dans les habitations, présentent quelquefois une peau de kanguroo ou de serpent, tendent la main, reçoivent en échange deux ou trois verres d'eau-de-vie, puis voilà qu'une sanglante saturnale commence. Les vapeurs se sont emparées du cerveau, des cris éclatants remplissent les airs, des chants farouches s'échappent de poitrines haletantes, des contorsions frénétiques ont lieu, des trépignements fiévreux frappent le sol, deux athlètes se présentent, ils se crachent des injures à la face, ils se heurtent de leurs bras, de leurs épaules, de leurs fronts, ils échangent une bave verdâtre, mousseuse, et, armés de leurs casse-tête, ils se placent sur la même ligne, ils le lancent à l'air, et celui des deux combattants qui le ramène plus près de la ligne tracée est proclamé vainqueur. Alors le vaincu, sans autre façon, se pose en face de son ennemi, courbe la tête, étudie, en levant un peu les yeux, les mouvements de son adversaire, dont le bras tient l'arme fatale prête à tomber, cherchant à tromper l'attention de celui qui veut lui ouvrir le crâne. Si le coup est porté dans le vide, c'est au tour du premier à se soumettre à l'épreuve, et ainsi de suite jusqu'à ce que l'un des deux tombe mort sur le sol.

Après le duel, les hommes et les femmes s'emparent du cadavre, le chargent sur leurs épaules, l'emportent, vont le jeter loin de la ville, ou dans les flots, ou dans une fosse de deux pieds de profondeur, sur laquelle frères et sœurs frappent du pied pour niveler la terre. Il n'y a là, pour le présent, ni larmes, ni prières, ni émotion. Il n'y a là, pour l'avenir, ni deuil, ni tristesse, ni désespoir. Tout souvenir est mort. La terre a tout recouvert, tout effacé. Un homme a disparu de la peuplade : c'est tout.

Quel est donc le but des Anglais en permettant, en encourageant, en excitant quelquefois ces hideuses luttes ?

Font-ils de ces hommes ce qu'on fait des chiens hargneux ? Veulent-ils, dans leur insouciance coupable, en laisser éteindre la race ? Veulent-ils qu'ils se détruisent les uns les autres ? Je comprends leur mépris, je m'explique leur dégoût ; mais l'humanité n'a-t-elle pas aussi ses devoirs, et de pareils tableaux devraient-ils enfin être offerts au milieu d'une cité belle, florissante et policée ?

Je dînais un jour chez une des familles les plus riches et les plus considérées du pays. Au dessert, un signal fut donné par le maître de la maison, deux valets descendirent, emportant avec eux une bouteille de rhum, et, un instant après, un horrible tumulte éclata dans une cour voisine. Les dames se levèrent, prirent place à une croisée, et m'invitèrent à profiter de l'occasion qui m'était si galamment offerte ; je les suivis donc, et deux combats, pareils à celui que je viens de vous conter, eurent lieu sans que le cœur de ces dames en fût ému le moins du monde, sans que leur front rougît des hideuses nudités de ces horribles bêtes fauves qu'on venait d'enivrer. C'était une des réjouissances de la soirée, c'était un divertissement qu'on m'avait gracieusement préparé.

Après la fête on emporta deux cadavres, et le thé fut servi au milieu des éclats de rire de l'assemblée.

Si les femmes ne se provoquent pas, ainsi que les hommes, a ces duels meurtriers, c'est qu'elles n'ont pas souvent la permission de boire des liqueurs spiritueuses, car, victimes dociles de la volonté de leurs maris, elles ne reçoivent que ce que ceux-ci veulent bien leur aumôner, et la tendresse de ces brutes ne va jamais jusqu'au sacrifice d'une goutte de rhum ou d'un morceau de viande dont les chiens mêmes ne voudraient pas. Quand l'homme est repu, sa femme prend timidement sa chétive part. Malheur à elle si elle acceptait ce que vient offrir la générosité européenne! Elle ne le refuse pas, mais elle le garde pour le donner à son mari ou à son frère, et celui-ci ne daigne seulement pas la remercier par un mot ou par un sourire; chacun a cru faire son devoir. C'est le lion qui s'est donné sa part, c'est le tigre qui se vautre dans le sang dont il ne veut plus, et dont pourtant il défend l'approche à tout rival.

Le sauvage de la Nouvelle-Galles du Sud est la personnification du crétinisme, de la lâcheté, de la bassesse et de la férocité réunis. Dans l'intérieur des terres, il se nourrit de larves, d'insectes, de fourmis, de serpents et de quelques kanguroos blessés; jugez donc de sa joie lorsque, sous le hangar où on l'abrite, on lui apporte quelques aliments capables d'apaiser la faim de chaque jour! Voir accroupis, autour d'un gros morceau de viande sanguinolente, huit ou dix sauvages de ces contrées, c'est le spectacle le plus triste, le plus douloureux et le plus effrayant que l'on puisse imaginer. Vous entendez, au milieu des craquements de dents et des reniflements sonores, un grognement perpétuel, semblable à celui d'une meute de loups affamés à qui les chasseurs veulent disputer leur proie. Vous croiriez entendre le glouglou fétide de ces égouts putréfiants dans lesquels s'engouffrent les immondices d'un charnier qu'on purifie. Je vous l'ai dit, les femmes ont les restes, les os, quand les os et les restes ne sont pas emportés par ces bêtes fauves, cruelles et voraces.

Les besoins de la vie, contre lesquels ils sont forcés de lutter sans cesse, leur ont donné pour certains exercices une puissance qu'on serait loin de leur supposer. Les Sandwichiens ne sont peut-être pas plus adroits qu'eux à lancer leurs sagaies, et j'ai vu ici deux sauvages à peine âgés de quinze ou seize ans, excités par l'appât d'un mouchoir que j'avais promis au vainqueur, viser contre le tronc d'un arbre situé à plus de trente pas de distance, l'atteindre presque toujours, et y laisser de profondes traces de la rapidité du dard. Une autre fois, dans le jardin de M. Mackintosch, un des officiers les plus distingués de la garnison de Sidney, j'ai vu quelques sauvages, renommés pour leur adresse, s'essayer à faire passer leurs sagaies dans un trou, de deux pouces de diamètre, percé à une planche fixée à terre, approcher constamment du but, et l'un d'eux même, après un certain nombre d'épreuves, parvint à faire traverser le trou de bout en bout à son arme lancée à vingt-cinq pas de distance. Leur adresse à se servir de leur casse-tête est merveilleuse aussi; ils le jettent en l'air à une hauteur prodigieuse, ils lui font faire mille curieuses évolutions, et, placés fort loin l'un de l'autre, deux jouteurs se renvoient leurs armes circulaires comme nous le faisons, avec des volants et à l'aide de nos raquettes. Intrépides à la course, féroces dans les combats, surtout dès qu'une liqueur enivrante s'est emparée de leur cerveau, ils n'ont aucune énergie contre les Européens, qui les dominent, et que cependant ils ont l'air de dédaigner. Ainsi que je vous l'ai dit, de près surtout, craignez d'attaquer un de ces sauvages s'il est armé de son casse-tête et surtout de son casse-tête recourbé; mais si vous vous trouvez en présence de quatre ou cinq de ces **individus** désarmés et disposés à vous combattre, ne fuyez pas, allez à eux; d'un coup de poing, vous êtes sûr de renverser celui que vous pourrez atteindre, et il ne serait pas surprenant que le choc fît tomber son voisin. J'ai essayé ma force un jour contre trois des plus vigoureux jeunes hommes d'une bande de ces naturels, et je n'eus pas grand'peine à les jeter tous trois à terre, quoiqu'on ne m'ait jamais cité pour un bien vigoureux athlète.

XXVIII

NOUVELLE-HOLLANDE.

Description de Sidney. — Combat de sauvages.

Sidney-Cow, capitale du comté de Cumberland, est assise en partie sur une plaine et en partie sur une douce colline dominant le côté sud de la rivière, de telle sorte qu'elle se présente en amphithéâtre circulaire et offre un coup d'œil ravissant. Les principaux édifices se dessinent d'une manière originale, bizarre et grandiose, sur les anciens bâtiments en bois, qui disparaissent petit à petit, remplacés par d'élégantes et solides maisons en pierre de taille, ornées de coquettes sculptures, et parées de balcons sveltes, légers, et d'un goût vraiment remarquable. On dirait que les plus suaves habitations de nos parcs royaux ont été copiées par les architectes venus à Sidney au profit de la fashion anglaise, qui peut bien se croire ici à quelques milles de Londres.

D'abord se dresse, à gauche, imposant et dominateur, le palais du gouvernement, sagement ordonné, avec ses larges croisées où l'air circule en liberté, et paré, sur ses deux ailes, d'une végétation puissante, qui lui donne un air de jeunesse tout-à-fait joyeux. Sa vaste cour et son péristyle sont un ornement et une protection à la fois. Derrière cette demeure magnifique, dont les appartements sont très-richement décorés, s'étend un parc délicieusement planté des plus riches productions végétales des deux hémisphères. Après le parc s'étend un jardin anglais où vous voyez, se jouant parmi les arbustes, les cygnes noirs si gracieux, si coquets, si pleins d'élégance, et qu'on ne retrouve dans aucun autre pays du monde. Auprès de lui, le kanguroo, appuyé sur ses deux longues pattes de derrière et sur sa queue, dont il se sert comme d'un solide trépied, franchit les haies d'un seul bond, sans les effleurer, en appelant à lui d'un cri plaintif ses petits sans force, qu'il abrite dans sa poche protectrice. Et ces charmilles odorantes, d'où s'exhalent les plus suaves parfums, et où brillent, rivales généreuses, les plus belles fleurs des plus heureux climats ; puis, sur un plan plus éloigné, s'offre aux regards une magnifique caserne bâtie en pierre et en briques, étalant sa longue file d'ouvertures bien ordonnées ; tandis que, presque à côté, par l'effet de la perspective, on admire une immense colonnade sous laquelle se promènent de pauvres malades qui cherchent à ressaisir la vie près de leur échapper.

C'est surtout à l'édification de ce magnifique hôpital qu'on a apporté les soins les plus attentifs et les plus généreux. Tournez encore vos regards vers la gauche en franchissant un grand espace occupé par de charmantes habitations semées, pour ainsi dire, au milieu des riants bosquets ; vous vous arrêtez en face d'une grande bâtisse en briques, légèrement circulaire, servant d'écurie, et pouvant au besoin être armée et appropriée à la défense de la ville. Si maintenant vous vous tournez vers l'entrée du port, vous vous arrêtez en présence d'un fanal élevé, d'une construction élégante, solide et noble, disant leur route aux navires voyageurs par des feux éclatants paraissant et s effaçant à intervalles égaux, afin qu'on ne puisse pas les confondre avec les feux allumés sur les montagnes voisines par les naturels sauvages qui y ont établi leur bivouac.

Revenez, je vous prie, près du débarcadère pavoisé de tant de flammes onduleuses : devant vous encore se montre un édifice grave, carré et sans ornements, c'est le temple des prières ; en deçà s'élèvent de riches magasins servant d'entrepôt aux marchandises, tandis que de l'autre côté de l'anse se pavane, dans des eaux toujours limpides, un solide quai avec ses anneaux de fer, ses grues, ses machines et ses larges dalles, auprès desquelles les navires de toutes dimensions peuvent être abattus en carène sans le moindre danger. Un grand nombre d'autres édifices publics et de maisons particulières embellissent encore ce paysage vraiment magnifique, et nul ne croirait que cette ville, déjà si belle, si florissante, est à peine l'ouvrage de quelques années.

Dans le quartier neuf, les rues sont larges, alignées, mais non pavées avec soin, ce qui, au temps des pluies, les rend d'un abord difficile et désagréable. Quant au vieux quartier, bâti sur le penchant rapide d'un coteau, le piéton seul peut se promener dans les sentiers qui règnent auprès des maisons, et il est aisé de prévoir qu'avant peu de temps il sera détruit, si l'on ne cherche à niveler le terrain, ce qui, en certains endroits, nécessiterait un travail et des soins infinis.

Mais, dans le quartier de la fashion, du luxe dans les rues, du luxe aussi dans les grandes maisons, de légers tilburys qui traversent les places publiques, de beaux équipages qui les sillonnent avec rapidité, des chevaux, des courses, des apprêts de chasses générales, auxquelles on nous invite avec la plus franche cordialité ; on est si empressé à nous plaire, qu'il ne tiendrait qu'à nous de croire que notre présence a tout ravivé. Les banquiers et les négociants luttent entre eux de politesse avec les plus honorables planteurs pour nous faire assister à des repas somptueux, à des soirées pleines de goût et d'élégance : c'est pour nous une fête de chaque jour, un plaisir de chaque heure.

Les environs de la ville ne sont pas très-riants, quoique assez bien cultivés. Quelques maisons de campagne cependant, bâties avec élégance et embellies de jardins, qu'enrichissent les arbres fruitiers d'Europe, fixent l'attention des voyageurs. Parmi les végétaux transplantés de nos climats, le pêcher et le chêne sont ceux qui ont donné les résultats les plus satisfaisants. Le premier produit des fruits excellents et y pousse sans efforts; le second y devient aussi beau que dans nos plus belles contrées, et, si j'en crois notre botaniste, il y acquiert même des qualités plus précieuses pour les constructions. Les autres arbres qui ombragent le sol sont le figuier, le poirier, le pommier, et l'oranger, tous utiles, tous offrant des garanties aux habitants dans les temps de disette.

Lorsque le soleil se couche et que l'observateur, placé sur un édifice élevé, tourne ses regards vers la campagne, il jouit d'un spectacle vraiment intéressant. Du milieu de ces forêts profondes, qui naguère n'avaient été foulées que par les pieds des sauvages, s'élancent, poussées par les vents, des colonnes immenses de fumée, au milieu desquelles brille une flamme vive qui éclaire au loin l'horizon. Toutes les nouvelles concessions ne sont défrichées que par le feu. D'abord, un vieux tronc résiste à ses atteintes; petit à petit son humide enveloppe se sèche, pétille, se carbonise et excite elle-même l'incendie; les branches sont dévorées et font tomber avec elles les branches voisines, qui communiquent bientôt la flamme aux végétaux les plus éloignés. Mais comme ces embrasements doivent se répéter très souvent, et que le propriétaire d'un terrain est tenu de garantir les possessions adjacentes, il commence par faire circonscrire avec la hache l'espace qu'il veut cultiver. Parvenu à cette limite, le feu, ne trouvant plus d'aliment, s'arrête, meurt, et ses cendres bienfaisantes donnent la vie aux terres qu'il vient ainsi d'épurer.

J'avais déjà parcouru et assez bien étudié les côtés **est, ouest** et sud de Sidney, où j'avais trouvé partout une riche végétation souvent saccagée pour des plantations récentes; mais la partie nord m'était encore inconnue; j'y résolus une excursion à terre, accompagné de Petit et de Marchais.

Nous partîmes bien disposés à fouiller partout, mais décidés pourtant à rentrer dans la ville avant la nuit, car j'avais parlé du serpent noir, et mes deux compagnons jugèrent prudent comme moi de ne pas s'attaquer à un pareil adversaire.

Nous nous fîmes descendre de l'autre côté de la rade, beaucoup plus abrupt que les points opposés, et nous ne tardâmes pas à nous enfoncer dans les bois. Ici, comme ailleurs, un gazon frais et touffu s'étendant d'un arbre à l'autre; on dirait des plantations ordonnées pour les méditations du sage ou pour des promenades joyeuses; et pourtant pas un ruisseau ne murmure, pas une source ne révèle la sève de ces géants séculaires qui pèsent sur le sol, l'ombragent et l'embellissent.

Nous nous assîmes sur l'herbe, et après un repas réglé par moi, nous reprîmes la route interrompue, nous arrivâmes une demi-heure après à une clairière où une vingtaine de naturels, debout et fort agités, hurlaient à haute voix et semblaient délibérer sur une entreprise périlleuse.

Les sauvages nous avaient entendus et cessèrent de parler; ils se placèrent en rond, prirent conseil d'un des leurs, qu'ils avaient entouré, laissèrent leurs armes à terre et vinrent nous rejoindre.

Arrivés à six pas de nous, les indigènes firent halte, et l'un d'eux nous adressa la parole, puis un second parla plus haut, puis un troisième, qui n'en finissait pas.

Après cette énergique harangue, bien comprise par les indigènes, ils nous tournèrent les talons et allèrent reprendre leurs armes.

Nous suivîmes cette bande, et un quart d'heure après, nous en trouvâmes une seconde qui se rejoignit à la première avec de grands témoignages de satisfaction. Les nouveaux venus parlèrent de nous à leurs camarades, et après un moment de repos, ils continuèrent leur route vers le nord.

Ils gravirent une petite colline où s'élevaient quelques misérables huttes faites avec des écorces d'arbres, et se postèrent en embuscade sur les principales hauteurs. Bientôt un cri général de la bande retentit dans les airs, et un second cri lointain répondit à cet appel.

Au même instant, les bras s'agitèrent, les sagaies furent mises en mouvement, les casse-tête voltigèrent et la horde farouche s'accroupit dans l'attente d'une sanglante action.

Nous gravîmes la colline, mais à quelques vingtaines de pas des naturels, qui ne tournaient même pas la tête de notre côté.

Dans le vallon formé par notre plateau et un plateau voisin, la horde opposée s'arrêta et dépêcha une femme aux ennemis. Arrivée à moitié chemin de la colline, elle poussa un cri et s'arrêta. Une femme de la première bande alla vers elle, et toutes deux, armées de casse-tête, se parlèrent à voix basse, poussèrent ensemble un nouveau cri, et les naturels de notre bord descendirent dans le vallon.

Les deux armées marchèrent l'une contre l'autre et s'arrêtèrent, séparées seulement de quelques mètres. Celle qui venait d'arriver avait quelques guerriers de plus, mais ils se retirèrent un instant après une sorte d'inspection, et chacun des sauvages put se choisir un adversaire.

D'abord des gambades, puis des cris farouches, puis des coups frappés sur les armes ; ce fut ensuite une mêlée générale.

Les sagaies lancées avec vigueur fendaient les airs, et nul combattant ne tombait.

Les champions s'approchèrent ; ce fut alors un acharnement, une rage, une frénésie, un délire dignes de l'enfer. Les corps tombaient et se relevaient ressuscités par la vengeance ; le sang ruisselait, les crânes étaient ouverts, les côtes brisées, et les dents même jouaient un rôle de destruction dans cette horrible scène de carnage.

Tirant un pistolet de ma ceinture, je le déchargeai en l'air. Au même instant, le combat cessa, les guerriers se séparèrent, et à un second coup ils s'enfuirent, chacun d'un côté opposé, au fond des bois.

Notre retour s'effectua sans aucun autre incident; nous ne rencontrâmes sur notre chemin ni sauvages ni serpent, et nous arrivâmes à Sidney avant le coucher du soleil.

XXIX

CAP HORN.

Ouragan. — Naufrage.

Depuis notre départ de la Nouvelle-Hollande, le vent nous avait poussé avec une si gracieuse courtoisie, que nous n'eûmes pas un seul instant à craindre, dans notre passage à travers les monts de glace, de nous voir drossés par ces rapides courants qui entraînent du pôle, et les en détachent, ces masses énormes contre lesquelles se sont ouverts tant de navires. Au contraire, quoique toujours sous ce ciel gris et morne, si fréquent dans les régions élevées, nous fûmes poussés presque toujours vent arrière, et si la présence des bancs glacés ne nous avait pas forcés, la nuit, à une attention de chaque instant, cette longue traversée, qui d'un seul coup nous faisait franchir l'océan Pacifique de l'ouest à l'est, eût été une des plus paisibles et des moins fatigantes pour l'équipage.

Cependant la fringante corvette cinglait toujours, ayant sous sa quille de cuivre plusieurs milliers de brasses d'eau, et s'avançait majestueusement parée de presque toutes ses voiles, vers le cap Horn, dont le nom seul rappelle une des nuits les plus orageuses du monde, et dont les rocs menaçants ont vu tant de naufrages, étouffé tant de sanglots.

Doubler le cap redoutable était pour nous un jour de fête ; nous touchions, pour ainsi dire, au terme de notre pénible et laborieuse campagne, nous apercevions déjà là-bas, là-bas, à l'horizon, cette Europe, dont plus de trois années nous séparaient, et nous sillonnions de nouveau l'Atlantique, dont nous avions gardé un doux souvenir.

Aussi tout était espérance, et si nos calculs se trouvaient exacts, nous devions, dans la journée même, voir la côte sud d'Amérique, vers laquelle nous avancions toutefois avec prudence.

— Terre ! crie la vigie attentive.

Et chacun de nous est bientôt debout pour cette nouvelle émotion. Quelques pas séparent le gaillard d'arrière du gaillard d'avant du navire ; certes, vous ne voyez pas mieux de la poulaine que du couronnement, et cependant, par un instinct qu'on ne peut expliquer, dès que la terre se dessine devant vous, il vous est fort difficile de ne point dépasser le grand mât et même celui de misaine, pour mieux observer, pour mieux étudier le paysage qui va se dérouler à vos yeux. C'est ainsi que lorsqu'un navire donne une grande bande, vous ne pouvez vous empêcher d'appuyer fortement du côté opposé, comme si vous aviez le pouvoir de l'équilibrer.

La terre se dressait bizarre, fantasque, et, par un bonheur inouï, le soleil nous inondait de ses rayons les plus purs. L'air était rayonnant, rayonnante était la côte, variée par mille reflets et par des ombres diversement jetées ; plusieurs oiseaux visiteurs, venant des cimes de la Terre-de-Feu jusqu'à la portée de notre voix, poussaient un cri et s'en retournaient après avoir salué notre bienvenue, tandis que le gigantesque albatros nous quittait d'une aile rapide et allait chercher un horizon plus vaste pour son aile infatigable.

La côte se présentait toujours avec ses variétés si pittoresques, avec ses anses défendues par des rochers à pic pareils à ceux qui nous avaient déjà frappés à Pilstard ; ce sont autant d'écueils avec lesquels il serait fort imprudent de jouer ; et tandis que nous pouvons distinguer les nuances les plus douces de cette nature grandiose, plus loin, sur la terre ferme, des colonnes de fumée montant verticalement nous avertissent de la présence de ces Patagons qu'on a déchus de leur taille gigantesque, mais qui n'en sont pas moins des hommes à part, des natures privilégiées.

Une cascade descendant en nappe blanche d'un morne élevé venait d'être dépassée ; déjà se présentait à notre vue la large ouverture que nous cherchions avec tant d'impatience : c'était, selon toute probabilité, notre dernière relâche, et nos cœurs se délectaient à l'aise... Nous y voilà... mouille! vite, mes calepins, mes pinceaux, et à terre !... Chacun de nous se prépare, chacun de nous attend avec impatience que les canots soient mis à flot...

Tout-a-coup la brise se tait, et la mer se tait avec elle, comme si la main de Dieu venait de s'appesantir sur les eaux. Le baromètre est encore muet. Que se passe-t-il donc autour de nous ? le ciel est toujours d'azur, les ombrages toujours riants...

Tout-à-coup d'ardents flocons de fumée s'échappent de la côte, tourmentés par une force invisible ; des nuages arrondis se ruent sur les mornes grondants, se déchirent dans les aspérités des blocs granitiques, reviennent sur leurs pas, dociles à l'impulsion qu'ils reçoivent, et s'échappent un instant après pour se perdre au loin à l'horizon, qu'ils embrassent et obscurcissent.

La terre se voile ; la mer, loin de clapoter, ainsi que nous l'avions déjà remarqué dans les raz-de-marée, s'enfle avec majesté ; elle bondit, elle menace, elle se dresse comme une montagne, tend le câble, soulève la corvette, la fait retomber de tout son poids, et tord l'ancre de fer au fond des eaux. Tout est triste et solennel dans cette menace de la nature ; tout est effrayant devant nous, autour de nous; les préparatifs de notre descente sont suspendus, nous sommes tous sur le pont, l'œil cloué à la terre, qui s'efface, prend une teinte cuivrée, et rien ne nous dit encore que l'ouragan veuille se déclarer.

« Le navire chasse!... Nous chassons sur les rochers! » crie la voix du maître, qui a l'œil sur le plomb de sonde qu'il vient de jeter... « Coupe le câble! » Le câble est coupé, et le chaos commence. Une minute, une seule minute d'hésitation, et nous étions perdus; un seul instant de retard, et nous tombions brisés, broyés contre les blocs redoutables qui nous emprisonnaient.

Par un bonheur inouï, par une habile manœuvre, nous parvînmes cependant à sortir de l'anse appelée *du Bon Succès*, et qui faillit devenir notre tombe.

Ici l'ouragan commença ses ravages et son œuvre de destruction; ici commença la lutte la plus ardente que jamais navire ait eu à soutenir. L'ancre était perdue au mouillage que nous venions de quitter, nul espoir de la ravoir ne nous restait, et la fuite devant la rafale fut la seule ressource qui nous devint possible...

La mer tourbillonnait selon le caprice du vent, qui faisait en se jouant et en un clin d'œil le tour de la boussole; c'étaient des vagues rudes comme des montagnes, rapides et bondissantes comme des avalanches, larges et profondes comme d'immenses vallées; une mer à part au milieu de tant de mers déjà parcourues, nous prenant par les flancs et nous jetant d'un seul bond sur le dos d'une lame éloignée, nous ressaisissant infatigable, et nous couvrant de bout en bout pour nous écraser de tout son poids...

Et au milieu de tous ces chocs, de toutes ces cascades, la corvette criait, prête à s'ouvrir; les cordages sifflaient et la foudre grondait dans l'espace; mais était-ce le rugissement des vagues, les éclats du tonnerre, le sifflement des manœuvres qui étouffaient la voix et rendaient la scène plus lugubre? Que faire, quand chaque homme cramponné à un cordage était plus souvent sous l'eau que dessus? A qui obéir, quand tout commandement devenait inutile? L'Océan, tantôt sombre comme les ténèbres, tantôt éclatant comme un incendie, n'était plus un ennemi contre lequel il fallût tâcher de lutter; c'était un maître, un dominateur devant qui nous n'avions plus qu'à courber la tête. A chaque secousse de sa colère nous croyions que c'était toujours le dernier cri de sa menace, et lorsque, après avoir été lancés dans l'abîme, nous nous trouvions encore debout, nous ne tardions point à voir s'avancer une vague nouvelle, qui nous enlevait comme un flocon d'écume pour nous vomir plus tard contre une vague rivale.

Nous étions sans puissance, sans volonté, attendant qu'une dernière secousse finît nos angoisses ou qu'une lame nous engloutît dans son passage. Un matelot se précipite; c'était Oriez, déporté échappé du port Jackson; seul de tout l'équipage, il avait osé grimper et interroger l'horizon... il nous fait signe que la terre est là, là, devant nous, qu'il l'a vue, et qu'elle va nous briser.

C'est notre dernière heure.

Chacun de nous cherche à voir, à la lueur des éclairs, si en effet la terre que nous croyions longer est bien là pour recevoir nos cadavres; on croit la voir, on croit la reconnaître à la lumière de la foudre... C'en est donc fait, et la mort nous saisit au milieu de l'ouragan. On essaye de manœuvrer, de jeter à l'air un bout de voile : la voile n'est plus qu'une charpie... Adieu donc à la vie qui nous échappe! car voilà une ligne blanche devant nous, sur laquelle nous courons sans pouvoir l'éviter.

Alors une lame immense nous prend sous la quille et nous fait traverser l'obstacle sans le toucher. Qu'était-ce donc?

Cependant la colère des flots et celle des vents étaient loin de s'apaiser; mais le navire, déjà vainqueur de tant d'horribles ébranlements, semblait ne vouloir pas encore se lasser de la lutte, et de temps à autre redressait sa tête orgueilleuse.

D'après nos calculs, le détroit de Lemaire devait être dépassé, et puisqu'il nous restait de la mer à courir, le danger s'effaçait. Le ciel aussi paraissait fatigué de tant de fureurs, et les nuages ne tourbillonnaient plus indécis entre dix vents opposés.

Parfois aussi une teinte bleue, douce comme un sourire, jetait l'espérance dans nos cœurs, et la régularité de la marche des masses vésiculaires qui roulaient vers l'horizon et passait à notre zénith rapides comme l'éclair, nous disait que la colère de la nature était une colère dans l'ordre des événements, et qu'il ne fallait plus maintenant que de la persévérance pour en triompher.

Il y eut longtemps encore turbulence dans les airs et sur les flots, mais les derniers soupirs de la tempête nous laissèrent respirer, et nous pûmes enfin livrer nos voiles aux vents. Plus l'ouragan avait pesé avec rage sur le navire en péril, plus nous mettions d'ardeur à l'insulter, car désormais seul il pouvait nous atteindre, et la terre, son auxiliaire redoutable, n'était plus là-haut devant nous pour lui venir en aide.

Avides d'un peu de repos, nous mîmes bientôt le cap sur la Patagonie, et nous regardions comme un bonheur cette relâche, qui devait, selon toute probabilité, nous offrir quelques curieux épisodes.

Tant de ridicules fables ont couru sur cette race d'hommes exceptionnels, auprès desquels nous ne serions que des mirmidons, on a raconté tant de merveilles sur la vie nomade de ces géants humains, que nous pressions de nos vœux les plus fervents le moment où nous devions laisser tomber l'ancre sur une des nombreuses rades de leur côte si rétive à toute civilisation.

La brise continuait à nous être favorable, les courants nous aidaient dans notre route, et nous devions, selon toute apparence, voir la terre le lendemain même au lever du soleil. Hélas! l'ordre de virer de bord fut donné, et avec lui s'envolèrent toutes nos espérances de bonheur. Nous fîmes voile vers les Malouines, et, après avoir jeté la sonde à plusieurs reprises sans trouver fond, nous revirâmes de bord et nous mîmes de nouveau le cap sur l'Amérique pour reprendre bientôt la route abandonnée et la continuer jusqu'à notre dernière relâche. Quelques observations sur la profondeur de la mer et sur la direction des courants dans ces parages avaient sans doute été prescrites à notre commandant ; mais nous, qui n'étions pas toujours dans le secret de ses travaux, nous ne pouvions que nous plaindre d'une hésitation si hostile à notre impatience. La marine n'étant autre chose qu'une guerre permanente contre tous les éléments, nous savions déjà, par les rudes épreuves que nous avions subies, qu'il fallait saisir aux cheveux toutes les occasions favorables offertes aux navigateurs. Et puis encore, épuisés par une traversée de plus de deux mille lieues, nous sentions vivement le besoin du repos, surtout après des courses de plus de trois années.

Le 12 mai, les terres Falkland se dressèrent devant nous. Une brume épaisse nous dérobait la côte, que de légères et rapides éclaircies nous montraient âpre, bizarre, sans végétation ; mais ce devait être là notre dernière ou avant-dernière relâche : nous nous retrouvions dans cet Atlantique si connu, et qui nous avait si bien accueillis à notre départ, et la joie se dessinait sur tous les visages. Nous pouvions déjà tendre la main à nos amis de là-bas ; nulle terre, nul continent ne se posait entre nous et ne nous restait à visiter ; il n'y avait plus que de la mer à courir, et les flancs de notre robuste *Uranie* avaient mille fois prouvé qu'ils ne craignaient pas le choc des vagues irritées.

Nos livres de voyage étaient consultés afin que chacun de nous pût se faire d'avance une idée exacte des plaisirs qui nous attendaient. De patriotiques discussions surgissaient ; les uns appelaient Falkland le groupe d'îles que nous allions visiter ; les autres le nommaient archipel des Malouines, soutenant qu'il était constaté qu'elles avaient été découvertes par un pêcheur de baleine de Saint-Malo, et l'on comprend que toute justice ne présidait pas à la solution de la question en litige. Mais les

Anglais nous avaient trop longtemps montré leurs richesses des deux mondes; ils avaient trop orgueilleusement étalé à nos regards humiliés leurs vastes et magnifiques établissements indiens, pour que nous ne fussions pas naturellement portés à leur disputer ce groupe d'îlots, dont au reste ni nous ni eux n'avions pris possession solennelle.

Le 13, la côte se dégagea du réseau compacte des nuages qui la voilaient, et nous pûmes à notre loisir en étudier les mille caprices. Elle était basse, nue, coupée de petites criques, et sur les premiers plans s'élevaient des roches isolées où des myriades de pingoins et de plongeons, debout et immobiles, semblaient insensibles à notre arrivée chez eux; nous les punîmes plus tard de leur insolente impolitesse; nous fîmes une sanglante thébaïde de ces roches isolées et de cette terre silencieuse, et il y eut bien des jours de deuil dans les familles de ces hôtes inhospitaliers. Mais n'anticipons pas sur les événements qui vont se presser autour de nous.

Toute la nuit fut consacrée à louvoyer et à nous tenir au large; mais le lendemain, le soleil s'étant levé dans toute sa splendeur, nous pûmes nous rapprocher et chercher enfin la baie protectrice qui devait nous abriter.

Partout ici des eaux fatiguées par de récentes tempêtes, partout une mer inquiète, querelleuse, et une côte si profondément tailladée, qu'on voit bien que les flots ont joué le principal rôle dans ces déchirements.

Les oiseaux amphibies, gravement assis sur les pitons rapprochés de nous, ne cessaient ni leurs cris ni leurs stupides et réguliers mouvements de tête; nous pouvions, sans le secours de nos longues-vues, suivre leurs lentes évolutions, et sur la plage de sable nous remarquions aussi d'énormes taches noires qui ne pouvaient être que des phoques ou des éléphants de mer, auxquels nous nous promettions bien de faire une guerre à outrance. Chacun de nous se taillait sa besogne, chacun de nous préparait ses armes et comptait d'avance ses victimes, ainsi qu'on le fait toutes les fois qu'on va combattre un ennemi qui ne sait pas se défendre : ainsi se dit-on brave alors que l'on n'est que cruel.

Mais là-bas, dans le lointain, la terre fait défaut, une large baie se dessine et nous présente une ouverture facile, la brise est soutenue, nous allons vent arrière toutes bonnettes dehors, qu'on ne tarde pas à rentrer, et nous courons lestement vers le port. A notre droite, formant la pointe nord de la baie, des brisants se montrent et bruissent contre une roche détachée de terre; près d'elle une seconde roche moins élevée lève sa tête, et près de celle-ci une troisième surgit couverte sans doute par les hautes marées; nous les évitons, et toutes les cartes sont muettes sur d'autres récifs : il fallait donc laisser courir.

La brise mollit un peu et nous filions toujours nos huit nœuds de la façon la plus régulière. Il était quatre heures; *l'Uranie* dressant sa tête avec fierté, semblait se pavaner dans ses allures d'indépendance, et le fond de la rade nous ouvrait son large et tranquille bassin...

Tout-à-coup, crac!... Le navire s'arrête incrusté sur une roche et se penche... Le silence le plus profond règne parmi nous.

Immobile! immobile! et la mer fouette les flancs de la corvette, et chacun se regarde de ce regard qui veut dire *Tout est fini!* et un énorme débris de la quille flotte autour de nous. A cet aspect, un triste murmure se fait entendre. Silence! dit le sifflet du courageux maître d'équipage, et tout se tait de nouveau, excepté le flot vagabond, qui n'a d'ordres à recevoir que de Dieu seul.

L'infatigable maître calfat monte, tenant la sonde à la main :

— L'eau nous gagne, capitaine; le navire est en péril, il faut armer les quatre pompes royales.

— Aux pompes! s'écrie le capitaine.

Et nous voilà tous à l'ouvrage. Cependant nous ne pouvions rester plus longtemps dans cette horrible position, et tandis qu'une partie de l'équipage lutte avec une ardeur infatigable contre le terrible élément qui nous dévore, l'autre met à l'eau la grande embarcation ainsi que l'yole et le petit canot ; on oriente les voiles de manière à masquer partout afin de faire pirouetter la corvette, de la faire culer et de la détacher ainsi de la roche qui la retient captive. Le succès couronna cette manœuvre, et nous cheminâmes, mais sans trop d'espérance pour l'avenir, car le progrès des eaux était effrayant. Une pompe se brise, on la répare ; un mât crie, on le consolide ; la corvette, envahie, donne un bande affreuse, on ne s'en émeut point, et chacun à son poste ne songe qu'au devoir qui lui est imposé. Le maître calfat monte de nouveau sur le pont, et d'une voix calme et solennelle, il annonce que tout espoir est anéanti.

L'arrêt fatal est connu, chacun se le répète tout bas à l'oreille, chacun peut compter les instants qui lui restent à vivre, car l'eau s'est emparée du faux-pont et menace déjà la batterie.

Mais nous cinglions vers le mouillage ; le navire emportait dans sa plaie le bloc madréporique, qui était encore un obstacle au passage des eaux ; le sillage le fit tomber, la batterie se trouva bientôt attaquée.

Il s'agissait de savoir où était la plaie du navire, afin de s'assurer si on pouvait y appliquer un cataplasme, selon l'énergique expression de Marchais.

Le commandant fit mettre en panne ; le gabier Marchais se jeta à l'eau à trois sous par lieue, comme il disait ; il plongea, visita la carène, reparut de l'autre bord et s'écria :

— Le trou est sur la joue, on peut le boucher.

A l'instant même, deux matelas sont placés sur le pont ; on les coud l'un à l'autre, on les double d'un prélart pour opposer un plus sûr obstacle aux flots, et l'infatigable Marchais plonge encore une fois, tenant une amarre à la main, et applique les matelas sur la brèche du navire, tandis qu'on les assujétit de chaque porte-hauban. Cette manœuvre audacieuse nous protégea pendant quelques instants ; mais **c'en était fait, nous étions** perdus sans ressource ; l'eau nous avait trop profondément envahis, il fallut céder à la fatigue. Les bras tombèrent de lassitude, et, sans que l'énergie en fût abattue, on cessa de travailler.

La nuit était venue, sombre et silencieuse, et nous plongions à chaque instant dans l'abîme.

On mouilla pourtant. M. Duperrey eut ordre d'aller dans le petit canot chercher un point de la côte où *l'Uranie* pût être jetée sans s'ouvrir. Il revint et nous pilota ; mais les courants rapides nous drossèrent, et après quelques moments d'hésitation, le solide trois-mâts, avec qui nous avions sillonné toutes les mers, tomba sur le flanc pour ne plus se relever.

XXX

ILES MALOUINES.

Chasse à l'éléphant. — Chasse aux pingoins. — Mort d'une baleine. Départ.

Nous nous tenions tous penchés sur la corvette immobile et à moitié engloutie ; nous nous parlions alors à voix basse, sans animation, sans désespoir, mais avec ce sentiment calme de résignation que tout homme de cœur éprouve au sein de l'infortune qui vient de le frapper alors qu'il a tout fait pour la prévenir. Un seul instant venait d'anéantir nos plus douces espérances, un seul instant venait de nous punir de notre bonheur passé ; et moi, qui écris ces lignes, je perdais dans cette catastrophe le fruit de plus de trois ans de fatigues, de recherches et de sacrifices : une collection d'armes et de costumes de tous les pays du monde, mes richesses botaniques, minéralogiques, mes vêtements, mon linge, mes belles collections d'oiseaux, d'insectes, et, ce qui m'était plus sensible encore, douze ou quinze albums dont le double n'avait pas été remis au commandant.

Mais c'est à peine si nous songions alors aux justes regrets qui traversaient notre pensée; le présent et l'avenir seuls devaient nous occuper, et nous attendions avec anxiété le lever du jour pour juger de toute l'horreur de notre position. Petit à petit la côte se dessina, nos yeux se fatiguaient en vain à y chercher des arbres, de la végétation, quelque trace du passage ou du séjour des hommes; plus les objets se dressaient nettement à nos regards, plus le découragement s'emparait de nous; et quand il nous fut permis d'embrasser sans fatigue le sinistre paysage qui se déroula à nous de toutes parts, nul n'osa compter sur un retour dans sa patrie.

Du sable devant nous, du sable à nos côtés, des collines pierreuses sur un second plan, et d'autres collines plus âpres encore dans le lointain. Sous nos pieds une mer turbulente, même dans le silence des vents; sur cette mer plusieurs îlots couronnés de joncs; derrière nous le froid reflet de ce que nous avions déjà vu, un sol tourbeux entre le sable et quelques roches du rivage et les hauteurs plus éloignées, et sur tout cela, pas un arbre, pas un arbuste, pas une touffe de gazon.

Notre cœur se serra.

Mais l'œuvre n'était pas complète, la faim commençait à se faire sentir, l'équipage épuisé avait besoin de reprendre ses forces, et on dut songer tout d'abord à alléger le navire de nos objets les plus précieux.

On descendit donc à terre les biscuits mouillés échappés au naufrage, les quatre porcs sauvés de la mort, la poudre, les fusils et quelques voiles dont nous avions besoin pour dresser les tentes. Malade, très-souffrant depuis mon départ du port Jackson, je fis partie du second convoi qui toucha le sol des Malouines, et j'y arrivai avec une casquette en peau de kanguroo, un méchant habit, un pantalon déchiré, un soulier et demi et un manteau de roi zélandais, que je tenais de l'amitié de M. Wolstoncraft.

Je me couchai sur une voile humide ; une pluie fine et glacée nous pénétrait jusqu'aux os, et pourtant j'allais m'assoupir après tant de fatigues, lorsque mon domestique et le cuisinier de l'état-major, qui s'étaient éloignés après leur descente, revinrent haletants et en toute hâte.

— Monsieur Arago, nous sommes perdus !
— Nous avons de la poudre.
— Quel affreux pays !
— Avec du courage, des munitions et *Robinson Crusoé*, on ne meurt de faim nulle part.
— Que peut tout cela contre ce que nous venons de voir?
— Qu'avez-vous vu?
— Là-bas, près du rivage, dans une anse, un animal gros comme la corvette.
— Un peu moins, n'est-ce pas
— Un peu plus, Monsieur.
— La peur grossit les objets.
— La faim les rapetisse.
— Nous allons étudier ce monstre; accompagnez-nous.
— Il est là-bas, à une demi-lieue d'ici en suivant la côte; allez-y tout seul.
— Non, j'aurai peut-être besoin de secours. Dubaud et Adam vont m'accompagner.
— Volontiers.

Nous partîmes donc tous trois : l'un armé d'un excellent fusil à deux coups, l'autre d'un bon fusil de munition et d'un briquet effilé, et moi tout simplement appuyé sur un gros bâton.

En effet, arrivés à l'endroit indiqué, dans une crique à sec mais atteinte par les fortes marées, à cinquante pas du flot, nous vîmes un monstrueux éléphant de mer qui, à notre approche, tourna lourdement la tête de notre côté, puis ne fit aucun autre mouvement. Dubaud passa d'un bord, Adam resta à sa place, et je pris le milieu; nous nous approchâmes en même temps de l'immense amphibie, dont le dos noirâtre était déchiqueté. Adam lui tira deux balles dans l'œil, presque à bout portant; Dubaud déchargea son arme contre sa tête, et moi, à coups de bâton, je frappai la trompe du monstre, qui poussa un sourd et long mugissement, mais qui ne bougea pas, ce qui nous donna à penser qu'il était venu là, selon les mœurs et les habitudes des animaux de cette classe, mourir de vieillesse.

Après notre glorieuse expédition nous retournâmes au camp, et comme déjà un grand nombre de matelots, qui avaient vainement tenté de relever la corvette, murmuraient contre les cruelles atteintes de la faim sans que rien s'offrît pour la satisfaire, je mandai au commandant, resté à bord, le résultat de la capture faite par Adam, Dubaud et moi, et des ordres furent donnés pour qu'on dépeçât la victime.

On se rendit donc à la crique de l'éléphant; à grands coups de sabre on enleva de larges tranches de chair pelée, on les chargea sur les épaules, on les jeta dans la marmite du bord, descendue lors du premier voyage, on alluma des feux avec de la tourbe noire et l'on espéra en l'avenir; car, pendant cet intervalle, j'avais pris le chemin opposé à la crique, je m'étais trouvé arrêté par un ruisseau assez abondant, et j'avais découvert encore une belle source d'eau fraîche et limpide que l'équipage appela dans la suite *le café de M. Arago*, par l'habitude que j'avais prise de m'y désaltérer après chaque repas. Il y avait dix-sept heures que l'équipage n'avait mangé; les forces s'épuisaient, et l'on fit à chaque homme une copieuse distribution de chair d'éléphant de mer, noire, puant l'huile, et coriace. Nous n'avions point de vinaigre, point de sel, point de pain, et si l'on croit que ce repas nous fut douloureux... on aura raison, car la plupart de nos matelots en furent malades, et les meilleurs estomacs seuls s'y habituèrent dans la suite.

Après le vautour, le mets le plus révoltant que nous ayons mangé est, sans contredit, l'éléphant de mer, et je ne crois pas que nos Grignon, nos Véfour et nos Véry pussent jamais en faire quelque chose de supportable. Cependant nous avions là des vivres pour deux semaines au moins, et le second jour, en allant à la crique chercher la pitance, les hommes de corvée trouvèrent sur les débris du monstre un vol d'aigles, dont six furent abattus, ce qui ajouta provisoirement à nos ressources et retrempa notre courage chancelant.

Les tentatives pour relever la corvette furent toujours infructueuses; l'équipage y épuisa ses forces et nous dûmes bientôt renoncer à toute espérance de ce côté.

Et pourtant la mauvaise saison qui avançait pouvait nous trouver là. A cette époque de malheur, les pingoins, auxquels nous pensions, les plongeons, hissés sur les phoques et les lions de mer, quittent la terre... Qu'allions-nous devenir ?

Des tentes furent dressées, une pour le commandant, l'autre pour l'état-major, une troisième pour les élèves, et la quatrième, immense, commode, pour les maîtres et l'équipage.

La poudre fut mise à l'abri de tout échec, sous un tas de voiles, derrière une dune à côté du camp, ainsi que les balles, les pistolets, les fusils et les sabres arrachés au naufrage.

L'image sainte de la Vierge avait été sauvée ainsi que les vêtements de prêtre et les vases sacrés. Un autel fut dressé contre une dune; l'abbé de Quélen dit une messe en action de grâces, chanta un *Te Deum*, et tout l'équipage à genoux, le front découvert, assista à la cérémonie avec le plus profond recueillement.

Des chasses furent organisées; les oies sauvages tombèrent sous le plomb des tireurs; et telle est la voracité des aigles bruns de ces climats, que, lorsqu'un chasseur, pour ne pas trop charger ses épaules, enfouissait à son départ, sous de la terre recouverte de galets, une partie du butin tué, souvent, à son retour, il trouvait sa victime à demi dévorée.

Il nous arrivait parfois aussi qu'en portant à nos mains un plongeon, ou un canard, ou une oie, l'aigle audacieux qui planaît sur nous s'arrêtait, descendait lentement, et prenant son rapide essor, nous heurtait de son aile en cherchant au passage à nous enlever notre capture. Vicissitudes humaines! que de fois, embrochés au même fer, aigles et canards, jaunissant au même feu, étaient servis côte à côte sur le même plat! Là seulement il y avait égalité parfaite entre eux; là seulement, nous qui ne jugions plus les victimes sur la force et la puissance, nous dédaignions le roi des airs pour l'humble sujet qui tremblait jadis en sa présence.

Nous étions cent vingt et un, tous d'autant plus pleins de voracité que nous craignions de manquer bientôt de vivres. Aussi, que de soins ne nous donnions-nous pas pour augmenter nos ressources! Près de mon *café* j'avais remarqué une longue traînée de feuilles vertes à l'aide desquelles il me sembla possible de *fabriquer* une excellente salade. J'en fis part à Gaudichaud, qui m'accompagna : c'était de l'oseille; désormais, pendant quelque temps du moins, nous eûmes deux services pour nos repas.

Mais les élèves de marine, tous jeunes, tous affamés, voulurent aller au-delà du bonheur que je leur avais procuré : ils mêlèrent d'autres feuilles aux premières, afin d'augmenter la ration, et un beau matin, après leur déjeuner, on les vit courbés à terre, vomissant avec d'intolérables douleurs et se tordant comme des corps empoisonnés.

L'oseille perdait de son crédit, tant on redoutait la fatale influence du voisinage.

Jusque-là l'édification complète du camp, qui exigeait le zèle de tout le monde, ne nous avait guère permis de lointaines excursions; nous savions que les pêcheurs de baleines, après avoir doublé le cap Horn, venaient souvent se reposer aux Malouines; nous n'ignorions pas qu'il y avait d'autres rades que celle où nous étions venus nous perdre,, et nous nous flattions de voir, du haut de la montagne pierreuse qui s'élevait au sud, quelque navire protecteur que nos signaux auraient appelé.

Une de ces courses fut ordonnée pour le lendemain; mais pendant la nuit un coup de vent horrible passa sur nous, renversa nos tentes, nous força à réparer les dégâts et nous retint toute la journée auprès des dunes de sable.

L'éléphant de mer était presque épuisé, ses chairs fétides ne nous inspiraient plus que du dégoût, et quoique le pingoin soit une des plus épouvantables viandes huileuses et puantes que l'on puisse trouver, il fallut bien de gré ou de force que nous l'engloutissions dans notre estomac creusé par le besoin, et que rien ne pouvait rassasier.

Les oies étaient devenues tellement sauvages, nous en avions immolé une si grande quantité, que nous dûmes bientôt les regarder comme une ressource perdue. Les phoques et les lions de mer nous venaient parfois en aide; mais la saison avancée chassait déjà de la terre les oiseaux amphibies, et les autres animaux étaient fort difficiles à tuer. Un jour, sur le rivage, nous tirâmes à bout portant quinze balles sur la tête, sur le corps et dans la gueule d'un phoque; nous brisâmes deux baïonnettes dans ses flancs, et il nous échappa encore. Ce ne fut que le lendemain que le flot vomit son cadavre sur la grève. Le faquin nous avait donné tant de mal, que nous n'en laissâmes aucun débris aux aigles ou aux vautours.

La guerre aux plongeons était toute simple. Perchés comme des niais sur les roches, contre lesquelles le flot venait expirer, ils nous attendaient si longtemps et avec tant de confiance, que nous les abattions fort souvent à coups de pierres, et que cette ressource était une des plus efficaces dans notre disette.

Cependant le veuvage les rendit plus prudents et plus circonspects dans la suite, et les insolents nous évitèrent comme avaient fait les oies.

On s'était préparé à la chasse aux chevaux; elle eut lieu en effet, mais d'abord sans espérance, quoique nous sussions que les Espagnols, qui tentèrent une première fois de s'établir dans cet archipel, avaient continué leur œuvre de reproduction, selon **leur noble habitude, en y** jetant les quadrupèdes utiles d'Europe. Nous les trouvâmes enfin, ou plutôt ils vinrent nous chercher. Un matin, un bruit sourd comme le roulement lointain du tonnerre fixa notre attention. Tout-à-coup un magnifique troupeau de coursiers double une anse profonde, s'élance sur un terrain plus élevé, bondit et s'arrête à l'aspect imprévu de notre camp. Devant lui, en avant-garde, un magnifique bai brun venait de hennir; sa crinière s'agitait, sa queue était en mouvement, ses naseaux s'ouvraient et se fermaient avec une extrême rapidité. A l'approche du fougueux escadron sans cavaliers, nous nous étions tous jetés ventre à terre, mais l'un de nous, se levant, fut aperçu; le quadrupède trompette, effrayé, hennit encore, fit volte-face, et le terrain tourbeux retentit de nouveau sous les pas des chevaux, qui dévorèrent l'espace. C'est un coup d'œil admirable.

Le lendemain de cette heureuse rencontre, maître Rolland, infatigable à terre comme il l'avait été à bord pendant toute la campagne, et Oriez, déporté à la Nouvelle-Hollande, mais échappé du port Jackson et venu chez nous à la nage, homme de résolution s'il en fut jamais, charpente de fer insensible à la rigueur des climats, invaincu par les fatigues et les privations, attaché de cœur et d'âme jusqu'au fanatisme à l'équipage qui l'avait accueilli en frère, partirent pour l'intérieur de l'île.

A trois lieues du camp, ils tuèrent un cheval. Oriez se mit aussitôt en route par un temps horrible, et traversa les terres tourbeuses sans nuls chemins tracés, et dans lesquelles il s'enfonçait parfois jusqu'à la ceinture; il arriva au camp à neuf heures du soir, guidé sans doute par son instinct tout amical; il dit le résultat de sa chasse, demanda des hommes, se mit à leur tête, et arriva à trois heures du matin près de sa victime, qui servait d'oreiller à son camarade Rolland. Il fit dépecer la bête; chaque homme en chargea ses épaules; Oriez en prit la plus lourde part, retourna sur ses pas, sauva ainsi les provisions, et, sans prendre un seul moment de repos, il repartit en nous disant : « A demain! » Cet Oriez avait été fait prisonnier par les

Anglais; il s'échappa d'un de ces hideux pontons historiques contre lesquels toute civilisation a longtemps protesté, se jeta dans un canot, mit le cap sur la France, fut poursuivi par une chaloupe armée, se battit vaillamment, tua deux hommes, fut reconduit au port Jackson, jugé et condamné à une déportation de quinze années. Il était là depuis quatre ans, dans l'intérieur des terres; mais ayant appris qu'un navire français allait mettre à la voile pour l'Europe, il s'aventura, lui, il traversa des monts, des forêts, des hordes sauvages, couchant à l'air, vivant de rats, d'insectes, de serpents, et, après des fatigues inouïes, il arriva en vue de Sidney. Il nagea jusqu'à une petite île d'où j'allai un jour dessiner la côte; il vint à nous avec confiance.

Les matelots de *l'Uranie* lui serrèrent la main, lui donnèrent des vivres, des consolations; Oriez pleura de bonheur, et chaque matin je lui faisais apporter de façon ou d'autre quelques provisions pour ses besoins de la journée.

La veille de notre départ, *quelqu'un* de ma connaissance lui procura les moyens de nous rejoindre, et désormais il fut des nôtres durant toute la traversée du vaste océan Pacifique.

Pendant le terrible ouragan du cap Horn, lors de notre naufrage, maintenant et toujours, Oriez s'est montré brave jusqu'à la témérité, patient jusqu'au martyre; et lorsque plus tard, arrivé à Monte-Video, nous lui avons donné un noble certificat constatant son courage et son dévouement, il nous demanda la permission d'aller rejoindre l'armée des indépendants, où sans doute il aura trouvé la mort, puisque nul bulletin militaire de ces pays ne nous a porté en Europe le bruit des beaux faits d'armes dont il était capable plus que personne. Oriez et Rolland, pendant presque tout le temps de notre séjour aux Malouines, ont été nos plus infatigables chasseurs, et il est exactement vrai de dire que sans eux nous serions tous morts de faim.

Jusque-là nous avions vécu de phoques, de pingoins, de plongeons, d'un éléphant de mer, d'un taureau tué par Oriez, et des chevaux espagnols; mais ceux-ci nous firent défaut en traversant à la nage le détroit qui sépare l'île où nous étions d'une île voisine, et nous n'en vîmes bientôt plus.

D'autres ressources furent invoquées, et nous nous rejetâmes avec une nouvelle ardeur sur les pingoins huileux et coriaces. La chasse en était des plus amusantes. Ecoutez : entre la première et la seconde baie est un îlot bas, tourbeux, entièrement couronné de petits joncs fins et serrés, s'élevant jusqu'à la hauteur de quatre ou cinq pieds. Les bords de cet îlot, que nous avons appelé l'île aux Pingoins, sont défendus par des roches noires et lisses, sur lesquelles viennent, pendant la journée, se pavaner lourdement au soleil les phoques et les lions, qui regagnent les eaux à l'approche des ténèbres. Le jour de notre naufrage, des braiments échappés de cette terre nous firent croire que des ânes y avaient été abandonnés, tant le cri de ces oiseaux ressemble à la voix harmonieuse du quadrupède aux longues oreilles ; mais nous fûmes bientôt désabusés, et nous nous en vengeâmes d'une façon cruelle.

La faim nous talonnait, et, comme je vous l'ai dit, le terrible anathème fut lancé sur les pingoins, et nous résolûmes de nous venger sur eux-mêmes du dégoût qu'ils nous inspiraient. La rage nous les faisait déchiqueter avec une sorte d'ardeur qu'on eût dit du plaisir, et cette chair infecte ne nous semblait passable qu'en haine des individus. Au reste, nous n'avions plus guère que cette ressource ; il fallait bien ne pas se laisser mourir de faim. Si nous avions eu du cuir de vieilles bottes à mettre à la broche et sous la dent, peut-être que les pingoins auraient été épargnés. Notre misère causa leur désastre.

Or donc, armés de pelles, de bâtons, de fusils avec leurs baïonnettes, de crocs, de pinces, de gaffes, nous nous rendions chaque matin, à tour de rôle, dans cette île de malheur, et nous emportions, deux heures après, les cadavres de cent ou de cent cinquante ennemis contre lesquels nous nous étions rués comme des tigres et des léopards.

Les voilà.

Rangés par pelotons de quatre, huit, douze ou vingt, debout sur leurs pattes et leur petite queue, ils nous voient arriver sans quitter leur place, comme si nous venions leur faire une visite de politesse, comme s'ils nous attendaient pour nous fêter. Ils tournent bêtement leur tête à droite, à gauche, en poussant un léger croassement qu'il nous serait loisible de prendre à la rigueur pour un compliment ou une politesse.

Nous pourrions les toucher de la main, et ils ne bougent pas : c'est la bêtise à son apogée, et ils méritent d'être immolés pour ce crétinisme seul. Les bâtons sifflent et frappent, les pinces enfourchent, les baïonnettes, les crocs percent ces dures enveloppes ; alors seulement les pingoins s'agitent, se relèvent, retombent, veulent fuir et poussent leur dernier gémissement.

Le sang inonde le gazon, et le champ de bataille a l'air d'un charnier.

Mais nous songeons au lendemain, et, vainqueurs prudents, nous craignons que ceux qui vivent encore n'émigrent pour d'autres lieux plus solitaires. Nous courons çà et là sur le sol, qui résonne comme un tambour ; les victimes sont traquées dans leurs tanières, et là encore quelques-unes meurent avec un courage digne des beaux temps de Rome et de Sparte. Les vétérans surtout reçoivent dans les flancs le fer aigu sans pousser le moindre gémissement, afin de laisser croire qu'il n'y a personne au gîte, tandis que les jeunes, moins aguerris, plus accessibles à la douleur, croassent et rendent le dernier soupir au milieu de leur famille éplorée.

Hélas ! les pingoins nous menacèrent bientôt de nous abandonner à notre malheur, et, sans pitié aucune, ils désertèrent petit à petit le paisible domicile où nous étions venus les poursuivre et les immoler.

Nos courses à l'île dévastée étaient fréquentes, nous étions souvent contraints d'y aller deux fois par jour, et la saison aussi bien que le fer de nos lances faisait une sombre thébaïde de cette terre en deuil. Un matin que, près des roches lisses, deux de mes amis et moi donnions la chasse à un lion de mer, le jet rapide d'une baleine appela notre attention et frappa nos regards; deux baleineaux la suivaient et semblaient jouer avec elle. Tout-à-coup, soit désespoir, soit allégresse, elle s'élance sur la plage avec la rapidité du boulet et se fait prisonnière elle-même entre deux roches formant canal. On la vit aussi du camp, et nous voilà les uns et les autres à la rencontre du monstrueux cétacé. Privée presque d'eau, son immense gueule s'ouvrait convulsivement, et ses évents lançaient à l'air une eau rare et sablonneuse. Nous l'entourâmes, nous déchargeâmes sur elle plus de cinquante coups de fusil sans qu'elle parût s'en apercevoir, et nous craignions beaucoup qu'à la marée haute elle ne nous échappât.

— Vite, vite, un gros filin et un grappin! s'écria Barthe, de Bordeaux, un de nos plus intrépides gabiers; la commère nous appartient; si l'on se hâte, je me charge de l'enchaîner.

On court au camp; le filin et le grappin arrivent, et, armé d'une hache, Barthe se hisse sur un rocher, de là sur un autre, approche du monstre, s'élance sur son dos, s'assied là comme sur un fauteuil, taille, coupe, plonge dans les chairs et fait un énorme sabord sur la baleine aux abois, qui s'agite, se débat, se tourmente et fouette la mer de sa terrible queue flottante.

Barthe acheva bravement son ouvrage; le grappin fut enfoncé dans la large plaie, puis solidement amarré à un rocher de la côte, et nous attendîmes le flot.

Il monta petit à petit; le monstre s'agita plus librement; dès qu'il eut assez d'eau pour ses allures, il fit mouvoir sa queue. brisa le filin comme un cheveu et prit le large.

Nous allions nous en retourner au camp, lorsque la mer se souleva avec violence, non loin des roches, et pour la seconde fois la baleine s'élança sur la plage, à dix brasses de sa première station, et tomba sur le côté pour ne plus se relever.

Ainsi avait fait notre corvette bien-aimée, qui s'enfonçait

chaque jour de plus en plus dans le sable, et à laquelle nous allions dire bientôt un éternel adieu.

Notre chaloupe, qu'on avait pontée, et que notre intelligent Duperrey devait commander, était prête à prendre la mer avec Bérard et quelques habiles matelots pour aller chercher des secours à Monte-Video ou à Buénos-Ayres; mais la course était longue; mais les mers australes sont tempêtueuses, et nous ne regardions pas l'audace et l'expérience de M. Duperrey comme une sauvegarde sur laquelle nous dussions beaucoup nous étayer.

Notre position assombrissait bien des visages et lassait bien des constances. Que faire pourtant contre la rigueur du froid qui courait après nous, et contre les horreurs de la faim qui chaque jour commençait à nous tirailler? *Robinson Crusoé*, que je lisais à haute voix tous les soirs à l'équipage attentif, le rassurait de temps à autre; mais le grognement sourd qui se faisait en nous aux heures où l'on a l'habitude de dîner ou de déjeuner nous forçait à quitter le livre, et la nuit se passait sans sommeil.

Lorsque, le lendemain, nous allions à la cambuse, que nous demandions ce qu'il y avait de provisions à notre usage, et qu'on nous répondait : « Il y a deux canards et une oie, » je vous proteste que nous trouvions la ration de chacun fort mesquine, car nous étions cent vingt et un pour le partage de cette pitance.

Des chasses s'organisaient à l'instant; mais, hélas! elles étaient si souvent infructueuses, que le découragement se faisait jour, même après les paroles les plus rassurantes de maître Roland, habitué, disait-il, à mourir de faim, comme il s'était déjà habitué à mourir noyé.

Mais un jour vint pourtant où les émotions de tous furent ardentes, spontanées. On éprouve ces choses-là, on ne les écrit pas; on les sent, on ne peut pas les traduire. Oriez arriva le matin au camp, où chacun se regardait avec des yeux éteints.

— Trois chevaux tués! s'écria-t-il ; en route et bombance!

Lui et Roland avaient, en effet, abattu trois magnifiques coursiers, et presque tout l'équipage se mit en marche pour aller découper les victimes et en charger les délicieux débris sur le dos.

Or, comme les vivres encombraient nos magasins, et que désormais nous pouvions, sans crainte pour nos appétits gloutons, nous livrer à tous les plaisirs de gens abandonnés sur une côte déserte et glaciale, nous nous occupâmes avec un zèle tout nouveau du soin de pourvoir à notre sûreté personnelle pour l'époque si rapprochée de notre hivernage ; chacun étalait les richesses volées aux flots, en homme qui n'a rien perdu ; et, orgueilleux dans notre misère, nous comptions et recomptions à haute et intelligible voix les vêtements qui devaient bientôt nous être d'un si grand secours. Alors des trocs se firent entre nous. Nos fortunes étalées sur la plage changeaient de maître vingt fois par jour : celui-ci donnait un caleçon pour un soulier dépareillé, celui-ci une timbale pour un morceau de savon, un troisième ses rasoirs pour une paire de gants fourrés, un quatrième son couvert d'argent pour un paletot. Hélas ! je n'avais rien à donner, moi, en échange de ce qui m'eût été bien nécessaire, et j'en étais toujours à user mon manteau de sauvage zélandais, ma casquette de kanguroo et mon soulier et demi. Mais mon ami Lamarche vint à mon aide et me gratifia de deux chemises, brodées, ma foi, comme pour un jour de noces. Guérin me fit accepter sans effort un gilet qui m'eût vigoureusement serré les flancs à l'époque où je dînais d'habitude, mais dans lequel je me promenais alors, et je reçus, par-ci, par-là, quelques bribes dont je m'ajustai assez bien pour ressembler passablement à un vieux brocanteur ou marchand d'habits après une fructueuse journée. Je ris aujourd'hui de tous ces souvenirs ; mais, à l'heure de mon naufrage... j'en riais plus fort encore, tant je suis inaccessible à certaines douleurs. Tout ce qui ne vient pas de l'âme m'effleure sans me blesser, et je ne comprends de véritables peines que celles du cœur. Nous achevions nos échanges de la matinée, lorsqu'une voix que, malgré la rudesse de son intonation, nous prîmes pour celle d'un chérubin, s'écria : *Navire! navire! à l'entrée de la rade!...*

Aussitôt tout est empaqueté, emballé, jeté au hasard. Les infirmes se soulèvent sans efforts, les blessés se traînent péniblement sur leurs jambes malades; ceux-ci accourent au rivage, ceux-là gravissent les dunes de sable qui avoisinent le camp; on hisse un pavillon au haut d'un mât, tandis que les plus agiles vont chercher le commandant, qui, faible depuis quelques jours, était allé faire une petite promenade. Il arrive, un canon est chargé, il part... Que son bruit est faible! On en tire un second, qu'on bourre avec plus de force, et nous avons l'espoir d'être entendus. Cependant un canot est poussé vers le rivage; dans un instant il est lancé; on y jette quelques légères provisions; les plus robustes des matelots le manœuvrent, commandés par M. Fabré, qui largue toutes les voiles et fait encore jouer l'aviron. Nous ne craignons pas de rester en route, et quand même le navire cinglerait au large, nous sommes sûrs que M. Fabré ne rétrogradera que lorsque tout espoir sera perdu.

Le navire a disparu... Oh! pourquoi n'avons-nous pas placé de pavillon de détresse à l'entrée de la baie? pourquoi n'y avons-nous pas envoyé un poste?... Point de regrets : la voile libératrice reparaît de nouveau, et notre canot va l'atteindre; les voilà près l'un de l'autre; le cœur nous bat, nos yeux se fatiguent à suivre leurs mouvements... l'étranger cargue ses voiles... Fabré l'a atteint : nous sommes sauvés... Dieu! nous te rendons grâces.

Que de conjectures ne faisons-nous pas avant qu'ils entrent! qu'ils sont lents à arriver!... Enfin nous pouvons leur parler.

Le navire est une goëlette appartenant à un capitaine américain appelé Horn, qui est dans une île voisine, occupé de la pêche au phoque avec un bâtiment de quatre à cinq cents tonneaux. Le patron, qui nous communique ces détails, ne peut pas encore s'engager avec nous; mais il prie notre commandant de lui donner un officier qui partira avec lui et qui s'entendra avec son capitaine. M. Dubaud est nommé, et, quelque pénible et fatigant que doive être ce voyage, il reçoit avec joie l'ordre qui lui est donné, et il part. Il a des instructions écrites, il parle fort bien l'anglais, il a de l'esprit, il va plaider la cause du malheur... il réussira.

C'est maintenant que la chasse va être pour nous une occupation agréable. Nous ne ménageons plus la poudre : nous sommes riches, un navire est là, et nous n'avons plus à trembler sur le sort de nos amis ; nous sommes d'une gaieté folle ; nous allons sur les récifs chercher quelques huîtres, malheureusement remplies de trop de perles, et nous abandonnons les sinistres préparatifs commencés pour passer l'hiver dans cet affreux pays. Encore quelques jours, et nous le quittons...

En voilà déjà six que nous attendons Dubaud, et il ne paraît pas ! Si lui-même avait fait naufrage ! si... Une voile paraît à l'entrée de la baie ; notre grand canot vole chercher des nouvelles. Ce n'est pas le navire que nous attendons ; celui-ci, battu par la tempête au cap Horn, et contraint de rétrograder pour une voie d'eau qu'il était urgent de boucher, est venu chercher un refuge aux Malouines. Le capitaine a des formes aimables ; ses passagers s'estiment heureux de nous avoir rencontrés. Nous envoyons nos ouvriers à leur bord ; les avaries sont réparées : à l'arrivée de notre ami Dubaud, nous allons partir.

Il est bien singulier ce sentiment indéfinissable qui nous porte à regretter un pays où nous avons éprouvé tant de malheurs. Cette pauvre *Uranie*, couchée sur les rochers, nous attendrit ; ces débris de notre corvette, que nous laissons disséminés sur la plage ; ces belles oies, veuves aujourd'hui de tant de compagnes ; ces canards, ces plongeons, ces phoques et même ces pingoins que nous avons si cruellement traités : nous allons nous séparer de tout cela, sinon avec peine, du moins avec une sorte d'attendrissement. Ah ! consolons-nous vite ; nous reverrons une mère, une famille, des amis, une patrie.

Voilà Dubaud ; sa mission est remplie avec talent et courage : mais il a fait inutilement un voyage pénible. Nous dédommageons de ses frais le capitaine Horn, et nous partons avec le navire américain. C'est à Monte-Video qu'il s'engage aujourd'hui à nous conduire. Naguère nous étions très-contents de lui ; maintenant il a déjà perdu de notre amitié et de notre considération ; il profite de nos désastres ; nous lui achetons sa corvette : nous sommes chez nous.

Avec quelle ardeur on vire au cabestan ! Les chants du matelot n'ont plus rien de sinistre ; les barres se brisent sous les robustes poitrines ; l'ancre est à pic ; nous dérapons : nous voilà en route. *L'Uranie* montre encore ses flancs déchirés ; tous les regards la saluent comme un vieil ami qu'on abandonne sur une terre lointaine ; tous les cœurs se serrent aux soubresauts meurtriers que lui impose la houle. Nous côtoyons l'île aux Pingoins, déserte aujourd'hui par nos massacres, et où aurait peut-être eu lieu, huit jours plus tard, quelque épouvantable festin de chair humaine. Nous voici à l'entrée de la rade ; nous visitons du regard la roche fatale qui nous a si cruellement arrêtés au milieu de nos joies, et nous mettons le cap sur le Paraguay.

XXXI

PARAGUAY.

Monte-Video.

Que le cœur est à l'aise ! que le sang circule frais et en liberté ! quel jour de fête pour nous tous qui n'avions pas espéré un retour si prompt, une relâche si sûre ! Naguère sur une terre déserte, sans cesse en présence de notre belle corvette ensablée, pleins de tristesse pour le présent, remplis d'effroi pour l'avenir, sans abri, presque sans nourriture, sous un ciel menaçant et glacé...

Aujourd'hui, une rivière paisible sur laquelle se balance mollement le navire qui nous a tous arrachés à une mort affreuse, une cité devant nos yeux ravis, une civilisation, des hommes vêtus comme nous (mieux que nous, hélas!), des femmes élégamment parées, des navires dans la rade, mouillés presque contre les remparts qui protègent la ville, des édifices européens étalant aux yeux une architecture régulière, des tours hautes et solides, des clochers élancés, le commerce, les arts, l'industrie. Et, la nuit, comme pour remplacer le bruissement des vagues qui viennent de se taire, le roulement lointain de la cité, la voix sonore des horloges s'interrogeant et se répondant, et le bruit monotone des chariots roulant sur les pavés et venant approvisionner les marchés. Puis encore, des lumières passant et repassant aux croisées; les oiseaux de nuit à l'aile lourde et paresseuse venant nous visiter et jetant un râle sinistre à l'aspect de nos mâts où siffle la brise...

Tout cela nous tenait en extase sur le pont, tout cela nous reportait avec bonheur vers ce passé lointain dont nous avions eu si souvent à nous plaindre, tout cela nous faisait presque bénir le naufrage qui, sans un miracle du ciel, nous aurait tous engloutis.

Le matin, les hauts remparts et les flèches des églises commencèrent à se dorer, les jalousies des maisons s'ouvrirent les unes après les autres, comme si on eût voulu nous voir plus à l'aise, et les bateaux se détachèrent de la plage pour nous apporter des fruits, des légumes, et surtout du pain, dont nous étions privés depuis plus de six mois. La gloutonnerie vainquit la prudence; dix à douze matelots faillirent périr à ce premier repas, et si le docteur n'y avait mis bon ordre par une sévérité à laquelle nous fûmes forcés de nous soumettre, il serait encore arrivé de grands malheurs à bord, tant le pain chaud qu'on nous apportait nous parut délicieux, tant nous mîmes de voracité à nous en rassasier.

Le soleil était sur l'horizon depuis une heure au plus, et déjà la ville cessait de nous occuper. L'inconstance des hommes se reflète sans doute de celle de l'élément qui le porte.

La campagne qui entoure Monte-Video est si triste, si égale, si plane, si aride, que sans les silhouettes des édifices de la ville, et cinq ou six arbres au plus, à de grandes distances les uns des autres, les navires auraient bien de la peine à voir, dans une clarté douteuse, où commence la terre, où finit la mer. Cela est triste à voir, combien cela doit être triste à parcourir, alors surtout que le soleil pèse sur vous ou que le redoutable pampéro mugit à travers les broussailles, tourmente et fatigue l'espace de mille tourbillons de poussière !

— Décidément, disaient quelques matelots, mieux vaut encore notre mer querelleuse, qui nous permet d'avancer, que cette mer de sable où, pour faire quatre pas en avant, il faut toujours en faire au moins un en arrière.

Dans un espace de plus de six lieues de diamètre, les terres qui entourent Monte-Video sont si régulièrement ondulées qu'on dirait que la mer les a quittées depuis peu de siècles, et elles sont en même temps si basses, qu'on croirait qu'elle va les ressaisir à sa première irritation.

Si nous n'avions été forcés par notre devoir, nous serions restés à bord de *la Physicienne* (c'est ainsi que nous avions baptisé notre nouveau navire) ; mais Lamarche, qui avait été envoyé à terre pour saluer le brave général Letor, nous rapporta tant et de si intéressantes nouvelles d'Europe, que nous n'eûmes point de repos, et que chacun de nous fit ses préparatifs pour aller à la curée qui nous était offerte.

Le général Letor nous reçut avec une bienveillance toute particulière ; nous lui demandâmes sa protection pour les gens de l'équipage de *la Paz*, que nous avions été forcés de ramener au

Paraguay, et toutes promesses nous furent faites par lui pour le prochain approvisionnement de notre navire.

La ville de Monte-Video est petite, mais propre, aérée, coquette. Toutes ses rues sont tirées au cordeau et courent nord et sud et est et ouest. Des balcons élégants embellissent presque toutes les maisons, et nous trouvons dans celles où nous sommes accueillis cette politesse cérémonieuse qui ressemble un peu à l'étiquette, mais qui n'est une sorte d'apparat que pour ceux qui sont étrangers aux mœurs un peu fières de la nation espagnole.

. . . .
. . . .

XXXII

BRÉSIL.

Le Gaoucho.

Le Gaoucho est petit, trapu, maigre, osseux, anguleux; on dirait un homme inachevé, et c'est pourtant le plus complet des hommes. Si vous l'étudiez, vous ne tardez pas à vous apercevoir que tout est vigueur, résolution, intrépidité, intelligence chez lui.

Il parle peu et par monosyllabes; mais son langage est tout dans ses yeux. Là est sa parole, à lui, là est sa puissance.

Le Gaoucho étonne du premier abord, et l'on se dit : « Voilà une charpente qui s'écroule, qui va tomber. »

Le Gaoucho marche, et vous trouvez la force et la vie où vous n'avez aperçu que la faiblesse et la mort.

Il faut regarder parler un Gaoucho et non l'entendre pour le juger ; il faut surtout le regarder quand il vous dit certaines choses relatives à ses déserts, à ses plaines, à ses forêts, aux terribles ennemis qu'il a l'habitude de combattre.

Le Gaoucho alors n'est pas seulement un homme comme vous et moi, c'est un maître, un dominateur ; il a dix coudées au-dessus des têtes communes, et il plane sur nous comme l'aigle sur l'espace.

Qand le Gaoucho est calme, c'est le lion qui s'est repu, c'est la cataracte que l'hiver a arrêtée dans sa chute. Mais que sa faim se réveille, mais que le soleil brise la glace... oh ! alors le désert est envahi, et comme tout fuit et tremble devant la cataracte ou le lion, tout tremble aussi devant le Gaoucho.

Le Gaoucho touche au Patagon par le climat, par les mœurs et par l'audace, et pourtant il en est l'antipode par la forme ; car celui-ci est grand, taillé en athlète, imposant, parleur ; celui-ci semble vouloir animer les solitudes qu'il traverse ; l'autre, au contraire, se met en harmonie avec elles et ne daigne répondre qu'au rauquement du jaguar ou à la voix de la tempête ; mais alors c'est le jaguar lui-même qui a peur, et non le Gaoucho, car le Gaoucho a auprès de lui deux amis formidables, avec lesquels il ne redoute aucune puissance au monde, deux amis qui ne le quittent jamais dès qu'il part pour des terres inconnues aux autres hommes : son cheval, son lacet.

Le cheval du Gaoucho est petit et maigre aussi ; mais, comme maître, il est tout nerfs, tout vigueur, et ses regards jettent des flammes, ainsi que ses naseaux.

Le coursier du Gaoucho s'imprègne de la nature de celui qui l'a dompté ; il obéit en esclave à son éperon, à sa main, à sa parole, car il se rappelle son dernier jour de liberté et ses vains efforts pour la reconquérir. Rien ne tue le courage comme une défaite.

Le cheval du Gaoucho n'est pourtant pas un de ces esclaves dociles, abrutis, qui se courbent et se taisent quand on leur ordonne de se taire ou de se courber, un de ces êtres privés de vouloir par l'habitude de la servitude et des chaînes, prêts à tout et principalement à la bassesse, à la turpitude.

Non.

Le cheval qui porte le Gaoucho est l'ami surtout de celui qu'il porte. Ce sont deux forces au lieu d'une, c'est une seule volonté au lieu de deux. Que le Gaoucho, en présence du jaguar, l'aiguillonne de l'éperon ou de la voix, le coursier ne fuit pas, car il devine, il comprend, il sait que sa honte serait celle de son maître, et si son maître et son ami succombe dans la lutte, il succombera avec lui, il mourra auprès de lui.

On ne parle jamais du Gaoucho sans parler de son cheval : plus il a eu de peine à le soumettre, plus il l'estime, plus il l'aime et le caresse. Le Gaoucho répudierait celui qui se serait soumis sans résistance. On peut avoir été vaincu par le Gaoucho sans être avili; l'ardeur de l'attaque et de la défense prouve deux courages. Ne voyagez pas avec un lâche : celui-ci ne prendra jamais rien de vous, et vous, vous pouvez parfois, sans le vouloir, prendre quelque chose de lui. Rien n'est contagieux comme les maladies de l'âme, et la peur est la plus communicative de toutes.

On m'avait souvent parlé des Gaouchos en Europe et dans mes voyages ; on m'en avait beaucoup parlé surtout au Brésil, lorsque j'assistai, devant le palais de Saint-Christophe, au dramatique duel d'un Pauliste avec un lancier polonais ; mais je me tenais en garde contre toute exagération, et je jugeai le Gaoucho comme ces fantômes nés d'une imagination vagabonde et puérile, qui se rapetissent à mesure qu'on les approche. Lorsque, plus tard, je me suis trouvé auprès d'eux, il a bien fallu les étudier, chercher à les comprendre, et je n'étais pas homme à en laisser échapper l'occasion.

Dès le premier jour de mon arrivée à Monte-Video, je m'enquis auprès d'un cafetier s'il y avait des Gaouchos dans la ville.

Il y en a toujours, me dit la personne à qui je m'étais adressé; ils arrivent et s'en vont.

— Que viennent-ils faire ici?

— Vendre des peaux de jaguars.

— Elles valent?

— Quatre ou cinq piastres.

— Qui tue ces tigres d'Amérique?

— Les Gaouchos.

— Avec leurs fusils?

— Avec leurs lacets et leurs couteaux.

— Et c'est pour quatre ou cinq piastres qu'ils affrontent de si grands dangers?

— Ces dangers, Monsieur, n'existent point pour eux, et fussent-ils réels, le Gaoucho irait encore à la chasse du tigre, comme vous allez, chez vous, à la chasse du lapin.

— Le Gaoucho aime beaucoup l'argent?

— Lui! qu'en ferait-il? Il n'a pas de gîte à payer, pas de valets à nourrir, il vit au désert et couche à la belle étoile; il mange du cheval, du tigre, de l'autruche; il boit de l'eau, et ne demande des piastres, en échange de ses peaux de jaguars, que pour remplacer sa couverture usée, ou son lacet, ou son manteau, ou la lame brisée de son poignard. Nulle vie au monde n'est pareille à la vie du Gaoucho, et si vous m'en croyez, Monsieur, vous ne partirez pas d'ici sans avoir étudié ces êtres exceptionnels, qu'on ne peut cependant bien connaître qu'après les avoir suivis dans les plaines et les forêts.

— Je ne les y accompagnerai pas.

— Je ne vous le conseille pas, non plus.

Le soir même de cette conversation, j'appris que dans un vaste enclos de la ville plusieurs Gaouchos avaient donné rendez-vous à un capitaine de navire chargé de porter des chevaux au cap de Bonne-Espérance, et que ces intrépides dompteurs de coursiers en avaient conduit un troupeau. Je me rendis sur-le-champ au lieu où se faisait le marché, et le capitaine acheta trente-deux bêtes magnifiques au prix de deux piastres chacune ; encore le Gaoucho s'engageait-il à les transporter à bord du navire, mouillé en rade à une grande distance de la ville.

On voyait là quatre-vingt-dix ou cent chevaux pressés dans un coin, serrés les uns contre les autres dans la prévision du sort qui les attendait. Le marché venait d'être conclu, et il n'y avait plus alors qu'un choix à faire : pour cela, il fallait juger les chevaux à la course, et le Gaoucho se chargea de l'opération. Chacun de nous s'éloigna, se plaça sur une hauteur, et le Gaoucho, seul dans l'arène, poussa un cri en agitant son terrible lacet. J'avais oublié de dire qu'avant tout il était lui-même monté à cheval, et que son arme favorite était fortement bouclée à la bande de cuir qui lui servait de selle, et posée elle-même sur une couverture de laine toute bariolée et parfaitement sanglée sous le ventre du cheval. Le lacet du Gaoucho est une courroie élastique longue de 15 à 18 brasses, dont les deux extrémités sont assujéties au coursier.

Il le prend en main, par le milieu à peu près, de manière à ce que ses mouvements ne soient pas gênés, et de telle sorte que deux nœuds coulants au moins se dessinent à la partie qui flotte le plus loin. Quand le lacet est en repos, les nœuds sont naturellement fermés ; dès qu'on le fait tournoyer, l'ouverture se dessine, et on ne le lance que lorsque le mouvement de rotation la tient constamment ouverte au-dessus de la tête.

Tout cela tient du prodige, tout cela étonne, écrase ; tout cela est, et tout cela semble la chose la plus simple du monde au Gaoucho.

Suivons-le, là-bas, près du cimetière de Monte-Video, assez près du rivage, où l'attendent d'autres distractions, où il va se livrer à d'autres délassements.

Chez lui, le calme c'est la mort ; la vie qu'il s'est faite le déborde, il faut qu'il s'agite avec violence pour que le désœuvrement n'attiédisse pas ses forces, et lorsqu'il repose, ses ennemis reposent aussi. Voici donc cinq ou six de ces hommes extraordinaires, assis d'abord sur le tertre qui borde la route sablonneuse, et agitant diverses questions tandis que leurs chevaux paissent le gazon dans le pré voisin. Il s'agit de paris, d'enjeux ; ce soir ce seront des piastres, une autre fois ce seront des quadruples ; la partie sera modérée si les courses ne le sont pas. Il paraît que toute émulation sommeille aujourd'hui dans leur âme ou qu'ils ont envie de succomber au sommeil. N'importe, le Gaoucho ne restera pas longtemps dans cet état anormal, et peut-être qu'à la lutte qui se prépare il se réveillera avec toute son énergie.

Un tuyau de faïence est posé à terre sur un caillou horizontal ; ce tuyau, de dix pouces de grosseur, porte douze piastres, car chacun des jouteurs en a mis deux ; puis ils se séparent et jouent à la plus courte paille, qui est le jeu universel, à qui commencera la course ; cela fait, chaque homme appelle d'un cri et d'un coup de sifflet son coursier, et celui-ci dresse l'oreille, bondit, et vient se frotter amicalement à son maître.

Les cavaliers sont en place ; ils s'éloignent, ils s'échelonnent, et le premier s'élance. Le cheval n'a point de selle, l'homme se cramponne de ses jarrets aux flancs du quadrupède, qu'il dirige de la voix seule ou plutôt de la parole. Ils passent au grand galop à côté du tuyau, et le cavalier, se courbant jusqu'à terre, doit enlever un certain nombre de piastres sans renverser le bois ou le tuyau de faïence sur lequel elles reposaient ; le petit instrument tombe, l'argent est remis en place, et c'est au second cavalier à commencer la course.

Ceci, c'est pour se mettre en train, pour prendre élan, **pour se dégourdir.**

Et maintenant, c'est à l'exercice le plus difficile et peut-être aussi le plus périlleux. Il s'agit de dompter un de ces chevaux sauvages, aux jarrets fins et nerveux, embrassant l'espace avec la rapidité de la pensée, d'autant plus rétifs au joug qu'ils ont eu de plus vastes plaines à parcourir, d'autant plus indociles à la voix de l'homme qu'ils ont souvent été réveillés aux ténébreux rauquements du jaguar.

La lutte est sanglante, terrible, ardente des deux côtés. Il s'agit de l'esclavage d'un coursier ou de la mort d'un homme : l'un et l'autre acceptent le sort qui les attend, et vous comprenez s'il y aura du courage et des efforts des deux côtés. Quand le Gaoucho a lacé et abattu un cheval loin d'un lieu propre au combat qu'il a provoqué, il le fait conduire ou porter hors de la ville, afin que le péril qu'il va courir ne menace que lui.

— Où va ce cheval lié par les pattes et par le cou? dis-je un jour à un de mes nouveaux amis de Monte-Video.

— Près des glacis.

— Est-ce qu'on va l'abattre?

— On va le dompter.

— Qui?

— Ce petit homme qui suit le chariot.

— En viendra-t-il à bout?

— C'est un Gaoucho.

— Le connaissez-vous?

— Nous le connaissons tous ici.

— Est-il renommé?

— C'est un des plus célèbres. S'il manque un jaguar une fois, il ne lui est jamais arrivé de le manquer une seconde.

— Il a l'air bien tranquille!

— Aussi l'est-il en effet, et pourtant je suis sûr que la querelle sera vive.

— A quoi jugez-vous cela?

— Ce cheval a été essayé déjà par deux Gaouchos habiles qui ont renoncé à la tâche et qui vont être témoins du combat.

— J'en serai témoin aussi, moi, car je les accompagne.

— Je ne vous quitte pas; mais tenons-nous bien à l'écart.

— A vous entendre, on dirait un taureau furieux.

— C'est plus que cela, mon cher Monsieur.

— Eh bien! nous verrons.

— Alerte, alerte !

En ce moment le dur licol qui serrait à demi la tête est dénoué ; les courroies qui retenaient les jambes captives sont enlevées à la fois par deux hommes qui se sauvent après l'opération, et le Gaoucho qui va lutter se tient debout, touchant le ventre de son ennemi. Celui-ci, que l'esclavage de ses jarrets avait rendu immobile, essaye encore, mais sans effort, un mouvement de liberté. Ciel ! ses pieds jouent, il doute et recommence, ses naseaux s'enflent, ses yeux s'animent, il se dresse comme frappé de vertige en sentant sur son dos un poids inaccoutumé.

Il bondit pour être plus libre, et le fardeau retombe avec lui. Le fougueux coursier n'a ni selle ni couverture, le cavalier a gardé ses éperons. Point de frein à sa bouche, point de guides à la main.

Il y a un moment de calme, de réflexion ; chacun des deux lutteurs s'étudie, s'observe, se mesure. Celui qui est dessus saisit la crinière flottante, celui qui est dessous cherche par de rapides chocs à secouer ce nouvel obstacle ; mais cet obstacle est le bras d'un Gaoucho, et à moins qu'il ne soit brisé il ne lâchera pas prise.

Un hennissement se fait entendre, puis un cri lui répond. C'est comme un appel, un défi accepté. Le cheval se dresse verticalement, le Gaoucho ne tombera que si le cheval tombe aussi ; eh bien ! le cheval se roule à terre, et tandis qu'il fait un demi-tour à droite, le Gaoucho collé à lui fait un demi-tour en sens contraire et évite d'être foulé sous la masse. A ce jeu le cheval se lasse plutôt que le cavalier ; aussi le devine-t-il et essaye-t-il une nouvelle manœuvre. Il est le maître de l'espace, lui ; voyons si l'homme qui veut le vaincre pourra résister à ses élans. Suivez-le de bien loin ; mais gare ! ce n'est pas une course, c'est un dévergondage, un délire bachique : il saute, il rue, il tournoie, il s'allonge, se rapetisse, il s'élance dans un fossé, gravit une côte, se précipite de nouveau vers la base, et il roule sur le gazon ou sur les cailloux... Le Gaoucho est fait à ces violences, à ces fureurs, et n'abandonne pas la crinière, et de ses éperons aigus il déchire les flancs du coursier. Encore debout tous les deux, encore un temps de repos. La terre ne peut venir en aide au fougueux quadrupède, il s'élance dans les eaux et veut noyer son adversaire. Le Gaoucho est plus dominateur là qu'autre part... Il faut revenir sur la plage, où la lutte recommence avec une nouvelle colère, avec de nouveaux efforts, et toujours le dos du coursier reçoit le maître...

Enfin, les yeux s'abattent, les naseaux se ferment, le cœur bat moins violemment, les jarrets se taisent, la main du Gaoucho donne un dernier mouvement : le cheval, à demi vaincu, obéit pour la première fois, il part ; le Gaoucho se baisse et ramasse à terre le frein qu'il y a fait déposer, il s'allonge, il le présente à la bouche, on n'ose pas lui résister : il a un compagnon, il règne au désert.

XXXIII

RETOUR.

Arrivée en France.

Là-bas, à l'horizon, pointe un cône aigu dont je crois reconnaître l'arête rapide. C'est le pic isolé de Ténériffe, à la tête couronnée de neige et de feu ; il monte, il grandit, il plane sur l'abîme et projette au loin sur les flots son ombre gigantesque.

Le voilà dans toute sa majesté, nous marchons, et lui, ce géant atlantique, s'affaisse, se rapetisse, plonge et disparaît comme il l'avait déjà fait une fois. Hélas ! ainsi de toutes les grandeurs du monde.

Mais la brise fraîchit et devient carabinée, bientôt la rafale nous envoie ses colères, et nous nous abritons quelques instants sous le colosse des Açores, volcan étouffé, mais toujours menaçant, et portant ses laves bouillonnantes jusqu'aux réservoirs ouverts des Canaries, à travers une mer incessamment clapoteuse.

Le pic des Açores fait comme son frère, il disparaît. L'ouragan vomit toujours ses bruyantes haleines, et nous craignons bientôt de monter à cheval sur l'Angleterre. L'horizon est rétréci, tant la lame est haute ; nul navire ne se montre, nul ne peut nous dire si les courants nous ont drossés et si nous ne sommes pas poussés vers les brisants difficiles de ces mers orageuses.

Le lendemain on découvrit les îles anglaises Wight, et en virant de bord on salua la terre de France.

La terre se dessinait dans les brouillards, et la mer était aux nues. Nous tirâmes sur un caboteur qui vint à nous et nous dit que nous ne pourrions pas gagner le Havre, mais qu'il se chargeait de nous piloter jusqu'à Cherbourg. Nous naviguâmes dans ses eaux, et quelques heures après nous laissâmes tomber l'ancre dans une rade française. Les pilotes arrivent, ils nous parlent notre langue, peu s'en faut qu'on ne nous appelle par notre nom.

Je descends à terre avec M. Lamarche... Je touche mon pays natal, les battements de mon cœur m'étouffent, le sang me suffoque... j'ai besoin de repos, et le repos m'accable. Déjà de retour!... et mon absence n'a duré que quatre ans !

Dieu! que la terre est petite !

———

Je me réveille dans un lit moelleux. Je suis en France ! Je vais revoir ma mère ! mes frères ! mes amis !...

Hélas! ai-je encore des amis, des frères, une mère ?...

Dieu! que la terre est grande !

Dieu! que mon absence a été longue !

FIN.

TABLE

INTRODUCTION	v
I. TOULON. — Les Baléares. — Gibraltar.	17
II. TÉNÉRIFFE. — Ancienne Atlantide de Platon. — Gouanches. — Mœurs. — Un Grain.	25
III. DES CANARIES A L'EQUATEUR. — Prise d'un requin. — Cérémonie du passage de la ligne.	32
IV. DE L'EQUATEUR AU BRÉSIL. — Couchers du soleil. — Rio-Janeiro.	42
V. RIO-JANEIRO. — Le Corcovado.	53
VI. CAP DE BONNE-ESPÉRANCE.	59
VII. LE CAP. — Chasse au lion. — Détails.	69
VIII. ILE DE FRANCE. — Incendie. — Coup de vent. — Détails.	83
IX. BOURBON. — Saint-Denis. — Baleine et Espadon. — Saint-Paul. — Volcans.	96
X. NOUVELLE-HOLLANDE. — Sauvages anthropophages. — Départ.	103
XI. TIMOR. — Chasse aux crocodiles. — Malais. — Chinois.	117
XII. TIMOR. — Chinois. — Rajahs. — L'empereur Pierre. — Mœurs.	127
XIII. OMBAY. — Anthropophages. — Escamoteur. — Drame.	138
XIV. MOLUQUES. — Attaque nocturne. — Le roi de Guébé.	154
XV. RAWACK.	163
XVI. ILES MARIANNES. — Guham. — Humata. — La Lèpre.	175
XVII. ILES MARIANNES. — Guham. — Agagna. — Fêtes. — Mœurs.	181
XVIII. ILES MARIANNES. — Voyage à Tinian. — Les Carolins. — Un tamor me sauve la vie.	189
XIX. ILES MARIANNES. — Rotta. — Ruines. — Tinian. — Maison des Antiques. — Retour à Agagna.	201
XX. ILES MARIANNES. — Guham. — Détails. — Mœurs. — Histoire.	211

TABLE.

XXI. ILES SANDWICH. — Un homme à la mer. — Mort de Cook.	222
XXII. ILES SANDWICH. — Kookini. — Baie de Kayakakooah. — Kaïrooah. — Moraï. — Contrastes.	230
XXIII. ILES SANDWICH. — Taouroé. — Morokini. — Mowhée. — Lahéna.	249
XXIV. ILES SANDWICH. — Wahoo. — Course au volcan d'Anoûrourou. Jeux. — Divertissements.	255
XXV. ILES SANDWICH. — Wahoo. — Commerce. — Coup d'œil général.	263
XXVI. EN MER. — Ile Pilstard. — Ile Rose.	271
XXVII. NOUVELLE-HOLLANDE. — Grain. — Sidney-Cow. — Colonisation. — Mœurs des sauvages.	278
XXVIII. NOUVELLE-HOLLANDE. — Description de Sidney. — Combat de sauvages.	290
XXIX. CAP HORN. — Ouragan. — Naufrage.	296
XXX. ILES MALOUINES. — Chasse à l'éléphant. — Chasse aux pingoins Mort d'une baleine. — Départ.	305
XXXI. PARAGUAY. — Monte-Video.	322
XXXII. BRÉSIL. — Le Gaoucho.	325
XXXIII. RETOUR. — Arrivée en France.	333

FIN DE LA TABLE.

Limoges. — Imp. E. ARDANT et Cie

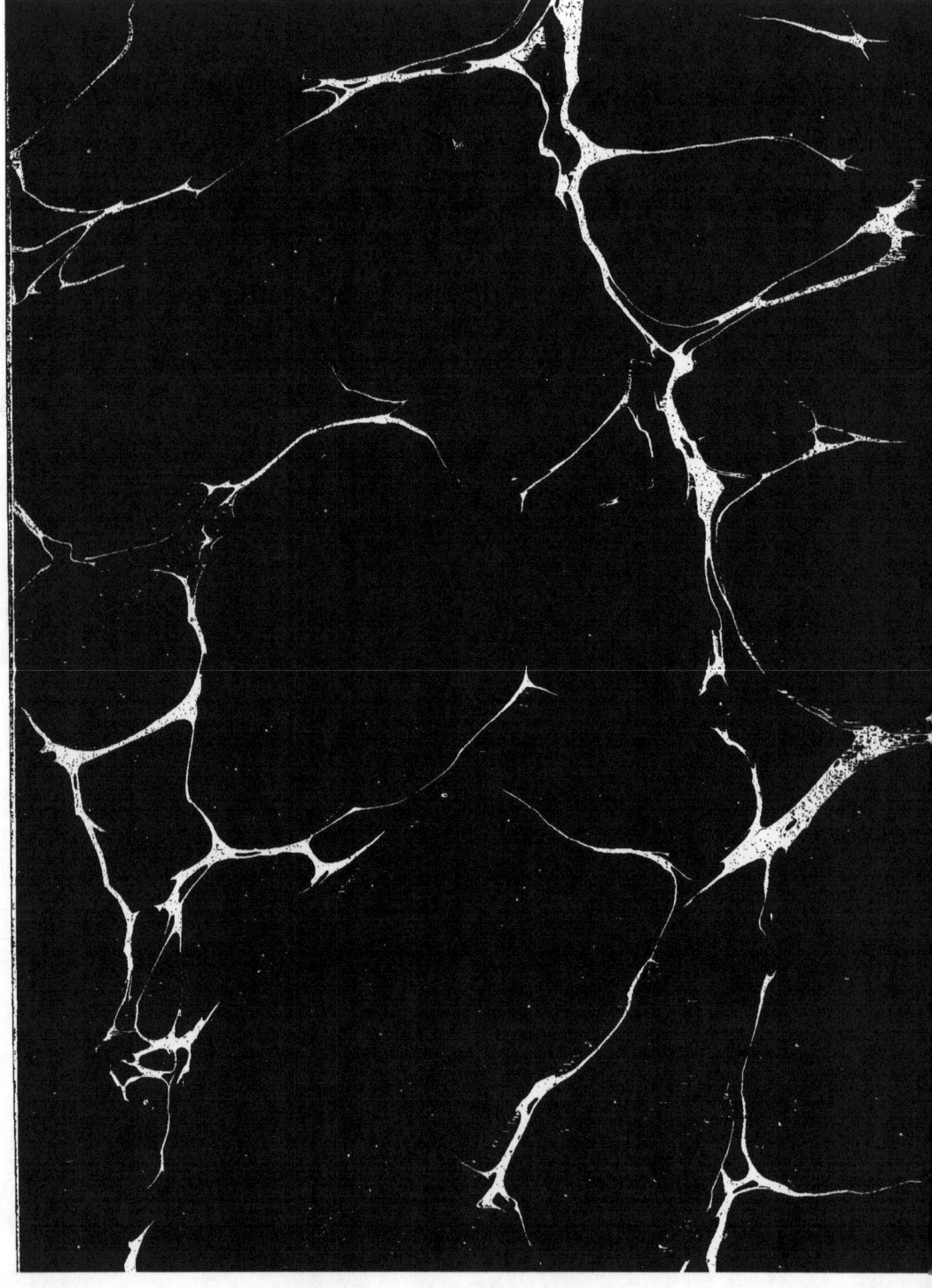

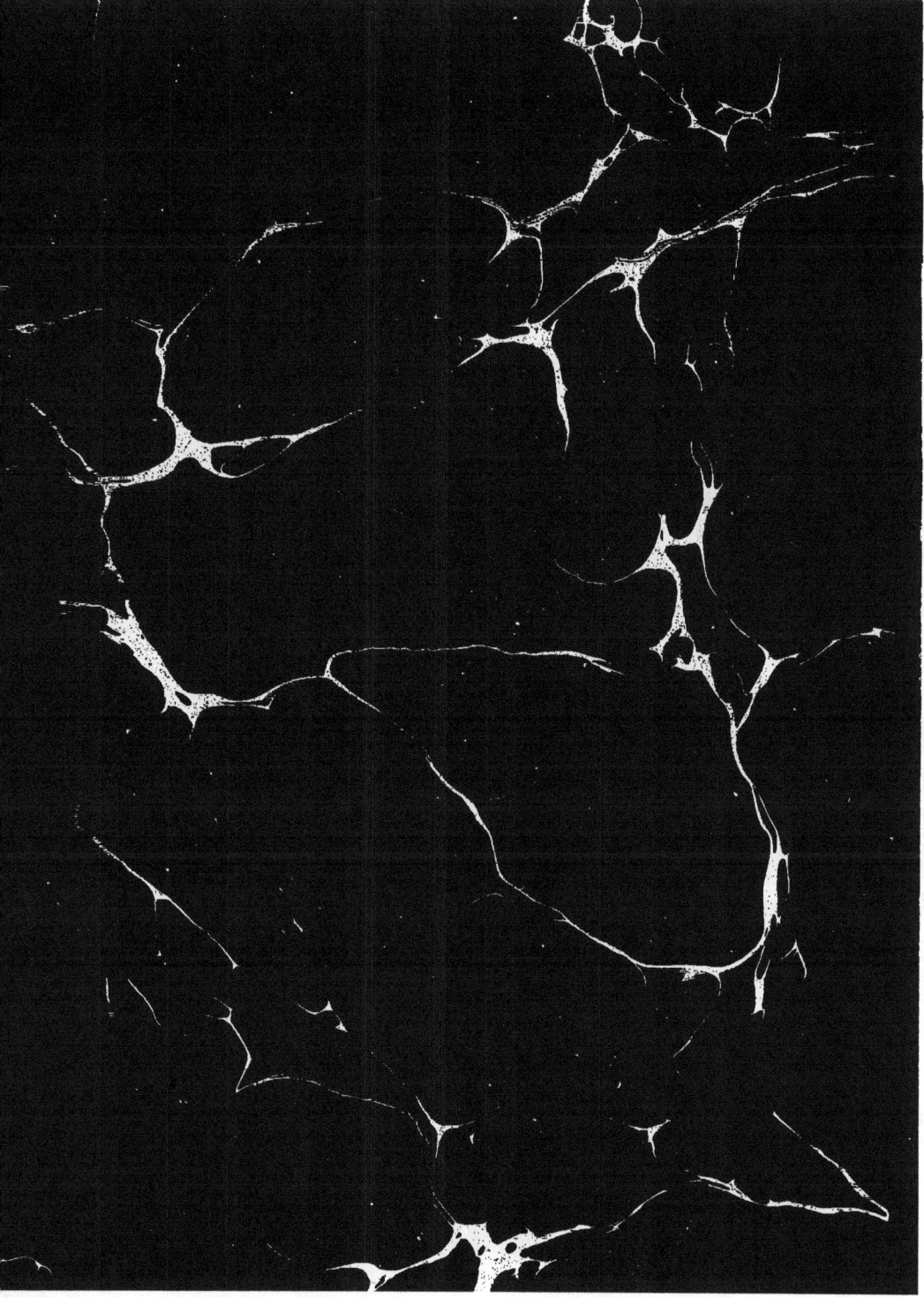

www.ingramcontent.com/pod-product-compliance
Lightning Source LLC
Chambersburg PA
CBHW072008150426
43194CB00008B/1033